我的视觉日记

旅德生活十五年

Xiao Hui Wang

新视觉书坊

主编

肖关鸿 曹维劲

王小慧 著

学林出版社

谨以此书献给
生我养我育我爱我的父亲和母亲

到大海去（1988）

巴黎郊外的葵花田（1986）

尼斯的森林（1988）

匆匆巴黎（1987）

伊莎河畔 (1991)

剑桥雨巷 (1987)

大神脚下（1987）

阿姆斯特丹幻想（1987）

"花之灵·性"系列（1999—2003）

"花之灵·性"系列（1999—2003）

"花之灵·性"系列（1999—2003）

"本质之光"系列（2003）

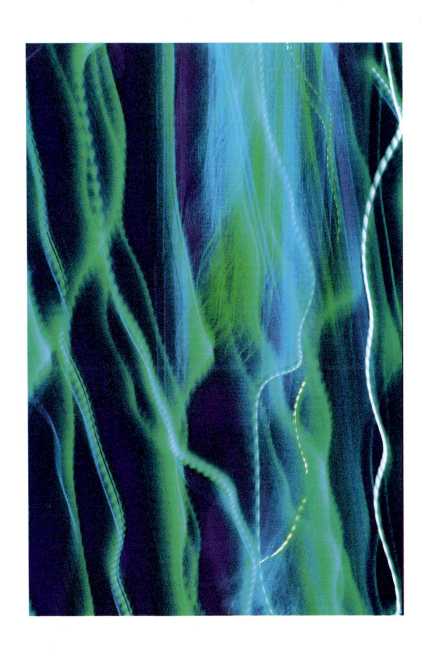

"本质之光"系列（2003）

"我的前世今生"自拍系列部分素材（2006）

"我的前世今生"自拍系列部分素材（2006）

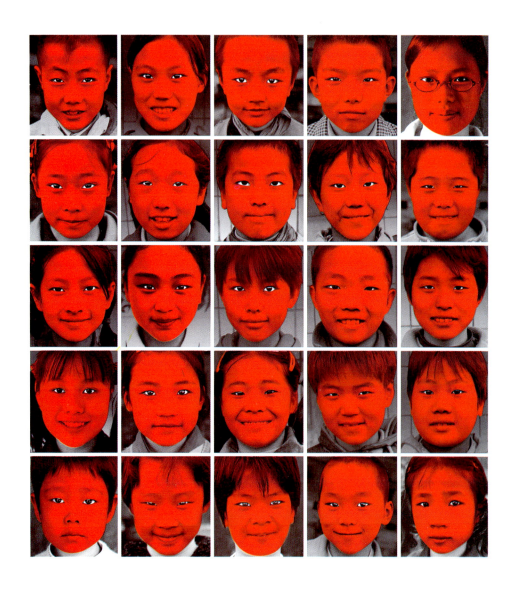

"红孩儿"系列（2002—2003）

目　录

TABLE OF CONTENT

序

贝歇尔自画像

亲爱的"小精灵"①:

当我 1981 年在同济大学做客座教授时，怎么可能想到现在会为你的新书写序言？我只能写封信给我的小慧，如果要给一本关于你生活的书写序的话，它本身就会是一本书了。

那年，我走进课堂时，眼前的座位上是一片蓝色，几百张好像是相同的脸孔在注视着我。对中国人来说我们这些欧洲大鼻子一开始看上去也都一样，甚至都穿牛仔裤，除了上衣是不同的。但我很快发现有三张脸孔与众不同，因为他们在笑。那时的上海还很少能见到这样的笑脸。一个穿着红白细条衬衫的女孩子，一张纯真的圆脸，两个男孩坐在她的左右；那就是你和俞霖、陈宇波。

我习惯于讲课后学生向我提问，并且共同探讨一些问题，但不同的习惯阻碍了我这个陌生的外籍教授与学生之间的交流，所以只能通过我的夫人尼娜和你们悄悄地传递纸条来交换信息。否则，我们后来不可能在锦江饭店见面，我也不可能更多地了解你，不知道你、俞霖和宇波的想法和愿望。我们也有许多想要知道的事情，我们自己跑遍了全城并且发现了上海弄堂这种有魅力的住宅形式，它由老式中国院落演变成一种中西结合的近代城市建筑形式，怎么会没人对这种建筑形式感兴趣？

那是"文革"后不久，对"四人帮"的诉讼尚未结束，但人们可以觉察到在地底下有什么在涌动，想从地下冲向光明。那时，我们就曾打算在德国共同搞一本关于上海里弄住宅的书。②

五年之后，站在我达姆施塔特大学教研室里的是相亲相爱的一对：你和俞霖。你们终于来了。

---

① 小慧的德文译意。

② 《上海里弄住宅研究》是俞霖在贝歇尔教授指导下的博士论文题目。同名的研究成果曾在德国出版于 1990 年，俞霖与我及 Emil Haedler 参加合作。

序

几年后，你已经在慕尼黑建筑学院教书，俞霖在写他的博士论文。当你来参加尼娜的生日晚宴时随意地告诉我们，你内心已经与你的建筑师生涯告别了。我们大家都如坠云雾。那是1991年2月5日。谁知这竟是我们与俞霖的最后一面。

在中国，我们看到了中国人承受苦难的能力，我们对此充满崇敬和惊叹。年长的一代人能承受人格的侮辱、精神的压抑以及失去一切的困境，他们唯一没有失去的是他们的尊严。现在的年轻人也有承受对他们命运打击的能力，这点被你证明了。你的孩提时代不是生活在铺满玫瑰的摇篮里，你早已尝过苦难的滋味，但你现在把自己的命运掌握在自己手里，并且自己去塑造它。我们的"小精灵"成了一个"大勇士"，但你仍然是你。

德国有句成语："困境造就美德。"它里面有许多值得思索的含义，包括物质生活的日益舒适常常与精神文化的消退联系在一起。但怎样才能对几十年来生活在生存困境和精神压抑中的人们说明这个道理？难道必须到人们十分富裕后才能明白其实并不需要那么多物质的东西？难道必须先把一些东西摧毁了才能找到自我？

那时，谁能想到你会这么迅速地成名？赞美你的作品其实并不是我的任务，你的作品已经在为自己说话了。不过，你的电影《破碎的月亮》对我来说是理解你作品的关键。你看过表现主义电影大师的作品吗？你知道 Jean Cocteau 的表现主义电影或是日本导演黑泽明的了不起的作品吗？我在你的电影里也看到了同样的魅力。

从那时开始，对你来说便只有工作了。这是不是一种逃避？我想不是。我更相信你在工作中找到了你的快乐。传教士Salomon 变得明智后写道："没有比一个人在工作中获得愉快更美好了，因为这是他的幸福。"老子是不是也说过同样意思的话。大思想家都是心心相通的。

你是个以世界为家、到处漫游的长途跋涉者，你常常问自己你的家乡在哪里，你在这个世界上到底属于哪里？十九世纪德国最重要的诗人海因里希·海涅一生大部分时间住在巴黎，他也常常为这个问题所困扰，他为自己创造了一个"可以随身携带的家乡"，一个理想中的家乡。当我欣赏你的摄影作品或是阅读你的文字时，我知道你在到处寻找你的家乡，但你在哪儿也不会找到，除非在你自己那里。你就是自己的家乡，你只需要丰富她。

现在，你非常著名了，很多人会把你当作亚洲与欧洲之间的文化使者来看。有些人搞的所谓文化交流好像是把不同的酒调在一起，但每一种酒都把另一种酒变糟。我们真的想把本来已经很小的世界变得更小吗？我们真的想要那种到处都味道相同的"多元文化混合稀粥"吗？在民族与民族之间架起桥梁是对的，为了和平目的相互沟通理解也是很好的，但更重要的是相互尊重。我们不应忘记对别人的创造表示赞赏，小慧，但也不能马上不加评判地陶醉其中，或表面化地模仿。文化要有独创性，而独创性不可能没有风险。中国是一个有着悠久文化的国家，这个国家太久只靠传统来滋养，而且为皇权统治服务的儒家思想体系还有很牢固的根基。我肯定中国会产生一种新文化，这种新文化不是由西方文化来滋养，也不仅建立在传统文化之上。我很羡慕你能够参与创建这种新文化。德国已经在开始与自己的文化告别，可惜人们只有在失去它时才发现这一点。这是一种割断自己历史的衰退了的文化，除了消费以外毫无目标。在电视广告的间歇中，字幕上总是一句话："我还想要更多！"他们把秩序和自由对立起来，并没有认识到它们之间本是统一体。自由中有秩序，秩序中也有其自由。你可以选择你想走的那条道路，它们相互并不排斥。我在你的摄影作品中发现了这两条原则的统一：对主题选择的自由和拍摄时的严谨与准确性。

没有人比你更加着魔似地去拍照，成百卷拍好的胶卷放在你的柜子里，但你从没有去看过它们，因为你根本没有时间。这使我回忆起当我还是一个年轻的建筑师时，去造访当时著名的哲学家 Ernst Bloch，在他的房子里所有的墙壁直至天花板都摆满书，我不禁肃然起敬："这些书您都念过吗？""多么愚蠢的一个问题！"他以教训的口吻回答，"当然没有！"就像他占有几百万页思想杰作一样，你占有一个无数照片的世界。对你来说重要的是抓住有意义的瞬间。不过，小慧，你总会找到时间在你的

序

3

照片世界里散一回步的。

　　谁会料到你从一个有才华的建筑师变成一个著名的摄影家？我没有想到，但这根本不是一个问题，你当然是一个建筑师！几乎没有一个学科像建筑学这样把那么多不同的、看去毫不关联的东西结合在一起。通过绘画我们学会观察；通过艺术史和建筑史我们学会辨别；通过高等数学和力学我们学会抽象思维；通过结构工程我们学会支配材料；通过设计我们学会综合和整体化能力。不过，学业只是学业，并非职业。你搞摄影、编导电影、组织展览、写作书籍、到处讲学……还有许多许多，这一切也都是在"建筑"。关键不在你学了什么，而在你建树了什么。

　　我的小精灵，我还有好多想写，但再写下去就得写一本书了，可这是你的书啊！你不要逃避你自己，你应该赏赐自己一些时间来生活，给予自己一些时间来赢得灵感，为了你的下一本新书，我已经为那本书感到高兴了。

　　　　　　　　　　　　　　　　　　你的老师马克斯①

────────────

　　① 马克斯·贝歇尔(Max Baecher)教授是德国著名建筑学家。曾多年担任德国德意志工艺联盟协会主席、建筑师协会主席、教育部教育改革委员会主席等，曾当选为斯图加特市市长并出任许多国际重大建筑竞赛的评委主席。他除有许多著名建筑作品外(四座他设计的建筑作品作为重点文物保护建筑，这在活着的建筑师中并不多见)。他还是著名建筑批评家和社会评论家。经常在报刊杂志发表文章，在世界各地讲学。他曾四次被选为著名的达姆施塔特工大建筑系主任，是俞霖的博士导师。

Foreword

Dear little wise girl [*1]

Who could ever imagine, when I came to Tongji University in Shanghai in 1981, that 20 years later I would be writing a foreword for your new book "15 years in Germany", soon to be published in China? However this is only a letter addressed to Xiao Hui, because writing a foreword about your life means writing a complete book.

When I first entered the auditorium of Tongji University in Shanghai many years ago, I had the impression of a blue veil lying across hundreds of seats, which contained faces staring at me. For me the Europeans all looked the same, except for the jackets, all wearing blue jeans. However I recognized 3 smiling faces out of the huge group of students. This was rare in shanghai. Even in the streets laughter was without joy, different to the laughter in Hong Kong. At that time there was nothing really to laugh about anyway. But the 3 students in the front seats smiled because they understood German and I always looked over to them in order to see whether Jiang, a very good translator, was doing his job properly. In the middle, between the male students Yu Lin and Chen Yubo, was a girl dressed in a white check blouse called Wang Xiao Hui.

I was used to questions during lectures, and open discussion with the students afterwards. At that time, as far as I can remember, there was a certain ritual of avoiding direct contact between the students and a professor from abroad, but due to the fact that my wife Nina was sitting among the students, a contact was established by writing small paper notes which we would give each other secretly. Otherwise we would not have met each other in

序

Jing-Jang Hotel, nor ever have learnt from you, Lin and Yubo, about your thoughts, questions and plans. We wanted to know a lot, and we walked through the big city on our own, and we discovered the Lilong quarter, which would undergo a fascinating transformation from an old area full of courtyards and little streets into a modern quarter of the highest efficiency. Was it possible that no one took any notice of this?

It was just a few years after the cultural revolution, and the trial of the Gang of Four was not yet over, but everyone could sense that something beneath the earth was moving, breaking up and moving towards the light. And it was required to what would not withstand the wrongly understood new movement "When you come to Shanghai next time, everything will be replaced by new buildings" apologized the chief planner of the city. The future was already beginning as the JCB digger began its work. We tried to fill you with enthusiasm for a different future for the city, but we realized that we would have no chance against the power of money. Who would have thought that one-day we would make an architectural book about it together?

In the meantime, you and Yu-Lin became a married couple, and five years later both of you came to my university in Darmstadt. How many phone calls, contracts and ways to minimize bureaucracy were necessary to bring you over to Germany! But once you were here we asked you to tell us everything.

China had made a big step forward and, in Shanghai, tall buildings were springing up out of the ground like bamboo in May. Entire old quarters had been demolished to create space to give the city a new face, which was the same as other centers in the world. Who could imagine that it would happen so quickly?

At that time you had already been granted a position as a lecturer at the academy for architecture in Munich, and Lin worked on his thesis at the university. When both of you came to us on Nina's birthday, we were puzzled to learn that you had already begun to stray away from your profession as an architect. That was on February 5 1991. We could not have conceived that we would never see Yu-Lin again.

In China we learnt to admire the way people managed to live with great suffering. In the past, the older generation had to bear patiently personal humiliation, intellectual depression and the loss of their existence, but they never lost their dignity. The young generation could also handle their fate, as you have proved to us. Even as a child you did not enjoy a comfortable life, and you were already touched by misery and abstinence. However, you have taken your fate into your own hands and turned it into a subject for creativity. The person of the "little wise girl" has become a "brave woman".

The German saying goes "make a virtue of necessity" and nobody thinks about it very deeply, but behind it lies a deeper idea that the quality of life and culture always declines as wealth increase. But how can you explain that to people who have lived for decades with deep distress and intellectual repression? You have to become wealthy before you realize what you don't need. It is not my task to praise your work. It speaks for itself. But your movie "Broken Moon" was for me the key to understanding your work. Have you seen the masterpieces of expressionistic films; have you ever seen the experimental movies of Jean Cocteau; or the fabulous scenes in the Japanese movie Rashomon? Your film looked to me as though you had created it from scratch.

From that time on, it seemed the only thing that existed for you was work. Was it a way of escaping? I don't think so. It sounded reasonable to me when you said you found your joy in your work. You don't know the Old Testament of the bible, where the preacher Salmon came to the conclusion "there is nothing better than a human being happy with his work, because this is his salvation". It is not Lao Tse saying it, but big prophets live next to each other.

序

序

You are asking where your roots are; where do you belong; where is your home as a traveller between East and West? One of the most famous lyric poets of the 19th century, Heinrich Heine, who lived most of his time in Paris, asked the same question, but he created a "portable home" for himself, an ideal place he could always carry around with him.

When I look at your pictures, or when I read your beautiful words, I am aware that you have to search for your home everywhere but you will never find it, except within yourself. You are your own home base and you have to establish that for yourself.

Now you have become famous, and many might use you to confirm their own images-they want to see you as the transformer between the cultures of Asia and Europe. Some people mix cultures like putting together different type of wines, with the result that each wine spoils the other. However, it is our task to make the world smaller than it already is; do we want the multicultural cocktail, tasting the same everywhere? Bridges from nation to nation. Yes, it is good to understand each other if it serves peace. But it is more important to respect the other side. Don't let us forget our astonishment about what other people create, without always making uncritical comments or copying it. Culture has to be discovered all the time continuously and this is not possible without risk.

In your country, culture is in a "deep sleep" but it still lives because it is nourished by tradition. Throughout history, the running of the country has been dominated by Confucian ideas, and rules and regulations from the past are still alive in the present. I am sure that in China a new culture can be created without looking to the Western world, and without being based on Ying Yang principles. I admire you because you can help to work on this. Germany is in the process of leaving its own cultural base, but you only realise this when it has truly disappeared. It is the slackening culture of a nation which has broken its links with tradition, and has no values for the future except targets for consumption. Watching TV, you will always find signs saying, "I want more!" There is all kinds of controversy about freedom and regulation without ever seeing them as a pair. There is a regulation in freedom and vice versa. You can choose which way you want to go; they don't exclude each other. I discover both principles combined in your photographic work: the free way of looking at a subject, combined with the discipline in the way it is presented.

Who could imagine that you stored hundreds of photos without ever having seeing them. It reminds me of a visit I made to the well known philosopher Ernst Bloch, when I was a young architect; I came into his flat and discovered that all the walls were covered with books all the way up to the ceiling. "Did you read all these books?" I asked, quite impressed. "What a stupid question" he replied, rather rudely, "Certainly not". He was preserving the creation of the world in millions of pages, while you maintain your world in little pictures. The moment of freezing it with your camera, and preserving it, has been important for you, but there will be a day, Xiao Hui, when you will walk in this world.

Who could have imagined that from a talented architect could spring forth a famous photographer? I have never heard of this happening before. However, I always ask this question: surely you are an architect? There is hardly any kind of study which combines so many areas, and subjects, and obviously incompatible topics.

By drawing we learn to see; through the history of architecture we learn to understand; mathematics and statistics help us learn to think; construction shows us how to work with different materials; though outline and design we understand complexity. But a university education serves itself, the study is not for the profession. You take photos, you make movies, you organize exhibitions, you write books, you hold talks and much more besides. And all of it is architecture-it is only a question of what you make out of it.

Dear "little wise girl" there is more to say but then I would have to make a book of it. And this is your book. Don 't run away from yourself, allow yourself more time to rest, and for leisure, and for the next book. I 'm looking forward to it with great pleasure.

Your Lao-shi (lao-shi is the Chinese for professor) Max [2]

* 1 "Little wise girl" is the professor 's nickname for me because my name, Xiao Hui, in Chinese mean "little" and "wisdom".

* 2 Max Baecher, Architect, Professor emeritus for Design at Darmstadt University and Yu Lin's PHD tutor. Many of his buildings had been awarded prices, four of them are even under preservation as historical monuments. Various cities as Stuttgart, Berlin, Dresden called him as planning advisor. In Salzburg he was president of the Urban Design Commitee until 2003. He has an international reputation as a juror and is also well known for his critical essays.

引子

已经是深夜三点钟了。我静静地躺在床上，没有开灯，天上也没有月亮。夜沉寂得能让人听到自己的心跳和呼吸声。清冷的街灯透过方格型的磨砂玻璃窗射进屋来，在墙上显出清晰的格子图案。偶尔驶过的汽车强光使图案轻轻移动，有时漫射到天花板上，令人感到迷离而怅惘……

几天来因病不得不躺在床上，翻看了出国十五年来的几十本日记，重温了这些年所经历过的复杂而曲折的心路历程。回忆就像这映在墙上和天花板上的斑驳光影，时而明晰，时而模糊，混杂交错，重重叠叠。许多往事还是那么铭心刻骨，时至今日仍有切肤之痛，很难设想我还能再经受第二遍。

重读这些日记，又重读了一个最最真实的我。写下这一切原本只是为了自己，为了记录自己的生命，记下那些值得回忆的东西。被我称为"视觉日记"的那些照片，与文字一起更加形象和完整地记录了我的所见所闻，所思所想，所感所悟。

我有意识地拍摄"视觉日记"是从十年前为准备摄影展《我的二十四小时》开始的。在那之前我也拍，但拍得过于随意，毫无目的。从那以后，拍摄生活中点点滴滴能触动我某一根敏感神经的或大或小的景与物，好像已成为一种习惯，成为日常生活不可缺少的一部分。没有这些照片我无法想象能记清那么多发生过的事情，乃至很多细节。它们使记忆不再流失，就像一盘散乱的珠子被一根丝线串到一起。

毕加索曾经说过："我作画就像有些人写自传。画，无论完成与否，都是我日记的一页，也只有在这意义下，它们才有价值。"我想，许多我的这种"视觉日记"也有这种特质，它们只有在连贯的整体观照之中才有意义。

它们既是我的感情日记，也是我的思想日记；通过文字我可以更细致地梳理思路，而通过照相机则能更用心地看世界并体验人生。有了它们,我的生命线索就会延续。它们记下的也许只是对我个人有意义的东西,它们已与我无法分离。

假如上帝只允许我带走两样东西的话,我一定会毫不犹豫地说:"这两样东西是日记本和照相机。"

我们可以飞了

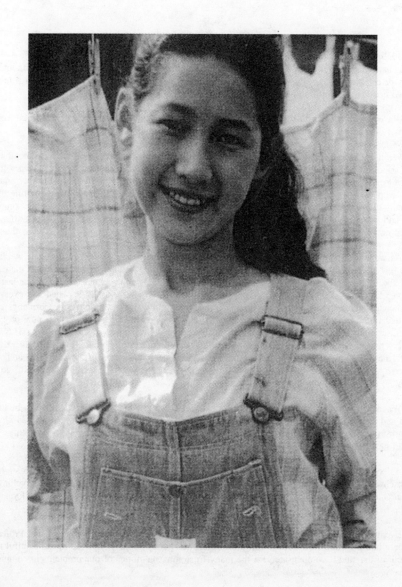

At least we're flying

29.9.1986. It was a very unusual wedding.

It happened just one day before our plane was due to leave China for Germany, without any guests or celebration. The wedding had to be kept secret because, in 1986, there was a rule that married couples were not allowed to go abroad together.

Lin who became my husband and I both worked as assistant lecturers in architecture at Tongji university in Shanghai, and we had known each other for eight years.

We had been selected by our university to study in Germany on an architecture scholarship. Such opportunlties were rare in China at that time, and we had been waiting many years for a chance to go abroad like this. During those years we became friends with Professor Baecher and his wife, who were giving lectures at our university. They offered us all their support, Inviting us to Germany to continue our studies. When I think of Professor Baecher, I always remember someone once said saying: "his face has more humour than wrinkies". We did not accept his kind offer, as we did not want to trouble him, even though it would have been a great opportunity for us then.

As we were about to board the plane, our trip to Germany was suddenly cancelled. A phone call a few hours before our flight requested us to stay in China. An anonymous letter was the cause of all the trouble. Certain officials claimed that we had taken money connected with our last architectural project. This put us in a very awkward position. We were totally isolated and everyone was encouraged not to talk to us. A month later we were finally allowed to leave for Germany, once they had found out that all the accusations against us were unjustified. However a new problem arose: our status as a married couple meant we were not allowed to go abroad together. This was the very reason why we had married so quietly one day before our original departure date. Eventually, the whole problem was sorted out thanks to the miraculous support of the professors at Tongji University, Their help paved the way, and eventually we were granted exceptional leave to go together.

When we were finally on the plane, I thought we were just like that plane: it had to build up speed and use all its power to overcome the friction on the runway, just as we had needed all our strength to overcome our troubles. However, once the plane took off, it flew along smoothly, and I could never have guessed that our real troubles had only just begun...

As soon as we arrived in Germany we were separated, as my husband was going to study in Braunschweig, while I would be in Munich. I had a wonderful autumn in the city, revelling in natural colours that were quite new to me. Even now, autumn remains my favourite time of year-the Golden Season.

Eventually, the Christmas holidays brought Lin and I together in the apartment that Professor Wehberg had provided so we could enjoy our postponed honeymoon. It was the most beautiful time for both of us, and it compensated for the many frustrating memories of our problems in coming to Germany.

题图：1986 年的夏天，在上海家里晒台上。那时的日子总是这样阳光灿烂。

飞机在跑道上加速时，地面的摩擦力非常之大，要有足够的能量来克服这些阻力。一旦离开地面，空气的阻力与这摩擦力相比微不足道，飞机就可以自由飞翔了。最难的是在起飞之前那一段。

1986. 10. 30.

没有鲜花，没有婚纱，没有戒指，没有仪式，没有宾客和喜宴，也没有朋友的祝愿，因为并没有人知道，也不能让人知道。只有一张印刷粗糙而俗气的结婚证书，大红的底色上印着金色的双喜，里面有我和俞霖的照片。那是两张年轻而稚气的脸，看上去像兄妹，笑得甜美。这是我对一生中唯一"大喜日子"的所有记忆，其他便是那似乎永远整理不完的行装，因为要带的东西实在太多了。

那是1986年的9月29日，去德国留学的前夜。

在八十年代初，出国的机会比现在要少许多，尤其是取得公费奖学金，更是难上加难。在上海同济大学读二年级的时候，我们建筑学系的两个班级，各抽出一名学生去进修德语，准备一年后选拔出一名学生派往维也纳艺术学院学习。当时我和另外一个班的名叫俞霖的学生被选出，这样我和他便偶然地碰到一起。

俞霖是被当时的系主任称为"不可多遇的"、"有特殊才能"的学生，后来学院的院长也说过"像他这样的人才，七、八年才会出一个"。他的设计作业和画作总是挂在系走廊的陈列橱窗里当作范例供人参观，自然他的名字在同学中也颇有几分名气。我印象中的他个子瘦瘦高高的，有一张孩子气的脸，总是笑眯眯的，举手投足之间不时透出一股灵气，好像话并不多。

遇到学习中有难题的时候，许多同学愿意去找他，据说他和善谦虚、乐于助人。有些设计图经他一改分数就会高出许多。我没有去找过他，但每次去他的教室时，总会看到有同学站在他桌

到上海读书远离天津的家，也远离了心爱的钢琴。这架新钢琴是父亲送的结婚礼物，可惜它无法伴我左右，随我远渡重洋。

当年的研究生是很稀罕的，女研究生更少见。戴着同济大学红色校徽在外面走，常会招人多看上几眼。大概这小小的虚荣使我显得如照片上这样志得意满。

旁请他帮忙，我感到他一点也不像有些高材生那样自私和保守。

当我得知被选派专职学德语时，一高兴把全部课本都送给了同学，一心只想学好德语去留学。而他仍然坐在他教室里的老位子上继续做"老班级"的功课。这让我有些惭愧而且后悔，因为我太轻率而没考虑到万一有什么意外不能去进修的话，我会处于一种很尴尬的地位。

直到开始去学习德语时，我们才正式认识。学习了几个月后，不知怎么，那个留学名额分给了外语系的学生。

由于我们是文化大革命后第一次恢复高考的"七七级"学生，和后面的"七八级"相差只有半年，而德语学习整整耽误了一年时间，我们很想抓紧补习以便跟上"七八级"课程以及研究生考试，因此像散兵游勇一样，同时在两个年级听课、补习，进进出出几乎形影不离。

那时比较熟悉的老班级同学喜欢和我们开些善意的玩笑，说我们是一对"金童玉女"，我们自己却傻傻乎乎的，为完成一个个考试而疲于奔命。那年没有去成维也纳，反而成全了我和

在俞霖1984年设计并获奖的
徐家汇人行天桥上

俞霖的缘分。我们在一起学习那么愉快，那么开心。因为太忙，没有很多时间和闲情逸致"花前月下"、"卿卿我我"，更像两个无忧无虑的孩子。

为了补上这半年缺少的课程，我不得不忍痛放弃许多业余爱好，像看电影、读小说、缝衣服，以及刚刚开始允许跳的交谊舞。只有假期的旅行和学生摄影协会的活动，我不愿放弃，因为太喜欢摄影了，几乎到了着迷的地步。那时会在假期拍许多照片，然后整夜在暗房里冲印、放大照片，没有专业书籍和指导教师，浪费了许多胶卷、相纸。假如没有这些浪费，也许不会有今天。

在那几年中，我们有过三次机会去德国留学，其中有两次是俞霖到德国后博士第一导师贝歇尔（Max Baecher）和第二导师史密特（Peter Schmidt Thomsons）邀请的，当时他们在同济大学做客座教授，作几个月的短期讲学，我俩不光听课，也担任翻译及陪同，所以与他们交了朋友。贝歇尔教授当时问过我名字中文的意思，此后，他们夫妇亲昵地把我称做"小精灵"。他来讲学时曾把德国一项他主持过的建筑设计竞赛拿来当练习题让我们做，学生们挖空心思想在这块空地上造一个漂亮的公共建

同学们戏称我们是一对"金童玉女"

筑,设想五花八门。我当时什么建筑也没考虑,而是将它搞成一个有绿化、水及雕塑的公园,他为这个想法叫好,因为没人想到。他说可惜投标早已过去。他还是给了我很高的分数,而且还把这设计方案拿到德国专业杂志上发表,并把我的设计图带回德国,多年来一直挂在他的教研室里。

他们的好意邀请被我们婉言谢绝,因为我们不想太麻烦朋友,还想靠自己的努力考公费奖学金。

还有一次是我的好友格尔达(Gerda Cordes)女士邀请的,她是我当时在上海的好友,她在华东师范大学里教了两年德语,很想学习普通话,我也很高兴有机会练习德语。在那几年中,我们常常周末见面,一起看展览或看电影,然后去和平饭店的咖啡厅坐坐,那时的上海咖啡馆寥寥无几,大部分宾馆则要有外国人一起时才可随便进出。她也知道我和俞霖一直在等出国机会,有一天,她郑重其事地对我说,她与作为建筑师的父亲商量,准备邀请我们俩去德国读书,由她来做经济保证。我们虽然很高兴她能这样主动与诚恳,而且也盼望快一点出国,但仍想等待公费奖学金,而且相信,以我们俩的成绩只要有留德名额是非我们莫属的。只是那时这种机会太少太少,特别是去德语国家。

我和格尔达的友谊至今已有二十年,她常常把这件事讲给

俞霖在德国的博士导师贝歇尔(Max Baecher)教授在74岁生日时请我到他的意大利湖边别墅度了几天假。他是那样智慧与开朗,"脸上的幽默要比皱纹多许多"。

生活在布鲁赛尔的格尔达(Gerda Cordes)是我交往的第一个德国人。二十年前她在上海教德语时我们便成为朋友。一位吸烟斗的年轻女子即便在欧洲也非常引人注目……

其他朋友听。她说在中国教过那么多学生，很多都曾经请求过她帮助出国，她没有能力帮助那么多人，但主动提出帮助我们，虽然我们的拒绝使她深感意外，但也使她感到我们之间的友谊非常纯洁，没有利益等因素掺杂其中。

终于在 1986 年等到了公费出国的机会，这与 1980 年维也纳艺术学院的奖学金机会相差了整整六年。俞霖已是我们当时系主任、中国建筑界元老冯纪忠教授的助手，我则刚刚读完研究生毕业留校。这两个奖学金来之不易。我们天天盼望能早日成行，生怕夜长梦多。

我们有意将婚期拖到不能再拖，直到一切稳妥，不仅通过了各种审查考试，护照拿到手，签证也已取得，机票是 9 月 30 日下午的。29 日下午匆匆去结婚登记处领了证书，没能来得及与家人吃顿晚宴庆祝一下便又继续去整理行装。那么多想要带的东西全要精减到二十公斤的箱子里，多少心爱的东西不能带走（我后来拍摄出将这层含义引伸开去的摄影作品，被收入西方摄影史书）。那一夜我们虽然很累心情却非常愉快，等待了六年的机会终于到来。当时并不知道这一走会改变我整个一生，但无疑这是我有生以来最重要的也是最远的一次旅行。

第二天上午，传呼电话亭的阿姨拖着长长的上海腔叫："王小慧——听电话！"我从窄窄的木楼梯冲下楼，跑到马路对面的电话亭，心想大概又有朋友来道别了。没想到电话中传来一个冷冷的声音——系党总支的工作人员请我们到学校谈话。

在英、美、德出版的《一百五十年摄影大师作品集》中收入了我的作品"试图带走珍贵的东西"（1990 年），我用烛光象征那些有形和无形的"珍贵的东西"，你无法将它带走……

"怎么来得及？乘公共汽车往返可能会拖上三、四个小时，我们的飞机会误点的……"

"你们先不要考虑出国的事了。"又是那么冷冷的像机器里发出的声音，似乎没有性别。

"为什么？"

"你们来了再说吧。"电话挂上了，那嘟嘟的声音使我一片茫然。

在去同济大学的路上，我感到手心发冷，似乎后背也透着凉气。我百思不得其解，是什么原因使这早就确定的事在最后一刻被全盘推翻，听去没有一丝希望？那中性的声音说得那么肯定，不至于是我们结婚的事被人告发了？那时是不太可能让夫妻俩一起出国的。

向来沉默寡言的俞霖，一路上没说一句话，只是紧紧抓住我的一只手，双眼看着窗外。公共汽车开过当时并不那么繁华的延安路、四平路，自行车夹在缓缓行驶的汽车之间，重复着每天千篇一律的都市一幕，但这个城市的一切似乎都与我们无关。那时我还不太懂得命运对我们意味着什么，只感到冥冥之中有一种不可抗拒的东西在左右着你，个体是那么渺小，我不知道等待我们的会是什么。

汽车仍在极缓慢地向前蹭着。我心里像猫抓一样，有种不祥的预感。想到一本小说中描写文化大革命中类似的情形，一种莫名的恐惧一下子笼罩了我。爸爸在文化大革命时试图自杀的情景历历在目。那时我幼小的心灵常常被这种恐惧感笼罩，每天晚上不论天有多冷都站在阳台上等爸爸回家，超过正常时间太久时我总会设想出各种可能发生的可怕的事情……

我对俞霖轻声说："我觉得又在搞文化大革命了。"他安慰我说："不会那么糟，我们没做任何错事。"

我们带着忐忑不安的心情走进了建筑系的大楼。

没有解释，没有安慰，更没有一丝略带人情味的表示。我们各拿一叠纸，分别到不同的房间，要写出这两年的经济收入情况。对我这似乎不食人间烟火、特别是对经济收入这类事既不关心更无兴趣的人，无疑是比所有出国考试都难得多的题目。我眼睁睁地看着那叠纸不知如何下笔。而看着手表的指针，正走向我们去机场的时间……

当时我不明白为什么要查我们的经济账？我们只不过是刚刚毕业留校的青年教师，拿着几十元的工资，除了做过上海清真饭店的改建工程外，并没有什么额外收入。这设计因为构思新颖，颇受好评。我们让来采访的记者不要在报导中提及设计者姓名，只说同济大学教师的作品，生怕临出国前遭人嫉妒，节外生枝。而这工程的设计费，我们根本没拿到什么。因为从来不好意思过问钱的事，但作为刚毕业的学生，很希望亲眼看到自己的作品能赶在出国前建造起来，因此大部分时间都投入到那个工程上，也没有精力考虑其他。

我知道在同学同事中想要出国的人太多了，而那时公费出国的名额如九牛一毛。我和俞霖同时拿到公费奖学金自然是非常遭嫉妒的事情。虽然我自认为我们人缘很好，可在那些日子里一下子感到了世态炎凉，许多熟悉的面孔变得陌生。在食堂

当年坐落在上海市中心福州路西藏路口的上海清真饭店，是俞霖和我建筑师生涯的处女作。可惜现在因老城区改建已被夷为平地，建筑早已荡然无存。

这样的地方人多，他们还可装作没看见，而在办公室走廊上迎面走过，相识的人竟然不敢打个招呼，甚至不敢抬头看你一眼，好像我们患有可怕的传染病。这使我十分伤心，甚至比出不了国这件事本身还让我心灰意冷。我当时想，即使出不了国，也不要再在这里继续工作了。整整一个月时间，我好像一下子成熟多了，甚至觉得自己老了。

我对一个刚退休的老教授说出觉得自己老了的感觉，他说他已经六十多岁了，都没有老的感觉，相反开始做些一辈子想做的事情，并安慰我他经历了比我难得多的遭遇，没有什么过不去的。那时我会为一个关切的目光感动得要流眼泪，而且暗暗发誓记住这些真心对我好的人，虽然他们也不敢在公开场合与我多说话。

正在这时，我收到了被我们称作老大哥的同学郑孝正的来信，他一直是我最信赖的有如兄长般的朋友。当我在追求者中挑花了眼，征求他意见时，他毫不犹豫地说："当然俞霖最好。"他的话似乎一下子把我的情感定了形。这时，老大哥已飞到德国。他的信是在机场匆匆写了发来。他说："我坚信你们是无辜的，也相信很快会在德国看到你们……。"这些话让人感到那么温暖。

在1986年10月6日的日记中我写了这样的一段话作为座右铭："匹夫见辱，拔剑而起，挺身而斗，此不足为勇也。天下有所谓大勇者，猝然临之而不惊，无故加之而不怒。"我觉得我们虽然遭受挫折，但没有被打败，我们的人格反而受到了一次锤炼。晚上我常会与俞霖去看电影。我们一直非常喜欢看电影却总没时间看，正好想藉此冲淡一些在好奇的左邻右舍眼中"倒霉蛋"的印象和他们对突然的变故的种种猜测。

后来，我才知道有人写了匿名信，而且确实有些设计费被中间人扣住，我们一直蒙在鼓里。我这个人太单纯，太不懂人情世故，所以有时会被别人的笑脸和一些表面的东西所欺骗。俞霖对我说，如果这是缺点的话，他正是喜欢我的缺点，如果我过于精明，"那就不是他的小慧了"。

几经调查，这事总算了结。但新的问题是我们结婚的事已经公开，按照规定，夫妻不可以一起出国。又是连续几天的

开会讨论，无休无止。至今我还是感激那些领导和决策人，以及同情帮助我们的人们。据说许多被征求意见的教授都说，他们无法说出我和俞霖哪一个更优秀。如果只能让一个人出国，他们觉得实在太可惜。这使我们得以破例双双出国。特别是在那整整一个月的压抑之后，再次踏上旅途的喜悦是无法形容的。

　　我们分别去不同的城市，我是去南德巴伐利亚州首府慕尼黑，他则是前往北德靠近汉堡的大学城布伦瑞克。我们一起先飞到法兰克福再分别转机。

　　飞机在跑道上滑行时，我想起一个诗人朋友临别时对我们说的一段话："飞机在跑道上加速时，地面的摩擦力非常之大，要有足够的能量来克服这些阻力。一旦离开地面，空气的阻力与这摩擦力相比微不足道，飞机就可以自由飞翔了。最难的是

我们可以飞了

11

同样具有象征意味的是初到欧洲时在意大利爱尔巴岛上拍的这张照片。原照是彩色的,透过厚重的石墙洞是那广阔的蔚蓝色的海与天。虽然海平线遥远而朦胧,但你终于能看到它。这就是我们出国前心情的写照。

在起飞之前那一段。"他用这段话送我们启程,给我印象非常深刻。我当天把它写到日记里,事后多少年,我乘飞机时,常会不由自主地回想起这段富有哲理的话。

终于可以长长舒一口气了。我把头靠在椅背上,轻轻拉着俞霖的手说:"我们可以飞了。"他仍像往常那样,默默地对我报以平和的微笑。

在不知不觉之中就到了法兰克福机场,走下飞机,对我们这样初次出国的年轻人来说,一切都显得那么新鲜和令人惊讶。整个机场像个巨大的机器,有条不紊地运转着。我们要分手了,虽然我转机需要等待的时间比他的要长,他还是执意先把我送到去慕尼黑的登机口,像过去放假送我上火车回家探亲时一样,总是放不下心来。在自动传送带上,他那么开心地笑着,说他在飞机上便会开始给我写信。他渐渐远去,只看到他一直在挥手……

我们那时还没有电话,只有地址。我们约定互相写信。最晚在圣诞节放假时我们就能再见,那只不过不到两个月时间。这次分别,好象两杯饮料混合到一起又分成两杯,各自都带了对方的一部分离开。心里的感觉也像喝了鸡尾酒那样,甜甜的,令人微醉,绝没有分别的苦涩与难过,只想对每一个投来的目光报以微笑,此后很长一段时间都是怀着这种心情的,而且,我仍不能相信这一切是真的。

　　时至今日，秋天在我眼里仍是慕尼黑最美的季节。我几乎不能相信在一个大城市里会有这么美的色彩，到达的那天由于兴奋我已感觉不到时差反应，整个人觉得飘飘乎乎，好像还在飞机上似的。当晚，我进修的建筑学院教授们为我的到来举行了欢迎晚会，他们买了鲜花和葡萄酒，老大哥也在场。我看得出他也喜形于色，虽然他是个很沉稳、轻易不表露感情的人，也许是欧洲的空气感染了他吧。

　　好多天我都有在空中漂浮的感觉，常常问自己是不是在做梦。第一个星期里我去了三次"英国公园"，那个占地极大的横在城市中央的自然风景园，那里有从巴伐利亚雪山上流下的被称为"冰溪"的小河，水流湍急处有人在冲浪。到处是大片缓坡，浓密的树林一片金黄色，绿茵也被金黄色的落叶盖满，在落日

俞霖的英国公园速写

来慕尼黑第一个星期，我三次跑到英国公园来，享受秋天的阳光和在阳光下显得更加明丽的色彩，我的心情也像这随风舞动的芦花，轻得似乎可以飞起来……

"仙女堡"的树林里

的余晖下，这景色令人目眩、令人迷醉。踩在这落叶上散步好像是在幻觉中，可以让你忘记一切。

有次在过去的巴伐利亚国王夏宫"仙女堡"的树林里，被一幅景象吸引住了。逆光的秋林里，坐着一个穿长裙的中年女子。她正在看一本书，像一个雕像那么端庄那么美，那金黄色的头发在阳光下显得那么亮，简直就是一幅绝妙的油画。我不忍打扰她，但远远地看了很久很久，至今难以忘怀。

从小到大，我还从来没有如此喜欢过太阳和大自然。每天我都能察觉到大自然的细微变化，从我住的第六层楼宿舍窗前，可以看到很远的天，天总是那么蓝。

我每天傍晚从窗子望着外面的落日与晚霞，一行行南行的大雁常会勾起我一丝对远方亲人和朋友的思念。这时我会拿出纸笔，坐在窗前写信。我感谢一位好友嘱咐我的话，到德国后两样东西不要节省：邮票和胶卷。我很珍视这些保留至今的信。可惜随着电讯技术的发展，这些可以保留下来的人情味浓厚的东西，渐渐越来越稀少而被电话等所取代。

那一年时间里我如饥似渴地张大眼睛，看着这陌生而新奇的世界。每天拍许多照片，记许多笔记。我们这个同济大学的访问学者小组有几位教授和青年教师，经常是包一辆小面包车在德国和一些欧洲城市跑来跑去，很多时间是在高速公路上。德国高速公路不限速度，出国前没有乘快车的体验，看着那些很快靠近又甩到身后的景物，我思索着：那么巨大的东西，转眼就变小，再后来就看不到了。人生中的很多事也都会逐渐消失，出国前的波折，现在看来不过是一个小小的点。那些经得起时间考验以及足够大，大到可以将距离忽略不计的东西，才能称之为有永恒的意义。

　　那时在车上，我们一行人总是嘻嘻哈哈说笑话聊天，而我经常坐到后面打瞌睡。一遇到有好风景时，这些嬉笑声忽然会变成一片相机的快门声，同事们笑我是最晚一个惊醒后才开始拍照，但拍得比谁都快都多。从那时起我更加明确了，我真的非常喜欢摄影。如果不是那么喜欢，我不会整天背着那么沉重的器材到处奔波而不觉得丝毫疲倦。

　　很快就到圣诞节了。所有的商场都挤满了人，大家都在忙着为亲朋好友采购礼物。我也马上就能和俞霖团聚了。

　　当时他住在布伦瑞克的学生宿舍里，他的教授维北克先生提出让我们住到他的公寓里去，那里比较宽敞，这只是他有课的日子住的房子，他的家在汉堡。圣诞前一个星期，我来到了这个城市。这个紧靠市中心公园的公寓，成为我们度蜜月的地方，也是我们从来没有过的两人天地，像是冬天里的春天。从顶楼的窗子望出去，外面纷纷扬扬飘着大雪，那大片的公园和树林在雪中更加如诗如画。

　　很多年以后，那里的大学请我去讲学，我本不再想给建筑

我们真正意义上的"蜜月"就是在这顶层小屋里度过的。窗外是大片的公园和树林，这小屋给了我那么美好的记忆。

俞霖曾就读的布伦瑞克大学建筑系 1999 年请我去开讲座，大厅里学生坐满，挤到讲桌边。维北克（H. Wehberg）教授在向学生们绘声绘色地讲述他与俞霖偶然相识的过程，这个当时德语还说不流利的中国人令系里的教授们对这初来的陌生学生刮目相看。

我们可以飞了

15

系学生讲课,单单为了想再看一眼那房子和树林,重温旧梦,便答应了下来。

那是一座典型的德国式老房子的顶层,有一个带厨房的客厅和两个不大的房间。由于教授是雕塑家出身的园林建筑师,房间布置非常简洁而有品味。墙上挂着很漂亮的画和草图,入口处还有他早年的雕塑作品。处处显得既随意又充满艺术气息,比许许多多精雕细刻的工艺品式的装饰风格和不自然的有意制造出的"艺术风范",要让我们喜欢得多。

北德的十二月是很寒冷的。教授叫我们开足暖气并准备了许多木柴,让我们点上壁炉。

圣诞前的那几天才是我们真正意义上的"蜜月",没想到俞霖竟也那么缠绵。也许过去在中国时没有环境和时间。每晚天将黑时,我们会点亮蜡烛,打开音响,几个小时坐在温暖的壁炉边。他会从后面搂住我的身子,一起望着那跳窜的火焰,似乎有说不完的话。或者我们会长久地泡在那大浴缸里,倒上许多带着草药清香的沐浴露,使水面涨满泡沫,然后开着热水龙头不断地往里面加水,整个浴室会充满雾气变得模糊,屋顶上的一个老式罩灯也蒙上了一簇光晕。

那时我俩都属于那种非常单纯的"大孩子"一类,在我们之间总罩着一种兄妹般的纯洁气息,似乎男女之间的欲念并不那么强烈,而绵绵情意更使我们感到满足。我们喜欢沉浸到自己营造的那种半幻觉的气氛之中,那原本是实实在在的感觉在这里又似乎变得不真实起来……他是个很腼腆的人,用中文说"我爱你"这样的话让他难于启齿,但他常会轻轻地在我耳边用德语说"Ich liebe Dich"("我爱你"),好像这些比较容易说出口。他说他没法忍住不告诉我他爱我,其实我早就从他的眼睛里读出这一切,我也像所有女人一样,对这三个字百听不厌。有时他会望着我出神,当我问他在想什么时,他会说这一切真是太美好,他觉得是在做梦。

然后,他又会紧紧抱住我说:"Ich liebe Dich so sehr!"("我真太爱你了!")

路伸向何方

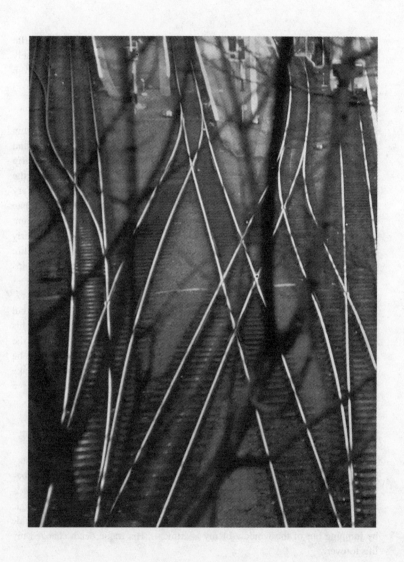

Where to go

We were invited to stay at Professor Schmidt-Thomson's house in Berlin over Christmas and New Year. During those few days we lived very closely with his family, and we discovered that everything was quite different from what we were used to in our Chinese world. Not having been able to travel abroad, we only had a little indirect knowledge of life in the west.

We started travelling: going on many trips organized by the scholarship group, and some that we arranged ourselves. Our journeys were simple and similar to the usual backpackers travels in Europe. The most impressive trip was a journey to the island of Elba, where we spent a couple of days in the house of Professor Menke. Elba not only had beautiful landscapes and scenery but the culture, the people, and the way of life seemed more like a dream than any reality we knew. In a brief period of time we received so many different impressions that we both experienced a certain amount of culture shock. Nearly everything was new to us: the architecture, the inhabitants, the cultural life etc. During that first year I made many friends, and some of those friendships have endured, and remain a source of happiness to this day.

I was always aware that my time in Germany was limited to one year, but as the time for my departure grew near, Lin was still busy working on his PHD. We realised that, if we returned to China together, he would lose the chance of getting his PHD, because once we got back to China we would be forced to stay there for at least five years before we would be allowed to make another trip abroad. At Munich University I passed the examination for a doctorate, and I got a job with the tutor Professor Wienands.

A decision had to be made about what to do.

I tried to get exceptional leave from Tongji University to prolong my stay in Germany, but I received no reply to my request, so I packed all my belongings, ready to return to China with the scholarship group. Lin also packed, and prepared to go back with me. But three days before our departure, a tragic accident happened. A young German actor, named Ansgar, committed suicide by jumping out of the window of my apartment. His tragic death changed my life forever.

题图：爱丁堡火车站交错的铁轨，多年之后回想起来的确就像我的人生道路。

落日时分，在爱丁堡火车站的高桥上，我拍摄了一幅下面铁轨的照片，有的交错到一起，有些又在远处分岔，不知它们伸向何方。霖霖说那照片就像我的人生：有好多路可以走，条条在闪光，很难说哪一条更好，画面上还有那么多枝枝杈杈挡住视线，象征着复杂而不可知的未来。

1987. 12. 5.

　　在德国过的第一个圣诞节和新年，我们被请到俞霖第二导师史密特 (Schmidt Thomsons) 博士家中做客。当时史密特教授是西柏林大学建筑学系主任，有自己的设计事务所。他夫人也是个很能干的人，除了把家搞得井井有条之外，她还是柏林女建筑师协会主席并兼任德意志工艺联盟的组织工作。

　　她准备了丰盛的圣诞大菜，两个十来岁的孩子象征性地吃几口便迫不及待地去圣诞树下拆他们向往已久的礼物了。我吃惊他们竟会得到那么多礼物，有些是他们向父母"事先请求"的，有些是亲戚朋友送的，所有礼物都包装得那么漂亮。记得每次看到他俩大大咧咧撕开包装纸随手扔进壁炉里去烧掉时，我都觉得可惜得不得了。他们不赞成孩子喜欢那些受美国文化影响的星球大战之类的电子玩具，就像不赞成孩子们喝可乐吃麦当劳一样，认为是"越来越没文化了"。

　　午夜时分我们一道去教堂，那里已经坐满了人，不少人站在门外广场上，看着夜空，听管风琴奏出的弥撒曲，这情景给我极深的印象。大学里学习建筑史时，无数次看到过哥特式教堂那高高的、指向天空的穹顶，但从未这样亲临实境的感受。在这庄严而缓慢的和选伴奏下简单的旋律更把你带向无边无际的彼岸世界。此时此刻，人的灵魂好像得到了净化。

　　我们被安排到邻家的房子里住宿，因为史密特夫妇家的客人房间全是单人床。我感激他们的细心周到。邻居是个医生之

1990 年在柏林著名的"德意志工艺联盟"画廊举办摄影个展，图中为史密特（Prof. Dr. Schmidt Thomsen）博士和他的夫人。这些无框的镜框是用铝和有机玻璃按俞霖的设计自己制作的，不仅造型简洁，也很容易运输。

家，他们去瑞士滑雪，托史密特一家照管房子，这样我们有了更大，更豪华和更舒适的"两人天地"，也看到了不同的德国人的不同生活方式。

因为史密特夫妇一再说起在中国时饭菜的美味，于是我打算在除夕为大家做一顿中餐。可那时不熟悉柏林，不知道中国超市在哪里，而我需要不少配料和调味品。

史密特夫人告诉我，她可以带我去柏林最豪华的大商场"Ka De We"去买，那里有几乎从全世界空运来的新鲜食品和凡是你想得出的东西，甚至可以预定他们没有现货的东西，24 小时后就会送到。当我们来到那个巨大的市场时，我的确被折服了。在亚洲的摊位上，甚至有韭黄和新鲜香菇，只是价格均以"百克"计算。早就听说在西方服务水准和人工这种"软指标"是衡量价格的标准，所以有人服务的市场往往比"自选商场"贵得多，而通常随时满足顾客特殊需求的"冷门"项目自然要比"大路货"也贵得多。在中国超市大都是罐头食品，这里的鲜货如卖不完他们随着便销毁，因为他们必须保证质量与声誉。

记得为了是否买一瓶镇江醋我很犹豫，因为照我们两个月之前在中国的工资来衡量，这瓶醋要花上我俩在中国时两个月工资的总和。我说我可以做红烧鱼不做糖醋鱼，这醋不像酱油之类的调料是必需品，也许可用德国的水果醋代替。可俞霖坚持把所有我可能需要的东西都买下来，他不能容许对别人小气，宁可自己平日节省。

俞霖速写簿的一页

"世界上最安静的首都"伯尔尼在夜晚显得更加沉默，俞霖在我的日记本上画了这月光下的老城。他常常在我拍照片的时候三笔两笔画些速写，这是他的记录方式。

除夕夜我们一起喝了"孩子爷爷"带来的上好的香槟酒，可我一点也没觉得好喝，好像太酸。每次看到大家喝得开心的样子我又忍不住抿上一口，可我做出的怪相常使全家人特别是两个孩子大笑不已。

深夜我们开车进城，在"勃兰登堡"门前有许多人聚在一起，互相道着"新年快乐"，不认识的人高兴了也会过来拥抱你一下，有些人手中拿着香槟酒杯，互相举杯祝贺，这种新年的过法，我从未领略过。回家时路过一些街区，地上满是烟花纸屑，史密特博士说，德国人说只要新年第一天去看马路上有多少纸就能知道哪里是穷人区了，过年时"穷人点烟花，富人喝香槟"。他还带我们去看那个高耸在柱子顶上金色的"胜利女神"雕像，他说同样的雕像在慕尼黑也有，但那里人叫她"和平天使"，这名字让他更喜欢，因为它温和得多也美好得多。

我真高兴我们的奖学金不光能在大学里听课，还包括参观许多建筑，其中有德国的也有欧洲其他国家的，从古罗马到"后现代主义"时期。我们还在每个城市观赏了不少美术馆。这么系统地身临其境地参观学习西方艺术史，有着课堂达不到的效果。

那段时间我不仅有机会随着小组去法国、荷兰、奥地利、瑞士、意大利等国家参观，后来还和俞霖一起去了英国、比利时、捷克、匈牙利等地方旅行，对我们这样从没有出过国的人来说，冲击力是很大的，这也是第一次那么直接地认识异国文化，这

路伸向何方

路伸向何方

乘火车途经格拉斯哥看到的雾中太阳，那山上的残雪让我觉得像是幅日本式的版画。

被人遗忘在海边的超市购物车，这现代社会的产物在被叫作"地端岬"（Land's End）这样偏僻的海边出现，反而使这种纯自然的风景多出几分奇异的、不太真实的感觉。（英语里"Land's End"也就是中国话中"天涯海角"的意思。）

柯尔库德里，苏格兰海边。

比利时的"东海"

和以前抽象的、间接的认识不可同日而语。我非常庆幸有这样
的机会来认识世界。

　　记得那时自费旅行不是搭便车便是买短期可以重复多次
使用的火车票，这样乘夜车可以省去一些旅馆费用。搭车时常
常有许多人只愿带女孩子，不愿带两个人，不过我们的运气总
是很好。那种背着背包的简朴的旅行，给我印象也极深。虽然有
时连续几天总是只吃饼干牛奶，吃得上火出鼻血，但也玩得非
常开心。那时像麦当劳这样的快餐店我们也不敢问津，宁愿把
钱省下来多买些火车票和胶卷，可以多看多拍一些地方。

　　俞霖总是在一些平凡而具体的小事上表现出他爱的方

虽然刚去欧洲时
拍摄建筑是我应
做的"正业"，但我
那时还是更为自
然风景所吸引，最
喜欢的风景永远
是海。有人说海
的风景太单调，而
它的气质却最能
使我感动。

式。还记得有一天在苏格兰的小镇上顶着风雪去找青年旅馆的情景：那时天已黑了，我又累又饿又冷，几乎走不动路，因为太晚已经没有了公共汽车。俞霖背上包括睡袋的所有行李，我身上只背一个照相包，他在身后用双手用力推着我往前走，还唱歌给我鼓劲。每次他停下来查看地图或问路时，我总趁机蹲下来歇歇脚偷偷懒。还好在离目的地5公里的地方，有好心人开车带了我们过去。他推着我走的情景至今让我难以忘怀，那些年他的的确确一直是推着我顶着风向前走的。

那三个星期在英国有很多时间是坐在火车上的，有时会一大早乘车从伦敦去爱丁堡，晚间又乘夜车睡回来。途中经过形形色色的车站，有些热闹繁忙，有些冷冷落落，有天我在日记上写道，这好像和人生的一站一站非常相似，我问自己的下面一站将会是什么样子？在我的生活中变化实在太多，自己也常常不知道几年后甚至几个月后会是什么样子，我是不能设想那种可以看到老看到底的生活的。

火车上我还做过一个梦：在一个朋友家的晒台上满地是各式各样的干果，有核桃、山枣、李子、还有很多形状奇异说不出名字的果子，有些带刺，也有些带硬壳，很难打开。我问这位女友，哪一个果子好吃？她说有甜的、酸的、苦的，还有很怪味道的，得你自己尝，自己把壳打开。醒来后我想了很久，这梦是否意味着未来的生活和所面临的选择？

我们在中国的时候大部分拍的是黑白照片，到了德国可以

有时正是因为海的荒凉与辽阔使心灵受到震撼，常让我有些不知身在何处，失去时空感的幻觉。

在爱丁堡高地上，那天风很大，厚重的呢大衣被吹得鼓胀起来。那几年我们常常是这样顶着风往前走的。

比较不那么节省，所以最初拍摄的全是彩色的幻灯片，内容当然是以建筑和风景为主。

有一天落日时分，在爱丁堡火车站的高桥上，我拍摄过一幅桥下铁轨的照片，有的交错到一起，有些又在远处分岔，不知它们伸向何方。霖霖说那照片就像我的人生：有好多路可以走，条条在闪光，很难说哪一条更好，画面上还有那么多枝枝权权挡住视线，象征着未来。

德国人的严格是有名的，所以他们的法规特别多也特别细，州与州之间的法规常常不同，所以俞霖拿不到在慕尼黑的工作许可，半年后转到德国统一前的西柏林。那里有史密特夫妇帮助，又因为是社会民主党执政，对外国人的法律略微宽松。后来他又转到了达姆施塔特市，不仅因为那学校有名，也是为了离我更近一些。那时他总在周末搭车来看我，我也会在假期去看他。

当他一个人去西柏林时，没有很多朋友，常用书法绘画聊以自慰。他画的许多画都是比较凄凉的，许多孤寂的山或荒原，题为《西出阳关无故人》、《秋雨》等等。他很喜欢蓝色，有次他画了一片蓝色的树丛包围着的小房子，名为"梦蓝乡"。不知这是不是他对我们未来的共同的家的一种想象？这些画都是他当时心情下意识地自然流露，这是我后来才意识到的。那时我见到的总是他欢快的笑脸，没让人觉察出一丝孤独寂寞。只记得他把我称作小太阳，说没有我的日子就好像没有太阳，柏林的冬

路伸向何方

俞霖的水墨画

天很寒冷,很少出太阳,显得那么冷清。他写过许多很大的字是太阳的"阳"字,有一张将那繁体字"阳"中的"日"字画成一个圆形,很有点日本禅画味道。那段时间书画成了他最大爱好,几乎所有的业余时间都在写在画,做各种色彩实验,将字体变形,用毛笔画抽象画,画人体等等。有一次他送给我的生日礼物是他亲手在素白瓷盘上一榔头一榔头凿出的刻瓷画盘,画面上是我——一个女孩穿着长裙的背影,迎着风,裙子吹得飘起,双手伸向那画面上很大很大的太阳,瓷盘的反面写着"太阳的太阳"。那时我们还都没有私人电话,不能像后来那样经常通话,他每天给我写信,说无论多忙,不写两个字上床就睡不安稳,这已经成为习惯,好像每天必须洗脸刷牙似的。而我常常不能保证每天回信。他告诉我总是在等待邮递员的到来,一到这时间他便坐立不安,怕希望落空,他觉得"好像就是为这个时刻而存在的"。

　　在慕尼黑我有个机会,与一位同去的教授和老大哥一起办一个"三人水墨画展",俞霖书画比我要好得多,但他坚持不参加而鼓励我去参展。他会与老大哥一起帮我指指点点,糊裱装框,有时也会为我的画题上几个字。那是我唯一的一次画展,卖得还不错,那时好像人们更愿掏钱去买一幅三流的画而不去买一幅一流的摄影作品,还好这种情形在渐渐改变,现在在欧洲越来越多的人收藏摄影作品并定期有摄影作品拍卖会了。

　　建筑学院里有一位美术教授,名叫门可,是一位非常直率开朗的人,我们自由选课的时候,很喜欢到他那里听他讲画,并

就像"阳"、"梦"、"海"等字一样，"慧"字也是俞霖最喜欢的几个汉字之一。他总把这些单个的字写得极大当作房间的装饰。我喜欢他的题注："慧据说就是聪明的意思，我说她的含义则远远要比聪明多得多。"这个图章也是他自己篆刻的，中部是连在一起的变了形的"霖"和"慧"字。

这是我们俩一时兴起，你一笔我一笔合着画出来的，或者可以说是我画他改的。

中国的画家可能会认
为是涂鸦了

喜欢也画上两笔。他留着平头和短短的胡须，常常穿件毛衣和
粗条灯芯绒裤子，看上去更像个工友而不像另外那些穿着西装
的教授们。他经常会把手上的颜料往围裙上随便一抹，画上几
笔又向后退几步，眯起眼睛去"看大效果"。因为他画的都是抽
象画，所以有时他会歪着头去看，甚至干脆把画转上 90°甚至
180°。讲课激动时他可能站到椅子上去，为我改画着急时顾不上
找颜料和水，用拇指沾点口水就往画上抹，可常常这样一抹远
近效果就出来了，本来生硬的边界变得柔和，立刻就有了空间
感和距离感。只是他不常帮学生改画，而是教学生理解抽象绘
画的本意。

门可教授总说艺术最重要的是对艺术与人生的热爱和理
解，好的艺术家首先要是一个好的人。他是那种来不得半点虚
假的人。系里有个教授是他的好朋友，他们在意大利岛上的房

子挨在一起，平时总互相照应的。因为那个教授与系里的女学生谈恋爱，门可与他断绝了往来。那教授一再解释他是真与这女学生相爱，但他并不相信，说除非他们有一天结婚，他才会恢复友谊。他是那种说得出做得到的人。虽然有点过于绝对化，但他的这种直爽与坦率也赢得了许多人。

门可教授家住在郊区湖边上，有一所很大的房子，他曾邀请我们一行人去他家玩。在那个大花园里他自己造了工作室，很有意大利建筑大师斯卡帕的风格，极其大气简洁。他们非常崇尚意大利的艺术以及意大利人那种开放随意的个性，当然那里美酒、美食和接近自然的生活方式，也都是他们非常喜欢的，在意大利的爱尔巴岛上，他和几位朋友，包括我们的系主任一起买了相邻的房子作为度假别墅。每年都要去住上几个月，既休假也搞创作。

1987年5月，门可教授邀请我与俞霖和老大哥一起随他去岛上度假，这对我们当时来说是难得的机会。当我带着三本护照去办签证时，领事馆官员问我，"这两个男人哪一个是你的丈夫？"我如实告诉了他。然后他只给了我和老大哥签证，甚至没收我的费用只收了老大哥一个人的，俞霖则没能得到。我问这个官员为什么，他很不负责地回答说："因为我嫉妒。"他的做法

雾中的爱尔巴岛，典型的意大利托斯卡那区风景与建筑。同去的老大哥对门可教授说，这岛名"Elba"应译为"爱吧！"，因为在这种地方人会被唤起一种想去爱一切、去拥抱一切的欲望。

路伸向何方

29

举世闻名的威尼斯圣马可广场。学过西洋建筑史的我对这里每幢建筑都很熟悉。

似乎是很典型的意大利式的。虽然我也知道,他可能怕夫妻两人去了有不回来的危险性,但仍然很生气他的说法和轻浮的态度。

我犹豫了很久是否也留下不去。大家都劝我去,包括俞霖。他说这么难得的机会不能轻易放弃。"你要多拍一些照片回来,我可以看你的幻灯。"他安慰我说。虽然我感到矛盾,但还是去了,也没有觉察出俞霖难过的迹象,他仍然那么愉快地帮我整理行装,就像以往一样。

那次旅行的确非常美好,门可在意大利生活的侄女,经常开车带我们在岛上几个山头和海边兜来兜去,当我们拍照时,她会躺下来闭上双眼享受那海风和阳光。我们在春天的岛上真正体会了大自然的美,也领略了当地渔民的纯朴。

多少年以后,当俞霖已经不在的时候,我偶然翻到过他的日记本。这是我非常怕的一件事,每次翻了几页,便会泣不成声,不忍再看下去。那天他的日记里有这样几句话,"从窗口看着他们离开,心里真不好受,真想能跑下去再抱她一下……。"看到这种地方我每每会自责,为什么当时那么粗心,没有感觉到他的难过?为什么我会那么自私,不与他一起留下来而自己去旅行?我总想,那时我太不懂爱,太不能替爱我的人着想了。可惜一切已经太晚无法补偿了。

在威尼斯的那些日子,我真不敢相信那是真的。威尼斯对我来说也总像诗、像画、像梦境,有着永恒的魅力,特别是在游客少的季节。

　　门可教授还带着我们去维罗那小城看那些古罗马时期的建筑,以及罗密欧与朱丽叶的故居,随意讲了很多他的艺术观点,比如说,他不太喜欢米开朗琪罗雕的大卫,因为它太完整了:形体、比例、技术等方面全都完美无缺,但缺少生气。那些没

路伸向何方

31

有雕完的东西倒像是有生命的，他们会呼吸。虽然这些观点是闲谈之中信口说出的，但对我们真是得益匪浅，特别是这样自由的发挥与思考，而不是墨守艺术史上公认的理论与教条。

他还讲了很多对我们来说很新鲜的观念，比如说"环境意识"，他说他把工作室像窑洞那样盖到地下，虽然费很多人工挖出天井采光，但非常节约能源。这不是为了节省暖气费电费，就像他们平时尽量少用洗碗机，不是为省水费那点区区小钱，而是尽量少制造污水并节约能源。再比如他讲到敌敌畏的发明得了诺贝尔奖，当时以为什么虫害都不用怕了，结果发现杀死一种害虫使它的天敌大肆繁衍带来的害处更大，或者植物或者土地有了毒对人体危害也更大。过去相信人定胜天，但实际上人不可能彻底征服自然，人类也属于自然的一部分等等。

门可教授极力主张我们只要有机会一定要继续深造，在德国"博士"这个称呼是与名字分不开的。他说自己因为战争和家庭种种原因没能读博士，但希望自己的三个孩子都读。没有机会和条件应当去创造机会和条件，他很主张我拿着从前写的硕士论文到大学去试一试，看有没有教授愿意收我做博士生。

初到德国的时候，我们的口语还差得很多，非常希望有机会多练习。友善的德国人常会请我们到家里做客，俞霖的教授有一次对我们说，你们去很多人家做客并不能使你们的语言水

过去我总是背着两架装着长焦镜头的相机，很少拍摄人物，即使拍也躲得远远地，"藏"在这望远镜头之后。

平提高很多。我也发现这种场合谈论的话题大都是生活化的，一般知识性的，有很多重复，并没能增加我们的词汇量。假如仅仅是从练习口语角度来说，当时可以与很多人聊天，包括管房子的、打扫卫生的、甚至公园里休闲的老人。

我希望和一些有思想的人聊天而不仅仅是练练口语。演员安斯佳便是我碰到的几个能谈得来的朋友之一，我们喜欢一起谈艺术、谈哲学、谈人生。我还有一些朋友像学汉学的女学生顾德琳；常请我听歌剧的音乐学院院长弗兰克，他总是有一些音乐会赠券；几个青年建筑师和两个同住在宿舍楼里的外国学生；还有那个既漂亮又聪明的大富豪的千金路茜亚。她因为漂亮可爱，很多人追求她，她常在我晚上太晚没赶上末班车时留我住在她那一百多平米的公寓里过夜，这是一般穷学生望尘莫及的。同睡在一张大床上，她会对我讲些她的新恋爱故事，发愁不知这次碰到的情人是为了钱还是为了她而向她求爱。当时我常想，有钱人也有他们自己的烦恼。

过了不久，有个台湾女学生告诉我，市中心有个大百货商场要举办"香港周"活动，中国人可以去应聘。我知道这个定位较高的超大型百货商场，它从火车站开始，跨过一条横马路，一直延伸到步行街口，有五层楼面，非常繁华。我想偌大的空间和许许多多橱窗的布置一定需要一个懂中国装饰设计的人来合作才能做得地道，我来德国还没能作为建筑师和室内设计师一试身手呢，而这"香港周"不正是千载难逢的好机会吗？

我毛遂自荐，找到了这大商场的人事处。我向处长说明了

"香港周"上与另外两位
被选中的"香港小姐"

路伸向何方

33

来意，告诉他我不光学习了建筑学专业，还拿到过室内设计专业的硕士学位，当时这在中国是第一个室内设计硕士。同时我做过室内设计及改建的工程，很想参加他们的设计工作。他非常高兴地说："我们当然欢迎这样的人才，可您为什么不为我们做'香港小姐'呢？"他告诉我"香港小姐"是他们找来一些漂亮的亚裔女孩子，站在大门口问候来宾并发放玫瑰花。我问他为什么我应该做"香港小姐"而不做室内设计，他说那工资可是室内设计师的几倍！因为我没有工作许可，作为学生只能拿到14马克／小时的工资，而"香港小姐"则可拿到45马克／小时，加班费双倍。"为什么？"我不解地问道。她们并不需要什么特殊技能，站在那里只是像花瓶似的摆摆样子，是很没意思的工作，其实就是后来在中国也时兴的"礼仪小姐"，只要人年轻些就行。"这不太公平"，我很想不通。他说"的确不太公平，可是失业的室内设计师我们有很多，而漂亮的亚洲的脸却寥寥无几，物以稀为贵嘛"。

他还想说服我去做礼仪小姐，因为我的德语比应试的许多人好，可以陪同大老板和贵宾们晚间去一些高级餐厅吃饭，这样每晚几小时双工资的收入是很可观的。

出国前我每月工资是50元，在德国的奖学金扣除了房租及保险金，拿到手的大概800马克。记得刚去德国时电影院刚好在上映陈冲演的电影《大班》，我和老大哥以及另外一个青年教师徘徊在电影院门口，犹豫了半个小时，下不了决心花10马克买一张电影票，我极力怂恿他们去看，我们不是没有这10马克，但他们两位有家有孩子的人无法容许自己那么奢侈，用上相当于中国一个月的工资看一场纯为娱乐性的电影。最后我只好与他们一起悻悻而归。

不能说那每小时90马克的加班费对当时的我不是一种极大的诱惑。于是我决定两份工都做，先是两周的设计，再就是一周的"香港小姐"。

他们为我们准备了全套"行头"，量身订做了大红色缎子旗袍，至今我每到春节还会拿出穿一次，然后从高跟鞋到长筒丝袜，以至胸罩全都为你单独挑选。每天早上商店开门之前，我们要被化妆品部的售货员们细细描画一番，嘴唇和指甲全要涂得鲜红，让我感到太刺眼很不习惯。第一天下来，感到工作很无聊，总觉得时间过得太慢，一整天站得笔直不能动地方，穿高跟鞋的双脚也很疼，心想这钱并不那么好挣。

第二天我又一次毛遂自荐，建议他们不送玫瑰花而是为一些带小孩的顾客拍"一次成像"的照片，那不是更吸引顾客吗？于是我得到了胶卷和相机，至少可以在这大楼里上上下下地走，有时小孩子们会围住我叫着要再拍一张……工作变得有意思多了。

这次打工经历使我看到有许多女孩子愿靠青春而不靠专业挣钱，但青春是易逝的。小时妈妈给我读过《银手套和金手套》的童话故事，两个学手艺的徒弟都想当个好裁缝，仙女让他们自己挑有魔力的手套，银手套戴上就可做出极好的活计，不用去学；而金手套可以让你学会的本领永世不忘。师兄偷懒要了银手套，师弟要了金的，两人都成了名师。有一天师兄的手套被老鼠咬破，他的本领也随之而去。妈妈告诫我要好好学本事，要戴"金手套"。

一年的时间很快就要过去了，我面临了去留的问题。照道理我是和一个访问学者团一起来的，应该一起回去。当时国家规定研究生毕业回国后要在本单位服务五年以上，才能再出国，但这时俞霖已经争取到博士奖学金，可以继续留在德国。同济大学领导也很希望他继续深造。所有的朋友和家人都认为我应该与他一起在德国继续读书，俞霖的态度非常明确，如果我回国，他一定会和我一起回去，宁愿放弃读博士。可这种奖学金真是"千里挑一"的人才能得到，虽然回国也有许多事可做，但拖累了他我于心不忍。我很犹豫，希望学校通融，但时间不多了，也不知有多大希望。不管怎样我们还是作了两手打算。

在最后两个月里，我去打听留下来的可能性。据说只有两种方式，即需要有一个工作的位子，或者有人为你做经济担保供你读书，可是这谈何容易？通常中国的大学毕业生至多被承认两年的"同等学历"，研究生毕业也不一定承认你有毕业设计资格。我虽然在中国名牌大学里前后学习整整八年，但在德国并没有认真上过一天的建筑学课程，也没参加过任何形式的一

路伸向何方

35

种考试。用德语来参加他们博士资格考试，难道是短短两个月能胜任的吗?我们的进修任务又很紧张，每天日程排得很满。

关于经济担保的事。我也不知如何是好。那个演员安斯佳准备把他的汽车卖了，将钱存入我的银行让我申请"自保"，我当时坚决不同意，因为怎么可以接受朋友这么多馈赠，我不愿欠太多人情，而他则为我不接受他的礼物而非常失望，因为他很崇尚希腊人，他说:如果在希腊你不接受一个朋友的礼物，表示你也不接受这个朋友的友谊，这甚至意味着要"绝交"。

参加博士资格考试的日子定在 1987 年 9 月 22 日，距我们该回国的日子只有 8 天了。那天早上老大哥特意帮我做了早餐，平时我们几个人都是一起吃中饭晚饭，但早饭各管各。这使我想起高考那几天，父亲每晚坚持为我包饺子，因为这是我们老家的习俗，奶奶也为每个孩子在考试前夜包饺子，孩子们都考试出色。

博士考试整整两天，其间除上厕所以外不许出考场，也没有午休，非常紧张。考试的结果要几天后才能知道，我当时忐忑不安地等待着结果。俞霖安慰我说:我们已经尽了最大的努力，剩下的只能听天由命了。当我打电话问成绩时，秘书说我的主科成绩是他们有史以来最好的。德国大学是 5 分制，最高分是 1 分，而主考教授说我的设计超过 1 分的水平，所以给了一个成绩为"Super"，即"超级"的意思。

然后，我去拜访温朗兹(Prof. Wienands)教授，把大学写的硕士论文拿给他看，并讲解给他听，希望他能收我读博士，因为我们的研究课题方向一致，他也是搞基础理论研究的。他非常欣赏我这篇硕士论文，说你只要把它翻译成德语，这几百张插图完全可以用上，同时还可以出一本学术专著。(这三十万字的论文不久前在百花文艺出版社出版，题为《建筑文化·艺术及其传播》。)他当即表示很乐意接收我这个学生，并且我可以在他那里每天做几小时助理工作。这事让我喜出望外，因为我的基本生活可以有保证，不需要找经济担保人了。这对我来说简直是"柳暗花明又一村"。

在第二次见面时要与"第二导师"讨论论文选题，那时我有一点好高骛远，提出了新的博士论文题目构想，即"中国古典建

新旧世纪交替时
我又见到了当年
读博士时的第二
导师,建筑系主任
施锐德(Herman
Schroeder)教授和
他的夫人,如今他
俩头发已经全白
了,我们感叹十五
年的光阴真是"弹
指一挥间"。

筑的精神背景",一方面是因为我不喜欢做重复性工作,更重要的是在西方的生活使我感到太需要中国文化的养料,而在中国读的大都是有关西方文化的书籍。我想借此机会,逼自己多读一点关于中国文化和哲学理论的书。不少已经做过博士论文的朋友说我太傻了,为什么不走捷径做现成的题目,他们说一个博士的头衔是和你的名字一辈子连在一起,没有人会问你当初研究的是复杂的还是简单的课题。但我仍坚持己见。

　　一年后我又得到建筑学院一个讲师的位子,我所讲的课程也与博士论文题目有关,并加进了中国园林的内容,非常受学生的欢迎,以至于我不得不限制学生人数,后来学生的学习成果还出版了论文集。

　　在面试的时候,考试委员会决定让我免试德语,因为他们觉得我的口语很流利。这意味着我可以省去一年学习语言的时间,这对我来说真是个意外惊喜。但现在想来反倒有些后悔,因为正规而系统的德语学习会使我以后来用德语写作方面更得心应手一些。

　　1987年9月30日是我们小组应该回国的日子,在最后的十天里,发生了那么多的事情,大到申请居留、通过各种高难度的考试、找导师、写论文大纲、向同济大学申请延长事宜，小到收拾行装、与朋友告别、接受记者采访等等。

据说同济大学的领导们也很为难，当时还没有所谓"陪读"一说，照规定我应该与小组一起回来，但另一方面他们也不忍造成人为的两地分居，同时也很希望我能继续深造，毕竟机会难得，因而迟迟没能作最后决定。

我处在一种两难的境地，既不想让领导为难，更不愿意因我的决定使俞霖为我牺牲那么难得的博士奖学金。德国的朋友们也都挽留我，那位慕尼黑音乐学院院长弗兰克甚至给我一个信封，郑重其事地用蜡封上，信封上写着："当你决定去留后再打开。"我是个太好奇的人，当然没等到最后决定马上就打开了，信封里面是张画片，上面写着："请留下来！"

日子一天天飞快地过去，这时我们一边收拾行装，一边积极地与学校联系。没想到来时两只箱子的行装在一年之内竟变成十几只大纸箱，俞霖帮助我整理好，准备同大家一起运回上海。

9月26日，有一位熟识的女记者要为德国的《女友》杂志写我的专访，这是在德国第一次有人要采访我，《女友》杂志的读者群相当大，据说有几十万。我虽然没时间，但又不愿放弃这机会，于是我住到女记者家，与她开始了很长时间的对话，这些对话将配上许多照片，准备用很大篇幅刊登出来。女记者请我随手写三句中国话，我没有多想便写下"我不信女子无才便是德"、"我思念远方的亲人和朋友"以及"我爱生活、爱自然、爱艺术"这三句话，后来被他们作为小标题印出来。这也是我当时生活感受的真实写照。

27日中午时分，我与女记者的对话快要结束，我正准备返回时，忽然收到一个非常令我震惊的电话：安斯佳在我的住所自杀身亡。

燃尽的蓝蜡烛

Blue candle burnt out

It happened in October 1987, while I was sitting there being interviewed by a journalist: I received a phone call informing me of the tragedy, but not saying who it was who had died. I immediately thought of Ansgar, who had fallen deeply in love with me, and was feeling desperately bad about my forthcoming departure. We had known each other for a couple of months, through my German teacher. We did not meet very often, but it was always a pleasure to talk to him about art, literature and philosophy. He was an idealist in many ways, and he regarded me as his ideat female counterpart, after many disappointments with other women. I told him that our relationship had no future, but we could remain friends. Lin confirmed this in a talk he had with Ansgar one day, when he came to my flat to wait for me to come home. During their talk, Lin underlined that he would give up everything to stay together with me, pointing out that he was going back to China with me, even though that meant losing his PHD scholarship.

Ansgar's family asked me to go to the funeral but I had many doubts about whether or not to go, since such an invitation would be very unusual in Chinese culture. Finally I decided that I ought to go, since they considered me a friend. I stayed there for one night, and learnt a lot about Ansgar from his brother and sister, so I understood more about his personality and his sudden, tragic death. I was deeply touched, but also slightly puzzled, by the warm welcome of his family and friends. The family handed me poems addressed to me, some of which were written just a couple of days before his death. He had taken these poems with him that day, when he went to my flat. The main topic of his writing was hopeless love. This whole event made my future look grim: the police investigation made my scheduled departure impossible, but it also now felt inconceivable that I could return to Chinese society. Once the rumours spread of Ansgar's suspicious death, and my relationship with him, I would have nowhere to go. The Menke family offered me their house in Feldafing, at Lake Stamberg in the south of Munich. There I had a rest and thought about Ansgar. After a while I could understand why it had happened and, in 1995, when I was able to see the whole tragedy clearly, I wrote a film script about it called burnt out candle. The title was a reference to an old Chinese poem which says: only when candles burn out do their tears disappear. Since then I have started to believe in fate.

After my first year in Germany, I had matured greatly in many ways. Lin had given me all his support and understanding during this hugely difficult period, which, at the time, I thought was the most difficult time of my life.

我想起一本澳大利亚的小说《荆棘鸟》里讲到传说中的这种鸟，从它离开巢穴的那一刻起，就在寻找荆棘树，找到后歇息下来，把身体扎进长长的荆棘刺上，在奄奄一息时，它超脱了自身的痛苦，唱出一生只唱一次的歌。在死亡时它生命的意义才得以实现。

1987. 11. 30.

　　安斯佳自杀的消息令我十分震惊，在此之前对他的情绪我并没有特别在意，因为这段时间里，我实在没有脑子再想别的事情了。回想起来，我与他认识只是短短几个月的时间，虽然我们很谈得来，每次见面都能谈得很深，但并没有十分频繁接触。在这以后的时日，特别是当我有时间慢慢整理思绪，回忆很多往事的时候，我才比较深地理解并更多地认识了他。

　　出事那天他来找我，带着厚厚一叠诗稿和许多剧照，还有几盘他朗诵会的录音带以及一张他画的画。那是一张不大的、画在一张厚卡纸上的抽象画，被他折叠起来放在诗稿的最下面。深灰的底色有两块近乎方形的红色，色彩感觉很好。画的反面用铅笔写了几乎辨认不清的淡淡的一行字："我的唇永远达不到你的，它们之间有着沉重的距离。"

　　我无法确定他是否事先打算自杀，或许只是想来向我告别？他从未来过我这里。我与同事们一起住在这个"留学生楼"的五层，他恰巧问过一个同事才找到我的房间，那个同事后来一直在为他惋惜。

　　当时俞霖在帮我继续收拾行装，本来就不大的宿舍堆满已经包装好的纸箱。俞霖告诉他我在记者家接受采访，该是回来的时候了，随时可能会到，请他等一会儿。他们漫无目的地闲聊着。俞霖说到我已经打算回国，他也会随我一起回去，他不会为一个博士学位而与我几年分离，他忍受不了，也不值得。他记得

安斯佳（Ansgar Schmid）死去时仅仅三十九岁！照片上的他眼睛里没有一丝阴影，那样真诚、平和、安静，他总是那么专注地倾听。

安斯佳很少说话，沉默很久后问了一句："你很爱他，是吗？"

"是。"俞霖不假思索地回答了他。

此后安斯佳显得心神不定，坐立不安。他走到窗前向外看去，那窗子正对着宿舍楼的入口和大路。俞霖以为他等得焦急，去看我是否回来，并未特别在意他的举动。天很热，窗子是大敞着的。

忽然，他敏捷地站到窗前的写字台上，毫不迟疑地纵身跳了下去。俞霖还未来得及反应，一切已经成为事实。

那诗稿仍然放在写字台上。

他手中紧紧攥着两只嵌在一起的小贝壳。

出事之后，因为警方需要调查，特别是因为俞霖在自杀现场，无法完全排除"情杀"的可能性，所以我们无法如期归国。从这一点来说，他的死倒是无意中改变了我一生的道路，否则我也许现在是中国某大学的一位建筑学教授，像许多我的同学一样。

我和安斯佳是在教我们专业德语的女教师的订婚晚会上认识的，当时我的中国同事和俞霖都在场。女教师是非常妖媚又非常亲和的女人，已经四十岁了，她以前的丈夫因出车祸去世。我们都由衷地为她新找到的幸福而高兴。那晚到场的客人很多，我看到安斯佳和穿着桔色丝质长裙的女主人跳舞的姿态很美，十分引人注目，好像是经过训练的一对舞伴。此后在人群之中，我隐隐约约感觉到他在远处隔着人影注视着我。老师介绍我们认识，说安斯佳是戏剧演员，他的戏常常会几个月盛演不衰，最有名的是他主演的《浮士德》。他们在一个戏剧文学协会里，他经常在演讲会上朗读文学作品。那天晚上我们聊了一会，我称赞他的舞跳得好，他说那是出于礼貌，只跟女主人跳了一轮，并不想多跳。那天认识的客人很多，后来也就慢慢淡忘了。

几周后，老师带我去听他的朗诵会，他朗读的是著名诗人惠德林（Friedrich Hoelderlin）的诗。惠德林的诗德国人也认为很难懂，对我来说则更难。但我从他那低沉伤感的声调中，能感受到那么多的东西。他看上去是一个很腼腆而内向的人，但在朗诵诗的时候却是那么投入，有的时候充满激情，有的时候又那么深沉……

他有一双很大的蓝眼睛，几近绿色。后来他姐姐告诉我他俩的眼睛的这种颜色极为罕见。这眼睛给人一种像秋天的湖水里透出浮游植物的微绿色又反射着天光的感觉，那么明澈，但有时好像被天上掠过的浮云遮住了阳光，这种时候会变得发暗而显得更加深不可测。他说话总带着很认真的样子，深沉又不

我虽然听不大懂安斯佳朗诵的诗句，但从他那低沉伤感的声调中也能感受到许多东西。

燃尽的蓝蜡烛

失温和,但说到激动时,他眼睛里又会闪出兴奋的光芒。我们后来可以无所不谈,谈得很开心很畅快。

我知道安斯佳喜欢我,但我不能给他爱,这一点我非常明确地告诉了他。我对他说,做个好朋友也很好,因为真正的好朋友也很难得。他似乎也能正视这个现实。

他多次对我讲过他对人生对爱的理解,非常理想主义,比如他信奉为艺术而生、为爱情而死是最崇高的。慢慢地我发现他是一个十分敏感、忧郁、孤独的人,常常生活在一个自我封闭的、脱离现实的梦幻世界里。

最后一段时间,我更没有时间跟他见面,偶而他会打电话来,有一次他说,我电话里的声音和他回忆的声音不同。我对他说在我的生活中回忆和想象总是比现实更好些,他说对我的回忆和想象与我的现实同样美好⋯⋯

他的死是很突然的,但又似乎顺乎情理,特别是在熟悉他的人中间,这点是我在参加他的葬礼之后越来越多地感受到的。徐志摩曾经说过:"在爱中,人的心理是最复杂的,说是最不合理的可以,说是最合理的也可以。"

他曾经对我讲过他最大的遗憾是在年轻时没有演罗密欧,当时导演让他演了第二号男角,即罗密欧的好友帕里斯,但他以为自己能非常好地理解罗密欧,这理解有一般人达不到的深度。后来我和他的导演谈论过这一话题,导演也很后悔没让他演这个角色。说他是极少见的、投入整个身心去创作角色的好演员,而且他的文学修养很深,对剧本的理解独特。当我问导演安斯佳在他那里工作了多久时,他纠正我说:"安斯佳不是在我这里工作,我们是共同创作了十五年。"

他属于那种艺术与现实分不清的人。我想正因为此,他太过于投入,以至于用生命演出了他所理解的罗密欧。他好像就是为艺术而生的。因为过于执著地追求"绝对的完美",而这实际上很难达到,所以他失望了。"不是为躲避丑恶而死,就是为追求完美而死",他离现实生活实在太远。

我想起一本澳大利亚的小说《荆棘鸟》里讲到传说中的这种鸟,从它离开巢穴的那一刻起,就在寻找荆棘树,找到后歇息下来,把身体扎进长长的荆棘刺上,在奄奄一息时,它超脱了自

身的痛苦,唱出一生只唱一次的歌。在死亡时它生命的意义才
得以实现。

　　他对我说过,他这一生中只碰到过三个他爱的女人,都曾
让他失望,我是他碰到的第四个,我是让他觉得现实与想象同
样美好的一个人,这种内在与外在、现实与理想统一的人他没
有遇到过。这种感情,在他生命中只出现过一次,虽然他知道我
不能给他以回报,但我帮助他实现了一个梦想。

　　我对他说过我决定回中国的事情,他说他也要到中国来。
我问他在中国语言不通怎么演戏?但他说,只要能经常见到我,
他便满足了,他并不企求更多,因为他尊重我。我想是我的拒绝
造成他的死,但我不可能不拒绝他,而且我以为有时候仁慈便
是残酷,而残酷便是仁慈。也许我对他太无情了,没给他留下丝
毫希望?

　　最初我不明白,为什么他那么风华正茂,负有盛名,事业蒸
蒸日上,崇拜他爱慕他的人那么多,他还会走上这条绝路?但细
细回忆他对我说过的一些话后,我慢慢地理解他了。

　　他曾多次说过关于死亡的话题,比如说:生命终结了,痛苦
也终结了。这个世界上美好的东西太少了,但真正极致的美总
是给人以悲伤,总有悲剧色彩,因为它和消逝、幻灭总是不可分
的。他信奉哲学家海德格尔的论点:存在的真正根基是虚无,我
们被虚无抛出,又被虚无吞没。我们囿于日常生活对存在这种
毫无根基视而不见,一旦有所领悟,就会主动走到虚无之中去,
这样才能超越日常生活,实现独特的自我……人生有那么多死
的可能,病死是种无可奈何,老死未必有意义,而人总有一死,
无谓的死天天发生:事故、凶杀、战争……唯有为爱而死才是最
神圣的。只可惜很多人没有这种机会体验一种真正的爱、一种
值得为之献身的爱。如果说为爱而死是最值得的死,而生活本
身又是一个大舞台,舞台只是浓缩了的生活的话,为什么不能
在生活的舞台上扮演一次罗密欧呢?只是无人喝彩而已,但这
喝彩本是无所谓的事……

　　他是相信宗教的,他也曾说过,死亡是去往天堂的唯一通
路,既然天堂是美好的,那么死亡也不该是那么可怕的了。他还

说过他很敬重的一些艺术家和哲学家，都是以自杀结束他们充满创作力的(甚至还是年轻的)生命的。他们视自己的信仰与追求高于自己的生命，他们是有勇气向这个不完美的世界挑战的勇士，他们用自己的生命对人生提出质疑。比如奥地利的作家茨威格。

在我们聊这些话题的时候，我并没有把它与现实联系起来，而是认为这只是一种泛泛地谈论人生以及抒发他对很多人生重大问题的感叹与思考。当他自杀之后，我才将这些零碎的点在回忆中慢慢串联起来，更加明白了他死的必然性。

他的朋友和家人似乎都并没有十分惊讶他走上这条路。好像这是预料之中的事，只是或早或晚而已。

他生前和他两个兄弟一起住在很大的房子里，是他父亲送给他们的。这两个兄弟一位是律师，另一位是医生，他们告诉我，他们很了解安斯佳的感情经历和他痛苦的程度。他留下的那些诗很多是写给我的，有些是在他去世前几天写的。最后一段时间他失眠非常严重，整天都在写东西，包括一个尚未完成的剧本，题为《四个女人》，这剧本写得很细，甚至想到了舞台的灯光、布景、调度、表演等许多细节，附了大量注释。

安斯佳的兄弟邀请我去斯图加特他们的父母家参加安斯佳的葬礼，他们说如果有我到场，他父母会感到安慰。我为这种真诚与信任深深感动，因为我一直非常内疚、怀有负罪感。虽然他们那么友善，但我仍觉得我并不属于这个家庭，也不知如何见他的父母。老大哥甚至担心，如果是在中国搞不好会有人要我偿命，劝我不要去。俞霖说你应该去，否则辜负人家对你的好意。他们把你当作朋友才会请你，我们现在是在德国呀。这样我决定跟他们一起去斯图加特。

那天是在他们下班之后，上路时天已经黑了。在月光下，我们很长时间沉默着，汽车的音响里放着莫扎特第三十五号钢琴协奏曲，这是他们三人经常一起听的音乐之一。

暂时可以离开那纷乱的世界。笔直的公路完全被黯淡的夜色所吞噬，只能看到近处被车灯照到的一段路和远处那一轮明月。隐隐的山与树在月色中"像罩着一层薄纱的水墨画"——那些评论家曾经这样评论过我的风景照片，但此时此刻我没有任何情绪去拍什么照片，只想沉浸在这音乐和这依稀梦境般的氛围之中。回忆有如撕碎的纸片飘落着，重叠到这已经与音乐融为一体的画面之中，就好像雪花迎面落到加热的汽车窗玻璃上那样慢慢化开，又变成水流淌着……

在路上这几个小时里，他们陆续讲了不少关于安斯佳的事情，还找出他写的音乐给我听，他的音乐就像他的人给我的感觉，有那么一种忧郁、凄凉和感伤的美。

到他父母家时已是深夜，他姐姐从维也纳赶来，在等着我们。她有着一双与安斯佳非常相像的会说话的蓝绿色眼睛，当她把我的双手拉起时，我有一瞬间恍惚觉得是安斯佳站在我的对面，在注视着我，我立刻相信我和她会成为朋友，因为直觉这东西真是很难解释清楚。

那晚他姐姐与我谈了很久，她也是个演员。她说安斯佳是个很好的演员，他们一起读演员学校时，安斯佳就是公认的最好学生。在十五年的演员生涯中，他演过的角色里只有五六个与他的性格相吻合，所以他像演自己一样得心应手，可惜这样的角色不多。浮士德不完全适合他这个人，虽然他花很大努力去塑造角色，也的确成功了，但总有那么点不一致，令他感到遗憾。

安斯佳最想演的一个意大利的悲剧没有机会上演，他曾给我看过剧本，可惜我没完全看懂。他说一个好演员应当能演好喜剧也能演好悲剧，不过他更喜欢悲剧。他不喜欢"Happy End"（快乐的结尾），我告诉他我也不喜欢。我曾给他讲过在中国看电影《杜十娘》，本来结尾时杜十娘投河自尽，一条白纱巾慢慢飘到河里，如果此时停格做结尾该多有诗意，多感人。可惜导演处理成此后大家忙于搬运她的行头和珠宝，虽然这是现实中可能发生的事情，但因此把那戏的悲剧性冲淡了许多。

我没看过安斯佳演戏，但有次我去他那里，在开门时他做了一个动作，好像是像古典戏剧里的人那样转了一圈，然后一只手背到身后，另一只手伸出并弯下腰来说："请——。"那动作那么快，那么灵活，那么好看，与平时的他判若两人，令人耳目一新。这使我能想象得出他在舞台上的样子。安斯佳曾对我说他有好多侧面，如果一个人只有一个面就太单调乏味了，他喜欢我也是认为我有好多侧面，是立体而丰富的。

他姐姐说他离不开艺术离不开舞台，他只能在戏剧中实现自我，没有舞台他便无法生活。说他完完全全就是著名童话《小王子》那样的人物，在那个小王子眼里，世界上的人其实是愚蠢的，只知道做那些在他眼里没意义的事，把多提问题、想问题当作是神经病。她说安斯佳的心也和小王子一样，是毫无保护的，完全袒露的，可惜这个世界对他太不合适，就像一株植物，要在一定的温度下才能存活，而环境提供的温度不合适，他又不能很好地去适应环境。安斯佳对于她的意义就像那小王子，也在于真诚待人和细心体验生活。她说现在很少有人能这样了，大家都在为汽车和房子而疲于奔命，他们能有点钱和时间去度假就自以为很满足了。人们丧失了一种原本的、自然的生活能力，也丧失了思考的能力。大家都想做"强人"，而当今"强人"的标准似乎只是金钱和权力，人生最重要的一些东西被忽视和忘却。

第二天的葬礼上，在那公墓里，软弱无力的秋天的阳光透过那些金黄色的叶子洒下来，洒到铺满落叶的路上和我的脸

著名的童话故事《小王子》，这是一本经久不衰、孩子爱读、成年人也爱读的书，只是孩子们只有当他们长大之后才可能懂得故事表象之中隐含的哲理。

十三年后我才又重新拿出安斯佳的诗稿读。为了拍摄一张蜡烛的照片，我又点起这样一支蜡烛，想象着假如这一切都不曾发生，他坐在我桌子对面，我们在这烛光下谈心，像过去一样，那该会多么美好！

上。我仰起头去望那高高的树木，去年在我刚来德国时让我那么兴奋的色彩忽然变得凄惨，铜管乐队奏出的哀乐更加强了这种气氛。主持葬礼的神父说："他自由了，我们还在受着禁锢；他在阳光中，我们在阴影里；他在天堂，我们在尘世……"

　　从墓地里出来时已是正午时分，太阳变得亮起来，但天气似乎没有变暖反而显得更凉，我把风衣的腰带收紧。教堂的钟响了十二下，他姐姐走过来，我们默默无言，相对而立，她长时间地注视着我，我们眼里都噙着泪水。她把手伸过来，我们一起走着，迎着那微弱的阳光，迎着风。她把手指插到我的指缝中间，那手非常瘦小，那么纤弱，但又让人觉得有一种内在的力量，我感到充实了很多。因为那几天我实在是身心交瘁，在那么短的时间内发生了那么多的事情。拉着她的手时我在想，身体的语言能给人那么大的安慰，很多时候，人们根本不需要的话语。

　　在他入葬的时候，大家都把鲜花扔到墓穴中，我给他的是一张我的照片，这张照片我用他喜欢的浅蓝色信封装起来。他曾向我要过照片，可我连这一点要求都没满足他，我觉得自己真的很对不住他，因为这个要求似乎并没有出什么大格。

他姐姐对我说："我知道他喜欢你这种类型的女人。"不过她有点不能相信安斯佳会跟我要照片，因为他是太含蓄的人，极少直接表露什么。

安斯佳说他最喜欢的台词是歌德的一句话："要想检验谁与谁可以永恒地联系在一起，要看是否一颗心能找到另一颗心！"

他的哥哥给了我复印的诗稿，我那时看手写的字体还有困难。他说最好再等些日子，等有了一些距离时再看，他会帮助我一起去读这些诗，当时念给我听恐怕太强烈我受不了。那时我曾试着读过，确实看不太明白，没想到这一放便是十几年！

直到几个月前，有一位写诗的朋友到我家，谈起了关于诗的话题。我请他替我念念这些诗，那晚才从我那些珍贵的个人收藏中将诗稿找出来。照片上的他仍然那么亲切地微笑着，那双眼睛依然明亮，但没有我记忆中那么忧郁。第一页上是给我的一封信，没有称呼，只写着

　　给王小慧——

　　有的女人看去似乎是美的，因为外表漂亮或有吸引力，罗密欧说她们的脸上有着假面具的影子。也有的女人有些美好的东西，但因这只是一部分而非整体，所以留有很大一片空白及不协调。

　　一个真正美的女人是在美之上的，所以她才真的美。一个真正美的女人是带有着某种神秘感的、纯粹的、不可触摸的、近乎完满的东西，所有这一切以一种和谐的方式统一在一起，这些成为她的可爱与可贵之处。……她的美也决定了她的行为方式：她保持了一些孩子式的天真，又有那个人化的、深沉的内心感觉。

　　真正的美有那么强的特殊的魅力，只有很少的人能认识到这一层的美。只有那很久并很深地注视过你、真正爱慕着你而且自己也美的人，他当然会为你着魔并在心灵上受到巨大撞击。他只有用一个微笑来宽慰自己——带着一

只含泪的眼睛——一个丑角必须当心，他不能失去那只带笑的眼睛。

最后署的日期是 1987 年 9 月 19 日。难道这就是他对我说的最后的话吗？他曾对我讲过卓别林，一个伟大的丑角总是用一只眼睛笑而用另一只眼睛流泪。

我认识了他的好朋友，一位法国女画家。她一见面就告诉我，她在他去世前两天收到过他的一个很长的电话，安斯佳告诉她这是他一生最深沉最伟大的爱，以后不可能再得到超过它的爱了，但他已经看到这个爱前途渺茫甚至是没有希望的，女画家没想到他会这么快地结束生命。他们之间没有秘密而且有种相互的默契，可以无所不谈，是种难得的异性之间的友谊。她说他们夏天和几个朋友一起旅行，他们在海边的那几天，安斯佳写过许多诗，但不是给她的。在死前最后的日子，他写过这样的诗句：

白天　晚上(给王小慧)

白天我舞了一个圆场
来保护你的旅程
晚上我离你很远
去为你采集星星

泪水在诱惑
歌声哀诉着
命运的古七弦琴
在为爱而鸣响

昨天夜里
有个颤抖的声音在空中呼喊
那一瞬间
你的魔力从风中轻柔地飘来

分成两半的心在天平上流血
其中一半还在期待

而垂死的另一半却低声说——

一切都还好……

1987. 9. 13.

总是(给王小慧)

总是——

闭上眼帘

也关闭了我

总是——

闪着火苗的心

也使我燃烧

总是——

有一块石头

压在我的心底

1987. 9. 19.

当我在十三年后第一次认认真真与朋友研读这些诗稿时，我烛台上的玻璃托片忽然爆裂，令我们吃了一惊。这位读诗的朋友说，照理说这种防止蜡泪滴出的玻璃是耐热的，怎么会炸

安斯佳诗《总是》的手稿，写于他自杀前八天!

an Wang Xiaohui   19.9.87

immer wieder
schließen mir
sich die Lider

immer wieder
flackert das Herz
mir im Fieber

immer wieder
ein Stein
mitten hinein

Ansgar

裂开来,真不可思议。我想这或许只是一种巧合,或许真的是他的灵魂高兴我终于收到了他要传给我的那些信息?

在九月二十日他写的那首诗:《噢上帝,噢上帝》,显得那么绝望,这一天是他自杀的前七天:

> 噢上帝
> 如果
> 我们不曾相识
> 或者
> 我们相识之后不必分开
>
> 我的顺从
> 根植于深深的欲望
> 我的玫瑰
> 浇过鲜血才能盛开
>
> 噢上帝
> 那是
> 一个天使的吻
> 我只能
> 在梦中得到它
>
> 1987. 9. 20.

看到这里我觉得非常难过,我真的一点也没能给予他,虽然我觉察到他那有如丝绸般绵软的渴望的眼神。

那是在我博士考试前的两三天吧,我路过他家时匆匆去告诉他我还得回国的决定。因为骑车顺路,又是在回家的路上临时想起的,所以没有事先通知他。记得那天他是穿一件暗蓝色日本式的绸睡袍,好像是刚游过泳的样子,没有系带子,很有点东方人的味道。因为没有准备,他显得有点措手不及。屋里很乱,烟缸里有许多烟头,没洗的杯子和零乱的纸张摊在桌子上。平时他总是穿一条牛仔裤和一件烫得平整、在口袋上绣着一个小小字母的衬衣,颜色都很素雅,不像我认识过的很多演员，要么过于追求时髦，要么为了引人注目而别出心裁，要么放荡不羁穿着过于随意。我发现他的身体并不瘦弱，相反显得比穿着衬衣时结实些，我告诉他我恐怕还是得回国，他本来因为见到我而显得兴奋的脸一下子变得沉重，他说他也要到中国来，我劝他放弃这种不切实际的念头，他是演员，怎么可能到一个他不熟悉的语言环境里去？再说即便他到中国来，我也不会与他在一起。我让他不要爱我，那是毫无前途的一件事。他说我可以不接受他的爱，但不能限制他，不让他爱我。

那天告别时他忽然抱住了我，我完全懂得那目光中的各种含意，隔着滑滑的有点凉爽的绸睡袍我感觉到他的体温和他的心跳，那臂膀上的力度是我没有想到的，因为他的脸十分清瘦。我的双手下意识地紧紧护在胸前，将我们的身体分开，不知是为了防御他还是防御自己，我怕被那双能诉说一切的眼睛融化……

其实在欧洲朋友们见面或告别时，常会拥抱并互吻脸颊，但我总有意在他那里避免这样的情形，甚至不伸出手来给他握。我不敢看他的眼睛，用力挣开他的手臂，我告诉自己必须离开这里，而且要赶快。就这样我一狠心走了，他没有挽留，目光里充满理解，但也有隐隐的失落，好像有一丝因被折磨而疼痛的样子，又被他克制压抑住。我想我可能显得过于绝情，过于无动于衷，包括对他的身体，这样一个健美而成熟、几乎是半裸的、暖暖的、活生生的体魄，仅仅这一点都可能会伤了他的自尊心。

像逃一样我走到门口，他没像往常那样为我开门。我自己把门拉开，在我身后他轻轻说了声："谢谢，你真太好了。"我心里在问自己："我这样无情和淡酷，真不明白好在哪里。"直到出了那扇玻璃门，我才回头看了一眼。他仍站在那里，那件蓝色的日本式的睡袍仍然半敞着，眼睛已经看不清了，脸上似乎有淡淡的微笑，抑或是苦笑。那衣服那姿态给我印象那么深，以至他去世后再去他家又一次看到挂在架上那件绸睡袍时，我的心里是一阵紧缩，那颜色像他深深的眼睛，虽然可以深得看不见底，却又那么坦白，好像什么都告诉了你。

所有这些细节如果我不是写到日记里恐怕现在印象早已

模糊了，我的日记本大概是我所占有的最珍贵的东西。我曾经设想过，假如房子失火，我要抢出来的不是首饰，不是相机，而是这些日记本，它们真的是我生命的记录啊。

在他自杀前两天，他曾来过一个电话，声音格外沉重。没多说什么，他只是想问我中国话"再见"怎么说，我告诉了他。他郑重地重复了四遍，愈发显得沉重。我万万没有料到，他这是用我祖国的语言跟我在道永别。

在他给我的遗物里还有那两个他死前紧紧攥在手中的小贝壳，那是他们去海边度假时采集的。这两个小贝壳很朴素很平凡，一个黄一个白，白的大些，黄的在白的里面嵌住拿不出来。那贝壳面上一条条横纹与纵的浅灰色的线交错着，有种单纯的美。我不知他想了些什么，我想这两个带着他最后体温的小贝壳也许是他给我的最后礼物？也许是在说那小的已经在大的心里了？也许想说它们不会再分开？

离开他父母家时，他的父亲送给我一本他的著作。他是一位非常著名的外科医生和教授。在书的扉页上写着："送给我们全家的、来自中国的女朋友"。他能把我当作这个家的朋友使我感到欣慰。为了写这一章关于安斯佳的往事，我又找到许久没联系的安斯佳当律师的哥哥托马斯，征求他的意见，是否允许我用安斯佳的真名、照片和诗稿，他又那样友善并充满理解地答应了我。

慕尼黑的一切一下子又把我拉回现实中来。那么多的事情要处理，可我连十月份以后住到哪里都不知道。

回到宿舍，面对着空空四壁和一堆没有运走的纸箱子，心里一片茫然，白天有太多的事要处理，人已疲惫不堪但又没有办法休息。夜里总是在做恶梦。学生宿舍放宽了我几天期限找房子，但离搬出的日子还只剩两天了。那天早上醒来，俞霖告诉我他几乎一夜没睡好，一直搂住我安抚我，因为我在不断地做恶梦，有时说出声来。他听懂了我用德语喃喃地说"现在真是我最难的时刻了"，我还说到"愁啊，愁死我了"。我真感激他，我想在这种情形下很多男人是不会像他那样体贴和用心的。

燃尽的蓝蜡烛

安斯佳自杀那天日历上写着"夏日结束之日"。对我来说,那一年的夏天真的是在那天完完全全终止了,再也没能转暖。

在试着给很多地方打过电话之后,我发现没有希望在短期内找到房子,不得已我给门可教授家拨通了电话,是他夫人接的。当我对她讲了我的处境之后,她对我说:"我要和我丈夫商量一下,但他一定会高兴你来的。"我简直觉得好像真有神在保护我,又在艰难的时候看到了转机。第二天下午,门可教授亲自开了车来接我,他们给了我那间底层的小房间。

这幢房子我夏天曾经来过,有三层的楼房和很大的花园,离湖不远。虽然显得有些老旧,但充满艺术和文化气息。以前和同事来玩时我就说过很喜欢这幢房子和这家人,当时根本没有想到居然会住到他家来。

我的房间里有一张很大的写字台,迎面的窗子上挂着洁白的窗帘,窗外是修剪有序的常青植物和他们一次次从意大利小岛上用汽车运回来的大大小小的圆形白色石头,他们把院子布置得那么雅致,那么有味道。

在他家我紧张的精神与身体都慢慢得以松弛,也开始有些时间整理这段时间所发生的这一切。

我发现在安斯佳自杀的那一天的日历上写着一行字:"夏日结束之日",这也是德国每年两次的冬、夏时制交替的日子。我把这一页日历撕下来,夹在了我的日记本里。对我来说,那一天真的是夏天的结束,一天一天变得凉起来,再也没能转暖。

　　到阴历八月十五那一天，我取出安斯佳哥哥送我的，没有点完的那支蓝色蜡烛，它与一个蓝白花的小细瓷盘粘在一起，我准备点上它来祭奠安斯佳。

　　安斯佳非常喜欢蓝色，所以他的房间里全都是蓝色，蓝色的地毯、蓝色的墙壁、蓝色的门框窗框、蓝色的窗帘，他说蓝色可以让人想到海和天，他很喜欢大海，那蓝色的大窗帘在微风下确实有波浪的感觉。他家里有很多那种粗粗矮矮的、像玻璃杯形状的蓝色蜡烛。我去他那里时，他总会把蓝蜡烛点起来，所以后来再看到蓝蜡烛时我总会想起他来。他去世后我最后一次到他家时，他哥哥问我想要哪些纪念物时，我只拿了这支点过一半的蜡烛。那细瓷盘其实是日本的茶具，但他一直认为是中国的，我没有机会对他说起，但我想就让他认为那是中国的也好。这盘子和蜡烛紧紧地粘在一起。我想只有在蜡烛燃尽时它们才会分开。

　　这也是我在 1995 年写的电影剧本名叫《燃尽的蓝蜡烛》的来由。

　　那天我长久地注视着他的照片，眼看着那蜡烛燃尽的过程，这图景成了我剧本的序场：

　　　　半截杯形的、粗矮的浅蓝色蜡烛在燃烧……蜡烛中央已经凹下很深的一个坑，烛泪盈盈，映着烛光……烛光透过薄薄的蜡壁跳跃闪动着……在最后一刻，烛芯倒下低矮的蜡壁裂开一个缺口，烛泪向外流淌并扩散着……透明的烛泪流出后，渐渐又呈现出淡蓝色，微弱的火苗仍在无力地挣扎……终于——蜡炬成灰，只留下一缕青烟，袅袅上升……

这个剧本虽然有很多虚构的情节和对话，但有些原始的感觉是真实的。特别是对安斯佳的许多回忆和在湖边住的这段时间的感觉。可惜写作时我在中国，无法看当年的那些日记与诗，是凭着一种模糊的大感觉完成的。那个剧本当时是赶着写给台湾年度电影剧本比赛的，后来在 1998 年正式发表。有评委在评语中写道："已很少看到如此深刻凄美而动人的爱情题材了……作者才华卓越，技巧娴熟，使整个剧本在浓郁情感和高度艺术性中进行。"我不认为我有什么写剧本的技巧与才华，他们实在是太过奖了，但那真实的故事原型

这些日子我越来越喜欢湖了。湖虽然没有海的波澜壮阔，却有它的温和与宁静。

的确深刻而凄美。

　　我读到过徐志摩的话："你怕死吗？你怕活吗？活比死难得多。""世界上并不是没有爱，但大多数是不纯粹的，那就不值钱、平常浅薄。我恨的是庸凡、平常、琐细、俗，我爱个性的表现。"我想安斯佳所表现出来的爱是非常少见的纯粹，也是极具个性的，只可惜太绝对化和悲剧化。这点也和徐志摩所说的非常像，"是真爱不能没有悲剧倾向"，他也曾经把罗密欧与朱丽叶的死说成是"使他们的爱达到最完全最圆满的程度"，他们在这爱中得到了一生"最无遗憾的满足"。

　　在湖边住的那段时间我构思过许多关于死亡的水墨画，虽然没有时间把它都画出来，但画出了小样。我也常一个人去湖边散步，踩着那些开始枯黄的落叶，那湖边的景色非常美，特别是在这秋冬交替的季节。

　　每天去大学都要乘一个小时的轻轨车，前两站是沿湖行驶的，我总是一上车就打开日记本开始写日记，日记的开头总是

在湖边住的日子我的身心都得到了安静。我几乎每天会看到这湖，在湖边漫步连呼吸也会变得平稳和缓些。

在描写这湖在不同天气、不同光线和我不同心境时给我的感觉。

　　有一天天气非常好，我想起安斯佳仍躺在那阴暗的墓地里，那些鲜花该已腐烂了吧？我逆着光沿着我回家的斜坡往上走，因此速度很慢，天那么蓝，太阳隔着高高的树透出一束束的光，光里有些亮亮的小点，那是些小飞虫，它们很自由自在地享受着阳光与秋天最后的温暖。走到木栅栏旁边，蓦然看到两根长长的细细的蜘蛛丝在随风飘动，缓缓地向上飞着，可又被木栅栏拉住，那么纤柔。我立时停下脚步，一动不动地看着这蛛

在剧本《燃尽的蓝蜡烛》中我还写过这样的句子："海在风中唱着哀婉的老歌，船无言相对。船和海虽然近在咫尺，但这一步似乎是永远的距离……""是让那小船永远寂寞地躺在岸上，还是让它在惊涛骇浪中被大海吞没呢？既然船命定是属于海的，那么还是让它到海里去吧，虽然可能生命消失？"……

丝。太阳那么好，照在这丝上一段段地反着光，随着丝的抖动光也在动，我的思绪一下子又回到了从前，这感觉就像他用眼睛长久注视我时，像有次他隔着衣服用手轻轻掠过我的手臂时，像他在一次告别时犹豫很久轻轻吻了我的额头时，那种飘乎的却又让人心弦颤动的感觉。我的目光随着这蜘蛛丝向天空移去，天空蓝得像在照相机镜头前加了滤色镜那样，没有一丝云，那明晃晃的太阳沉默着。我又低下头看那丝的另一端，发现，我想起那"剪不断，理还乱，是离愁，别有一番滋味在心头"的句子。我想这滋味是苦的，像那意大利的浓咖啡，苦得诱人，苦得有味道。这种味道不是每个人都能体会的。这是我1987年11月10日记下的日记。

从那时起我开始有点相信命运。门可夫人说，她不相信上帝，只相信有一种超人的力，就像潮汐是月亮的吸引力所引起的一样，以前人们不知道，现在被科学证实了。这超力就是主宰命运的，虽然现在我们不知道它是什么。所以，广义地说，人们不能完全改变或创造自己的命运，就像人永远不可能真正地征服自然改造自然，人只是这无限的大自然中小小的一分子。

在日记中我写道：这一年我经历了许多，懂得了很多，思考了很多，成熟了很多，也改变了很多，但我仍然还是我。现在我明白了画家埃舍尔所画的那些怪圈，人常常是在这样的怪圈中从内向外走，又从外走到内。

我想《老子》和《浮士德》是值得经常读的两本经典著作，《老子》是把阴和阳统一到一个整体里，《浮士德》是把一个同一的整体解析。在我身上，就像在每个人的身上一样，都有那么多的矛盾：灵与肉、理智与感情、传统与现代、东方与西方的观念……

歌德写《浮士德》的意义之一是讲人的毁灭在于对追求的停止，虽然人在追求中会犯错误。他认为只有绝对追求才能实现人的本质，魔鬼之所以敢于打赌，因为他知道浮士德的弱点：总试图得到那些不可能得到的东西，浮士德的弱点就是人类共同的弱点。安斯佳曾说过，艺术对心灵只是一种安慰，它只能让你暂时脱离现实，而最终它还是欺骗人生的。在这个世界上你实际是永远孤独的。

浮士德的两个灵魂一个联结于尘世，另一个追求超脱。但只要灵魂居于身体之中，他就永远得不到后者。

安斯佳的灵魂现在已经脱离了肉体，是否就不再有忧伤痛苦，不再有渴望企求了呢？死亡对于他是永远的解脱，还是对无望的爱的证明呢？

走过我自己

Walking past myself

It was not only the tranquility of the environment in the Menke family house that I enjoyed so much it was full of beautifully selected artworks but also the inspiring conversations. In this artistic family he being a painter and his wife being a sculptress, we often talked about what a pure artist should be, and what kind of contribution such a person could make. These conversations had a great influence on the decision I made later, to become a freelance artist.

I moved to the Menke house in early November, 1987. At Christmas, Lin came to Feldafing and handed me the enlargements of the photos I had taken during my travels in Europe. Everybody was so impressed that Professor Menke suggested presenting them to his considerable circle of friends, in his house, over the next few days. That improvised exhibition was my first public photo event. It was also very surprising, as many artists and photographers came and expressed their respect for my work. One of them, Martin Thomas, a very successful photographer himself, asked me the question: why not become a professional photographer? This was something I had never really considered before. He suggested I go to the international Book Fair in Frankfurt, and his wife took me there to show my photos to some publishers.

The result was my first book, entitled "1000 pictures from China".

Later, a book published in Germany about Chinese women included an article about me with the headline the Architect. I emphasized that my priority was to be a photographer and to write books. I did not know how this was to be done but I remembered an old Chinese saying: "there is always a way when you face the mountain". This was my philosophy of life, and through the years I have discovered how true it is.

　　　　　　每天沿着这条湖边小路散步时，常常
　　　　会想到在大学时喜欢的那首歌曲："一条
　　　　路／落叶无际／走过我／走过你……悄悄
　　　　地／我从过去走到这里／我双肩驮着风雨／
　　　　想知道我的目的／走过春天／走过四季／走
　　　　过春天／走过我自己……"

1988.4.2.

　　秋去冬来，在湖边平静的日子使我的身心都得到了调整。
门可一家人对我如此亲切而真诚，在我最危难的时候伸出了双
手，让我获得那么多温暖，单单这一点就可以让我永远忘不了
他们，更不要说我在他们那里受到的许多教益了。我常想要有
多大的胸怀才能像他们那样去爱人，毫无功利性。他们待我像
自己家人，绝对不收我房租，说直到我找到真正满意的住房时
才放我走。几个月相处下来，门可夫人把我称作他们的"中国
女儿"。

　　门可夫人是位雕塑家，他们夫妇合作做的那在政府办公楼
门前广场水池里的"动雕"，当地人十分喜爱。我住的这个地方
叫作 Feldafing，是非常著名的艺术家聚集地。政府不仅为各国
艺术家在一个老的城堡里设立了"艺术家村"，供那些外国艺术
家作短期的交流、访问、创作活动，他们还定期举办展览及朗诵
会。这城里也住了许多各门各类的艺术家以及一位著名的大收
藏家，最近政府已经为他造了美术馆。

　　门可夫人十分崇尚自然，她总告诉我人不但要爱人还要爱
自然。有天她给我看报纸上年轻的女生物学家在和很多小鸭子
游泳，她说自己是鸭子的妈妈。"人做动物的妈妈这关系多纯、
多自然、多可爱！"

　　门可夫人有一个用来烧陶瓷的窑，她每天都会做一只用手
捏出来的陶碗，三百六十五天从不间断，每个碗底有一个日
期。捏这一个碗，常常要花很多时间，因为我和她一起试过，我

住在湖边你能感
受到大自然一年
四季每一点微妙
的变化

没那么好的功力，总捏不了那么薄，手中的泥便会碎了，她说这
要耐心，不能太快转动它，一下一下地捏，而且要掌握力度，两
只手相互配合也很重要，就像达·芬奇每天画鸡蛋，钢琴家每
天练音阶，中国练武功的人每天搬砖头一样。她是为了练手指，
同时作为一种静下心来搞创作的心理准备。看这一年中不同时
间不同心情下做出的不同作品，虽然形状相似，但却没有一个

完全相同，就像她家院子里放的那些从意大利海边收集来的大大小小的圆滑的石头。她还说艺术家需要孤独。做抽象雕塑看似简单，其实并不那么容易，你要专心致志，把全部精力都放到上面，要把你的感觉倾注在艺术品上。所以他们工作室是不装电话的，因为怕干扰。"艺术是一种生活方式，是你选择释放你的能量的方式，是你叫它为'工作'的你最喜爱的一件事情"。它应该是你内心情感的发泄，你精神的寄托，不是为了谋生，不是为了挣钱，更不是为了出名。所以做一个自由艺术家不容易，特别是在当今这个社会。他们很担心儿子在杜塞尔多夫艺术学院一位名教授那里学画会学坏，因为那人更是一个"演员、一个演说家、一个文化明星"。他们说的这些话我记在日记本里，很多年以后我自己也成为自由艺术家时深有同感。我相信真正的艺术家不但要有足够的天分还要有足够的艺术家的素质和足够的承受力，要耐得住寂寞，耐得住贫穷，不为金钱或名誉所诱惑。

门可先生很赞赏一位美国画家说的话"一个艺术家的生活有多宽有多深，他的艺术就有多宽有多深"，还有保尔·克利说"你不要从一个想法出发来画画，你要让一个想法自己到你的画里来"。这就是像他平时在上课时一贯对学生说的，画抽象画就像写作，你开始画时并不清楚你到底在画什么东西，你就站在画布前，自由地、随心所欲地画到满意为止。不同的心情画

门可家的房子和花园，花园中央是他们的下沉式天井内院，供工作室采光用，这样新盖的部分也不会影响老房子的景观。

出来的东西往往也是不同的，可能开始和后来面目全非。就像小孩子画画是从心里画出来的，想怎样认识世界就怎么表现它，不从自然和客观出发而是从主观出发。他崇尚康定斯基，绘画重要的不是反映外部的美，不是大家能看到的客观的再现，而是发现自己内心尚未发现的东西并用绘画的形式表现出来。"康定斯基生前一个人孤独地生活在沙漠里，没有人理解他，但抽象画是他始创的，现在全世界的画家都在学他。"门可很反对儿子学画的那个著名画家的做法，说他"总是在作秀"，为此常常与儿子争得面红耳赤。他对儿子说，要做一个艺术家不一定要做一个有名的或者作品卖得好的艺术家。有很多人，包括在我们这个地方住的收藏家们，收藏的不是最好的东西，只是能卖的东西，他们并没有文化，不懂真正的艺术，他们更是商人，买艺术品是为了它会升值。

有一天，门可先生让我早些回家，说他的孩子都回来，因为马友友来了。当时我没明白他说的是谁。他说你怎么会不知道他？他是现在世界上最棒的大提琴独奏家，住在波士顿，每年在全世界演奏一百多场音乐会。他是中国人，你一定得认识他！门可与马友友的岳父是多年的老朋友，（他是一位大出版家），与马友友也非常投缘，只要他来慕尼黑，无论是否有音乐会总要与门可家人见面。他甚至打算把孩子放到门可家住一年，为了

学习语言,并且让孩子有"世界感"。他说"美国生长的孩子常常只有美国的概念,认为美国是一切,是整个世界"。

我没想到马友友那么年轻,那么有风度,待人谦和,彬彬有礼,但绝不做作,也很风趣。他是那种在我眼中既受过很良好的西方教育,又保持了中国文化传统的那种典型。他说一口道地的英语,中文和德语也相当不错,我想生在巴黎的他,法语一定也很流利吧。这样他可以很直接地与全世界不同国家的人交往。他喜欢旅行,那天在与门可的孩子们商量着一起去撒哈拉,还要去希腊滑帆板,可惜演出计划十分繁忙。

那天我们聊了很多,关于中国,关于文化大革命,关于中国当代青年,当然还有艺术。他说演出太多而没有足够时间练琴,更多的是用脑子,是一种精神的准备,一种记忆力与理解力锻炼。他总是试图尽可能地去理解作曲家的语言并以他独特的方式去诠释其内涵。他开汽车时也常常由于太集中精神听音乐而出过好几次事故。就像许多真正的大艺术家一样,他们都绝不是目光狭窄或只注重技术的人。我想这也与他去哈佛学习而并非只停留在音乐学院的经历有关,这可能就像古人说的"功夫在诗外"一样道理吧。

虽然他大部分演奏的是古典音乐,但也很喜欢现代的、流行的音乐,比如他说乡村音乐也很"Wunderbar"(美妙)。这句话引得门可的大儿子提议我们去那个"奇妙酒吧",那酒吧的名字是把这个词拆开的一种文字游戏的结果:"Wunder Bar。"虽然已

2000年圣诞节前,在我为新出版的纪实文学作品举办朗诵会之际,我又见到应邀前来的门可教授。(我手中拿的是新书《七位中国女性》。)来参加朗诵会的大都是女人,大概女人更关心女人的生活吧。门可教授发言说中国是个苦难的民族,可贵的是这个民族承受和忍耐苦难的能力。他曾与我母亲相识,他无论如何也想象不到她居然经历过这么多困苦,这是他在书中才了解到的。

经夜里一点半了，大家仍然兴致很高，于是我们几个年轻人驱车进城。那里人挤极了，刚好又是周末，门口有把门的，不认识的一律不让入内，幸好门可大儿子与他们熟识。

那里的女孩子们打扮非常入时，有穿皮超短裙的，有衣服上镶满闪光珠子的，都十分性感。马友友说这里的酒吧和美国差不多，只是美国人穿着更随便些，没这么讲究。有个女孩子穿了条半透明的塑料短筒裙，紧身衣前胸剪开了一个大口，露出大半乳房。有个男孩子当众吻她前胸，她大叫大嚷，样子很可笑。不过我们只是从她的动作看出来，那里太闹了，什么也听不到的。马友友说那音乐的音量至少要有三个交响乐队，但门可的儿子说那还不够响，最响的"迪厅"可以使他的裤子振动起来。我几乎受不了那音响的强度，若是没有他们我会马上逃之夭夭，在那里聊天是不可能的事，但对第一次去"迪厅"的我来说一切都十分新奇。

后来一次马友友来开独奏音乐会，这次的他完全是另外的样子。他的演奏令我折服，我真的没听到过更好的大提琴独奏了。我也因为他是中国人而感到非常骄傲。

音乐会后马友友请一些朋友以及音乐会的指挥一起去他们下榻的四季宾馆对面的饭店晚餐，记得一位很有名的指挥家坐在我身旁，席间他在桌子下面将手放到我的腿上，被我悄悄推开，但过了一会儿他又把手放了过来，我正不知如何是好，因为我碍着朋友的面子不便声张，又怕是我初来西方，对"平常"的事过于大惊小怪，不知如何把握分寸。但我的推挡还是被门可先生发觉，他当场大怒，马上替我解了围，但也大大伤了这位"名人"的面子。门可就是这样一个真情真性的人。

门可夫妇后来去美国游玩，据说有些境内机票由马友友事先代买。他们到达后给他票款，他坚持不收。当我偶尔对他们说起老大哥家住嘉定，去上海市区上班路上交通不便，要换几次车，往返好几小时，不得已只能住校，周六才能回家看看妻子女儿。门可先生说他正发愁这钱用到哪里，现在知道了：给你的老大哥买一辆轻骑！他还说这不是他送的，而是"友友给他同胞的"。

我很相信一位作家朋友说过的话，"生活中的偶然是命运

俞霖喜欢黄颜色，他常会买他最喜欢的向日葵放到房间里，使屋里一下子显得明亮起来，这件黄衣服也是他送的。

中的必然"。我想在门可家住的这段时间对我后来的艺术道路无疑有着潜移默化的影响，好像命运为我设定了程序似的。在这时由于一件偶然的事情更使我加快走向职业摄影的道路。

1987年的圣诞节马上就要到了，门可夫妇要请俞霖来一起过。当时还有他的三个儿女以及从伦敦来的表妹。一个意大利的女孩子也住在他家为她博士论文找德文资料。平安夜我为这个国际性的大家庭烧了十道中国菜，大家非常开心，门可教授饭后还弹着六弦琴唱意大利民歌，非常动人，可惜我试着录音没有录成，使我非常懊丧，因为那是多么珍贵的纪念。

我和俞霖当时没有钱为大家买圣诞礼物，但还是为每一个人准备了一份小礼品，而且也得到了他们许多人送给我们的礼物，感到真的像一个家庭一样。我给门可夫人织了一顶毛线帽子，其实我是最没耐心织毛线的人，但我特别想送给她，就在夜里偷偷织成。我在礼物卡上写道：因为她戴帽子特别好看，所以我才织它，虽然手艺不好，我还是想送给她。俞霖给他们夫妇刻了一对阴阳的"对章"，他们非常喜欢，说要印到他们各自的作品和藏书上。

最令我惊奇的是俞霖送给我的圣诞礼物。那是一大叠贴在卡纸上放大了的彩色照片，是我在欧洲旅行时拍摄的，大都是风景和建筑，也有一些沙龙摄影式的小品。因为我真的没有想到他会把这些幻灯片放大出来，而且那么精致地贴在白色卡纸上，就像他曾经给我无数各式各样的他自己做的令人爱不释手的小东西。他总是那么有心，总知道我最需要什么和最喜欢什么。

门可一家人饶有兴致地看了我这些照片，大加赞赏。忽然门可先生说："为什么我们不来一个家庭展览会呢？"第二天他便开始给他所有住在附近的艺术家朋友打电话，说我将在他家办一个摄影展览，这就是我第一次的"个人摄影展"。没有请柬，没有准备，完全是即兴的临时发挥。我们将这些贴在卡纸上的照片摆满他们的房子，甚至在楼梯上，走廊里，我没有想到他们居然临时能请到那么多客人，也许大家都在休假的缘故吧。虽然这是一个不正规的展览，但却是我艺术生涯中非常重要的一个点，一个不正式的正式开端。

到场的观众大都是艺术家，其中有几位相当著名的摄影家。有一位出过十几本画册的摄影家马丁问我为什么不去做专业摄影？我说我从未想到这个问题，我只是非常喜欢而已。

在门可家书房里，到处都摆满了俞霖为我放大的照片，我们正挑选哪些可以"展览"出来。

后来他让妻子陪我第一次去了法兰克福国际图书博览会，她在法兰克福工作比较方便。那次只去了半天。在那半天里我们见了四家出版社，居然这四家都要和我合作。马丁的太太当时十分惊讶，说她还没有见过这么顺利的开始。许多摄影师年年拿着他们的作品去博览会碰运气，那里云集着全世界来的出版商，就像在国际摄影节上那样，但年年都败兴而归。马丁当时帮我选择了其中一家出版社，是比较有名的大出版社哈恩伯格（Harenberg Verlag），也就是我后来和俞霖合作的那本书《龙的故乡》的出版社。另外三家出版社有的想出明信片，有的想出招贴画，还有一家想让我为他们到中国拍摄园林风景照片，马丁说那些不是一流的出版社，在那种出版社出书会妨碍我将来与更好的出版社合作。我非常感激他的这些忠告和无私的帮助。

我还结识了齐格丽特（Sigrid Neubert）和沃特（Ingrid Amslinger – Voth）两位著名的女摄影家，齐格丽特后来成为我无话不说的好友。这两位搞了一辈子摄影的艺术家给了我那么大的鼓励和信心，因为我那时实际上还像个刚刚在游泳池里学会游泳的人，见到大海多少还有点儿怕。沃特女士对我说："过去她从不相信彩色居然能拍出艺术作品来"，她自己也只拍黑白作品。齐格丽特大半辈子搞建筑摄影，后来在她晚年倒也拍了许多其他的主题，有一段时间她只拍石头和水，又有一段时间她只拍人的手。科索沃战争期间，她拍了很多别出心裁的舞台布景式的彩色作品，很有点超现实主义的味道，主题全是战争、废墟、失去家园等等。有一张照片是用她收集来的枯枝搭成荒林式的布景，加上一个小小的和平鸽作为模糊不清的近景，中间是一个被撕碎的小女孩的黑白照片，这作品给我印象很深，没想到一位七十多岁的老人，在拍了一辈子技术性很强而且严谨的建筑摄影之后做这样有大幅度变化的艺术尝试。她也写关于摄影理论的书，其中讲了她多年的艺术体会。

因为齐格丽特熟悉建筑学，所以我问她，我是应该继续搞建筑还是改行搞摄影？她没有立刻回答我这个问题，踌躇了一番后，她对我说："你搞摄影吧。"这话无疑是一锤定音，使我更快地下决心改行。

十年以后，当我对她提起这段往事时，她说当时这句话不

走过我自己

沃特(Ingrid Amslinger – Voth)女士是我很尊重的摄影家，我更愿称她为艺术家，因为她和她的先生的整个生活方式，或称为生命方式可能更为确切，是纯艺术化的。为了艺术他们没要孩子，她告诉我她"不需要用孩子来证明自己是女人。"

是轻易说出口的。因为她深知搞摄影必须要有一定的才华，否则就不要做这行业，因为艺术这条路并不那么好走，每天只是拍照相馆里的报名照或者肉肠子广告则太没有意思了。而我要放弃的又是那么一个令人羡慕的好专业。她还告诉我她当年对我并不了解，只是看过我展览上的那些照片，然后凭直觉判断作出的决定。她庆幸没有说错，否则真可能会害了我。这就是我正式从事摄影专业的开始。

自第一本书发行后，我便接连不断得到不少杂志社的稿约，并以一年一本的速度出版了几本风景和城市的大型画册，使这偶然发生的事情慢慢走上了它的轨道。

在那一年，曾经有一家德国出版社约我为《女人的中国》写一篇关于我自己的故事。这本书里收了不少中国女性所写的关于自己的故事，我记得其中有女作家张洁。我在书中写到我学习建筑学不是非常情愿的，因为"文革"后第一年恢复高考时艺术院校还没有招生，我当时是多么希望能够学艺术，我喜欢摄影和音乐，最理想的是电影。过去我还常抱怨父母没能让我再等一年参加高考，那样我可能就会考电影学院了，也许会与张艺谋、陈凯歌同学……而当时父母担心政策会变，也许第二年又没有机会高考了，所以仍坚持让我考。我记得高考时打算"逃考"，如果没参加考试自然也收不到录取通知书，我便可以拖到下一年去试考艺术院校。没想到与我一起复习功课的好朋友"出卖"了我的秘密，爸爸并没与我花时间讨论，装作什么也不知道，只是坚持每天请了假送我进考场，中午接我一起去吃饭，下午再亲眼目睹我坐进考场才离开，这使我的"逃考"计划落空。

我搞音乐的母亲那些年限制我弹钢琴或者作曲，结果我只得偷偷背着她来做。那些年自编自演了些小歌舞，小话剧，还到处演出，但她说搞艺术在那个时代的中国等于浪费生命，或者说是拿生命来做赌注。

我长到差不多快三十岁，一直是有名的"乖女儿"，更多地去做"应该做的事"，而不是做"想要做的事"。我在那本《女人的中国》中写道：现在我到了德国，希望能够重新考虑我将来的道路，能够比较自由地选择。虽然我并不知道该怎样去走，但是我相信"车到山前自有路"这句中国俗话。

没想到在四十岁的时候有一家叫做《女人四十》（"ab40"）的德国妇女杂志来采访我时，竟把我这篇十年前的文章拿出来

这张"一叶知秋"获 1988 年德国大学生摄影竞赛奖。那时的作品很有些"沙龙摄影"的味道。

走过我自己

重新刊载，因为当年我想摄影、写作、出书、办展览、拍电影等等愿望全都实现了。十年前的文章是一个证明，那时，我只是讲了我梦寐以求的事。他们想以此来鼓励那些不敢迈出第一步的女人们。采访稿的标题便是这句话：《车到山前自有路》。

后来又有一位中国女记者采访我时也用过这样的题目："朦胧遥远的梦，靠近它，靠近它，会成真"，我想这大概就是我的基本的人生哲学吧。

对我来说可怕的不是梦想不能实现，而是没有梦想。

我的二十四小时

My twenty – four hours

After seven months I ended my temporary stay with the Menke family outside Munich, and returned to the centre of town. In the meantime, many different projects developed. There was my work for a doctorate at the technical university, my teaching at the college for architecture, and classes at the Munich Academy of Film, where I contributed work to various films. In addition, I received orders from well known publishers to make three books, which were very successful.

I started to have solo photo exhibitions in cities like Berlin, Darmstadt and Munich. The media commented on my work positively, and I was being recognized as a professional by the photography world. I was given the privileged status of unlimited leave to remain in Germany, because of my artistic work, and later Lin achieved the same, for his special contribution as an architect.

I was busy 24 hours a day, engaged in so many different roles. Frequently, I had to change my clothes several times a day, as I moved through different work environments, and met different types of people. I was also kept busy in 1991 preparing for an exhibition I had planned called my 24 hours. The idea was to create a visual diary, recording my colourful activities every day for a whole year. However, I realized that the amount of different types of work I was doing was affecting me, so I decided to concentrate all my efforts on photography. October 31st 1991 was my last working day at the university, and the next day Lin and I decided to drive to Prague, to take pictures for my new photo book.

We never arrived there.

　　　　　　人总应学会放弃一些东西，难的是放
　　　　　弃一些看去不应放弃的、放弃了可惜的东
　　　　　西。人也总在选择中决定自己的路，不同
　　　　　的选择常导致完全不同的发展方向，有时
　　　　　会失之毫厘，差之千里。只是在你选择时
　　　　　往往不清楚它正确与否，是否要花很大代
　　　　　价，这代价是否值得以及这个选择对你未
　　　　　来生活道路的重要性。

1991. 9. 30.

　　不知不觉中我在湖边已住了整整七个月！碰到门可夫妇这
么好的一家人真是我的福气，我非常珍惜这个"德国的家"，也
愿做他们的"中国女儿"。但那时我除了在大学里工作并攻读博
士学位，又同时得到了建筑学院讲师的位子，所以每天的工作
排得相当满。抽时间我总还要去图书馆和美术馆，还有我心爱
的电影院。住在郊外毕竟不是很方便，而且我也不忍打扰门可
一家太久，他们自己的孩子也都早已搬出去住，只偶然回去看
看他们。我想也是该搬出来的时候了。

　　我一直在留意找房子，慕尼黑的房租在德国是最高的，特
别是在市区，一个独间的单人公寓起码要六七百马克还很难得
到，这对我来说太贵了。

　　德国的税很高，当时我能从大学那几个小时工作中拿到的
工资去掉差不多40%的税，再加上医疗保险、失业救济、养老金
等等，只剩下八百多马克了。在报纸上常有一些广告，寻找与
"同胞"合住，他们通常另有目的。我曾打过几个电话去问，他们
常会问你是否会做饭，或者是听说你已婚就拒绝了。更有甚者，
有些便宜房子只是用布帘将房间隔开与人同住一室。我不想与
人合住，而学生宿舍我又不能问津，因为当时他们房间非常紧
张，而读博士的学生不算学生。在德国博士学位可以在你退休之
后去读，所以博士生不可以作为学生住租金便宜的学生宿舍。

搬家后的新房间。在慕尼黑市区有带那么大的私家花园和游泳池的房子真是一种奢侈。我爱看窗外这大片的草地和高大的树木,享受那四季变化的色彩。

门可夫人不让我随便凑合,所以我一直还在寻找等待合适的机会。

有一天我的朋友卡琳教授说她的一个熟人有所很大的房子,正巧希望有人去住并且帮助照管一下房子,对我大概比较合适。我喜出望外,马上去那里面谈,他们居然当时便同意了。

这是在慕尼黑的所谓富人区,是在伊莎河边带有很大花园的私人住宅,在寸土如金的市区,一般人对这种豪宅只能望洋兴叹。这个大花园里有两所房子、一片树林和一个室外游泳池。他们在花园里骑马、打网球、游泳,后面一所房子靠河比较近,是主人的父母住的,他们年事已高。前面这所大房子有一个半地下层正在装修,装修好以后一个大房间会给我,而且整个这一层属于我独用,有很大的厨房、浴室和走廊。房间相当宽敞,家具都非常讲究。房租极便宜,只是象征性地付 250 马克,恐怕不够水电暖气及公共卫生的费用。他们提出的条件是,在他们每次度假时要帮他们喂猫、浇花,早上准时六点钟去大门口取报纸,晚上天将黑时把木质百叶窗帘拉下来防盗。这个富人区经常失窃,小偷们等待这些人去度假,这是他们行窃的大好机会。

在我刚搬去的一个星期内,他家便发生了一起失窃事件。朝向花园阳台上的大玻璃窗门被打碎,很多首饰被偷走,珍珠洒了满地,大概是一根项链拉断了。幸好这时主人没有去度假,不是我的责任。当时说好他们每年只去度假三四次,而且会预先通知我。

与俞霖在刚收拾好的房东家新房间的自拍照。我戴的一只耳环是他亲手制作的,他常会为我做点这样的小东西作为意外惊喜送给我。他喜欢简洁、现代感强、大方而又别出心裁的设计。

　　这次门可教授又帮我搬了家,他们也很满意我住在这样一个地方,有很好的环境,而且有很大的属于自己的空间。

　　这家男主人是一个大公司的老板,女主人有个挂名的事务所,他们对小事很在意,比如说给花浇水不能太少,土一定要很湿润,而花盆内又不能积水,这要求总让我很发愁。冬天当他们去滑雪时,六点钟天还没有亮,喜欢睡懒觉的我总是拧上闹钟,硬着头皮从热被窝里爬起来,踩着雪去大门口拿报纸,免得盗贼发现主人不在家。他们的猫也极其娇惯,要吃最高级的纯天然食品。有次晚上因为我有特别重要的事情不能准时回来,其实只晚了半个小时,当我赶回家时奇怪地发现百叶窗已经被关上。稍后主人从度假地打来电话很严厉地责问我为什么没准时到家。他的父母告诉他天黑了窗仍然开着,是他们打电话叫佣人来关的,这个佣人也只是每年在他们度假的时候才能休假。

　　后来,我与房东有过几次不愉快。一次是为了那第一本书的稿约。那是一本关于中国的图文并茂的大型画册:《来自中国的一千张图片》。我约好去北德与出版社具体商谈和挑选图片,大约要去两三天的时间。在我走的前一天晚上,女主人忽然过来告诉我,他们临时决定出去度假。我对她说,他们并没有事先通知我。我没有办法临时改变日程了,虽然我口气非常婉转,但她的不礼貌很刺伤我。她尖声叫着说"你出书?!"一副不相信的样子,我感到自尊心受到伤害。更严重的一次是男主人到我的厨房来跟我说事情,忽然看见我的厨房里有个多用的电动厨房机,这机器大概要卖一百多马克,是俞霖送给我的,因为它可以

我的二十四小时

与俞霖一起为《一千张来自中国的图片》一书挑选幻灯片,他总是那么严格,每张幻灯片一定用放大镜仔细检查,不容半点马虎。

做我喜爱的奶昔和鲜榨果汁,也可以切菜绞肉,省去不少做饭的时间,当然这对我们当时是一件奢侈品。男主人忽然瞪大眼睛,提高声调,带着指责口气质问我:"为什么我们的机器跑到这里来了!"我向他解释,但他并不相信,马上跑上楼去检查是否他们的机器还在,而事后却没有表示丝毫歉意,在他们看来,一个外国穷学生是绝对不可能买得起一百多马克的东西,而且还会出版自己的书。我有时虽然气得说不出话来,但事后宽慰自己也就不去计较了。

当时他们对我的苛刻条件还有不能随便请客人来,俞霖除外。我为《来自中国的一千张图片》撰写文字后需要与人一道翻译。我的翻译是专为柏杨先生译书的汉学家周裕根先生,他常要来与我一道推敲文字。虽然我说明了理由,主人仍面有愠色。直到俞霖放暑假来这里住时,他们的不满已经到了不人道的地步。他们嫌俞霖呆的时间太长,我说这是我的丈夫啊,而他们的理由是多一个人住会多带了灰尘进来!很快他们通知我那房子要自己用,我必须搬出去。在德国的法律里,是不允许随便把房子转租给别的人的，除非是自己用。我明知他们是在找理由，但无奈只得先搬出来，俞霖也说宁愿找贵一些的房子也不要受这些闲气。这也是我在德国唯一碰到的有损我个人尊严的事情。当时我心里非常不舒服，有朋友为我鸣不平，为我出些主意报复他们，我觉得没有必要，那样会把自己的人格降低。

事隔许多年，在卡琳五十岁生日时，我又碰到了这一对房东夫妇。因为我认识的人太多，常常记不清楚，所以当他们非常热情友好地与我打招呼时，我并没有认出他们是谁，毕竟已经相隔十年了。女房东还特别亲热地对我说："我是吉色拉呀。"我从来都是只呼其姓而不直呼其名的，因为在德国直接称呼名字是很亲近的意思，有些同事邻居相识几十年都只称姓而不称名。她接着又兴致勃勃地说："我们总在电视和报纸上看到你的消息，真为你的成功高兴。"我非常客气而婉转地对他们说："实在抱歉，我还是没有想起我们在哪里认识的。"这时他们两人脸色大变，特别是男房东铁着脸对妻子说："我们走吧。"然后他们真的就很快离开了晚会。事后卡琳对我大笑说，"想不出有一个更高水平的报复了"。而我其实是无意的，当时确实没有想起他们，这是后话。

这一回我算是真认识找房子的难处。有位同事告诉我，很多人在周四晚上去《南德日报》的总部门口去等刚印出来的报纸，每周四刊登租房广告。常常要两个人同去，一个排队等报纸，另一个人占住一个公用电话亭，这样找到了地点便可立刻打电话，因为那时没有手机，常常几分钟之差最好的房子就没有了。总算运气还好，我经历了几个"星期四"，终于找到了一个"独单"，也还不算偏僻。因为没有家具，我们买了一些二手的家具，这要便宜很多。虽然是旧家具，但我们只选择造型简单白色和黑色同一风格的家具，就像我们的一贯原则，哪怕是穿很朴素很随便的衣服，也要有自己的品味。有很多小东西都是俞霖自己改制的，像幻灯箱、衣帽架、浴室镜子前的架子和床头斜的柜子，因为那所房子在拐角上，屋里有一面墙是斜的。他装的灯当时也很有超前意识，现在已经流行起来，是带轨道的冷光灯。这灯斜斜地通过房间，非常别致，一下子使那呆板的空间变得富有变化和灵性，我很佩服他这一点。后来有朋友开玩笑说，你们俩这个房间看上去非常前卫，就像欧洲建筑师很喜欢的黑白空间，但为什么要买一个彩色而不是黑白的电视机？

家里很多东西都是他买回来，他总是把它包装起来，像礼物一样放到我面前，微笑地让我自己打开，那微笑给我印象很深，含有几分神秘。有时包装得那么精美，好像那包装本身就是艺术品，让人不忍破坏，这一点别人也常有同感，说俞霖送的礼物从里到外都是艺术品，他们真不愿意把包装轻易拆开，有时会当作装饰品摆上很久。他买来的东西又特别实用，总好像是我事先没有想到，看到后又觉得真太缺这件东西了。他亲手做的许多东西至今我还舍不得丢掉，尽管现在生活水平高了许多。那用废纸盒裱的放幻灯片的盒子，那大幻灯箱和那别出心裁用被海水磨成光滑环状的小贝壳做的耳坠，一直挂在我床头的台灯上……记得当时他在跳蚤市场买了一个旧式立灯，他把破灯罩扔掉，自己用半透明的绘图纸叠制了一个扇子形状的灯罩装到灯前，一下子使那个灯变得那么别致而高雅，射出的光也变得极其柔和，很多朋友来做客时都问是在哪里买的。

在他没有拿到工作许可之前，因为他设计得实在太好，建筑事务所的老板提出请他工作，但工资折算成汽车、相机，还有电脑之类的实物给他，名义上是他"义务"帮事务所出出主意，画点设计方案草图，事务所又"送"一些礼物。一般来说，严谨的德国人是不会轻易做这类不合规定的事情的。我们因此也能买

终于租到了一个属于自己的独间公寓，这回是没有家具的房间。书架用黑色的铁货架，书摆上之后也不难看。这是朋友周玫和她外号叫"兔子"的德国医生丈夫以及延芳在帮助我们搬家。

"丝绸之路上的
沙漠"，选自《龙
的故乡》一书。

些"大件"，所以很早就有了非常讲究的照相机和成套的镜头。这对我的工作是极大的支持和帮助。

他香港的叔叔给了我们读博士四年的生活费，这笔费用也是当时为他作经济担保的，他坚决一分钱不用，宁愿自己平时节省一些，准备学成之后完璧归赵，他的这些品质我非常欣赏，尽管这些钱对叔叔来说不算多，而当初我们却非常需要，但我很尊重他的主张，从未问过一句。俞霖平时也非常节俭，从不乱买东西，除非是画册和书籍。这有些像我父亲，父亲总说任何东西都不要为他买，认为那都是些"身外之物"，但他有许多藏书，因为"书看过了就不再是身外之物了"。

不久后，我们拿到了一笔对我们当时来说相当大的一笔收入，是用照片和文稿换来的。这就是我们得到的大型画册《来自中国的一千张图片》的合约。这是我和俞霖在出国前那些年寒暑假旅游时在中国各地拍摄的，这些无心插柳的结果居然能成为一本画册，而且是我们在德国的第一个出书机会，我们自然非常珍视。签约时初版稿酬就是两万五千马克。可是因为六月份"天安门事件"使这本书搁浅，而我们5月份已将全部图稿及五百页译好的文字赶出来。为此，我们和出版社交涉，德国人奇怪为什么我们一定要坚持出书，不出书他们也仍然付给我们全部稿酬，他们不太理解中国知识分子把钱看得不如其他一些东西重要。最后妥协的结果是这本原计划有一千张图片的大型画册变成只有一百张图片的小书，而且文字也缩减了五分之四，但毕竟这是我们的第一本书，后来易名为《龙的故乡》。

《龙的故乡》终于出版了，为这书的文字我花了很多心血，还请一个非常有名的作家帮我修改润色，这位生活在法兰克福的作家喜欢跟我谈一些艺术的话题，比如他写一个故事常常写四遍，越写越短越精炼。他喜欢对学生讲课时念一半故事给大家听，让他们设想结尾，以发挥他们的想象力。他写一个故事愿让它自己去发展，而不主观地加上什么，说就像写爵士乐一样，先有了节奏，根据这节奏的感觉，旋律自然而然地会涌出来。当时我正在研究中国古代文化对古建筑的影响，即它们的精神背景，所以我们也常谈一些中国古代文化的话题，他非常欣赏中国文化中"无物无我，天人合一"、"清静无为"等精神，也很欣赏中国文人的清高人格。这本《龙的故乡》的文字部分也涉及了很多关于中国古代文化包括哲学、宗教、书法、绘画、园林乃至人情等等内容。

在书的前面我写了很长的序，结合我当时讲课的题目和博士论文的研究写了一些中国历史发展与东西文化比较的话题。序言的第一句是引用《龙的传人》歌词：遥远的东方有一条龙，它的名字叫中国。黑眼睛黑头发黄皮肤，我们都是龙的传人。

1995 年 11 月德国前总理科尔访华时，我有机会通过他的私人医生吉尔曼博士的介绍送给他这本书，我知道科尔总理非常忙，说也许可以在回程的飞机上随便翻翻。我引用了中国一句成语"窥斑见豹"，说如果这本书成为他了解中国的一个小小斑点的话，我将会非常之满足。没想到他居然在 1996 年 1 月 5 日亲自给我写了回信向我表示感谢，并说他特别喜欢其中的序言。

后来，我又为著名的南德意志出版社(Sueddeutscher Verlag)的《观察与体验》系列画册完成了一本《慕尼黑》。评论家说："要想捕捉这个每年吸引着成千上万来自全世界人的城市的魅力，不是件容易的事。就算是在慕尼黑出生的摄影家们，也常常感到用画面来表现'他们的城市'特别困难。来自中国的、对这

"松江方塔",选自
《龙的故乡》一书。

个地方来说非常陌生的女摄影家王小慧的作品,给我们展示了
一个全新的、从未有过的角度……""她的观察力和主题选择以
一种特有形式表现了这个城市及其独特的气氛,这种形式展示
的新角度连慕尼黑当地人也感到惊奇。这本书也就有别于以往
许多重复着众所周知的内容的名胜摄影画册。"也有评论说:"生
活在伊莎河畔的王小慧在人们看腻了的地方按动了快门……"

　　南德意志出版社又相继约我拍摄另外几部大型画册,其中

拍摄《萨克森》画册时的典型
情景：帮我背着相机包的俞
霖为我装好三脚架，配上长焦
镜的遮光罩并接好快门线，像
个道地的摄影助理。

有《萨克森》和《布拉格》等。这时也有越来越多的杂志社的稿
约。一方面我很高兴这些机会，这毕竟是对我的摄影成绩的认
可，可另一方面我还是一个业余摄影爱好者，并不是科班出
身。要在强手如林的德国摄影界与专业摄影师们一比高低，至
少要在技术上让人信服才行。俞霖买回许多令我头痛、技术性
很强的专业德文书籍和摄影教科书，他先看明白了再讲给我
听。在外出拍照时，我不愿背很重的三角架和许多整天可能都
用不上的备用镜头及物件，他绝不允许我偷懒。当然，只要有时
间他一定会陪我去拍照，帮我背三脚架的。

当时拍出的全部照片都要他先"审查"通过了才能交给杂
志社和出版社，他还用电脑打出非常详尽的拍摄时间地点，帮
我贴到每一张幻灯片上，并且编成很有条理的档案。德国的女
摄影家常有技术不严格的坏名声，他让我宁愿放弃杂志社免费
提供为我放大的机会，坚持自己放大照片，并且做到连杂志社
也分不清是不是专家制作的照片时才肯罢休。他是我最好的老
师，教我学会严谨、认真和尽可能完善地做每一件事，同时他是
一个绝无功利心的人，永远是只问耕耘不问收获。从他那里我
学到了许多一生都受用不尽的东西。

1991 年 6 月，我生日的前一天，一位女记者写了一篇人物
专访，也说到我"良心不安"，"因为我的冰箱里全是胶卷而没
有食品"，"至今没有举行婚礼，因为没有时间"——"你的丈
夫没意见吗？""不，他对我太好了，他太爱我了。"她是这样写的
结尾。

1990 年在慕尼黑的个展,被大片有机玻璃夹在当中的照片悬空挂在大厅中间,报纸评介时说"人可以像游鱼穿行在摄影作品之中……"

那时每个印刷体的字都是用手工剪出拼贴上的……

　　星相学家说我命中注定身边的男人是与我的事业紧紧连在一起的。我总在想,没有俞霖我不可能有今天,甚至可能不会下决心走出那作为自由职业者的第一步。

　　1990 年俞霖帮我在慕尼黑搞了一个比较大型的个人摄影展,那时条件很差,一切全都要自己筹备,又没有什么经费,所以加倍困难。这展览是在建筑学院的中庭里开的,因为大厅非常高,他设计出一种用很薄的织物绷起来的天棚是利用别人扔掉的废品,他把它们用极细的尼龙绳吊起来,既能使天光漫射又分隔了空间；许多照片夹到他设计的大有机玻璃片中，用细尼龙绳吊起来像是悬在空中一样，非常别出心裁，又利用了大空间。入场处他写了老子的一段话，那时我们还没有电脑的中文软件，每个字都是用手工剪出再贴上去，为此我们花了大量的时间精力，也多亏有几个好友帮忙。我们的辛苦总算没有白花，得到了很好的回报。

第一次有电视台（巴伐利亚州电视台）来采访我，并报道了这个展览，而且著名的《南德意志报》还写了专访。许多艺术家办了很多展览都没有机会上《南德意志报》，他们说哪怕是被骂，也愿能上这张报纸。一般的艺术家连"被骂"的资格还没有。许多朋友为此特别高兴，好像这事比展览本身更值得庆贺。

那年的巴伐利亚州的"艺术家促进奖"评选中，我得到推荐被评为第二名，而且和第一名只有一票之差。"艺术家促进奖"有点类似中国评选"十佳"的活动，在各门造型艺术中，绘画、雕塑、摄影、建筑等共分了几大类，每年度评选一次。而巴伐利亚州是德国最大的、人口最多的州。能从全州四千六百名职业摄影家中挑选出的人里当选，我感到很幸运，因为我当时并非专业摄影家。

接受巴伐利亚州电视台采访,这是我在德国第一次接受电视采访。

为唱片公司广告设计的构思，后来参加在慕尼黑著名的"艺术家工作场"（Kuenstler Werkstadt）的展览，颇受好评。

在德国，职业艺术家的标准是很苛刻的，不像中国的专业作家那样能得到国家生活补助。职业和非职业的艺术家区别在于，你要证明生活来源是以艺术为主的，并且要上税。假如你是在开出租车或者在饭馆洗盘子来挣钱糊口，同时又搞艺术，便算看作是业余爱好。税务局比较宽容，如果从业七年仍不上税，你就只能归属于业余爱好者了。另一个标准是艺术上的。并非每一个搞摄影的人都能作为职业艺术家，因为很多商业摄影师只拍一些商品广告之类的照片，这还不能算作艺术。要证明你是职业艺术家，你还要有受到承认的展览，发表足够的作品，以及"公众认可"，即有好的媒体效应和艺术方面的评论。

我想我是比较幸运的，前面出的四本书都有很好的社会效应，也许因为这些出版社很有名，我并没有主动去找过任何记者或评论家，而评论则是无一例外地好。当时推荐我参加"艺术家促进奖"评选的摄影评论家还对我说，其实这并不是好征兆，真正好的艺术应该是有争议的，他说希望能看到有批评我的文章。

这事情在我后来一次展览上发生过，当我晚上看到一个电视节目里面有令我并不太舒服的评论时，我想到这位评论家说的话。第二天一大早就有好朋友来电话劝慰我"不要生气"，我以为他在指昨晚的电视节目，可他接着问："你没有看今天早上的《南德意志报》？"我说："还没有。"当我看到报纸以后，我倒也能一笑了之，因为我想也许真的我的艺术有了长进，居然有评论家要花心思"骂我了"。而在公众媒体去"骂"一个人并非易事，要有站得住脚的理由才行，否则在德国会被看成个人攻击，是要犯诽谤罪的。他们都认为我很受西方历史上摄影大师 Men Ray 的影响，而我当时还不知道这个人，所以不承认受过他影响。当时我在中国的环境与条件，根本不可能看到西方摄影作品，更不要说一些人体摄影作品了。当时我不以"不知道"为耻，相反觉得自己经独立思考而创作，没有抄袭别人，而创作结果又像大师作品有什么不好？那个评论家不信我没看过那么著名的经典之作，说："难道这些东西会穿墙破壁钻到她脑子里去？"当时我觉得挺刺耳。仔细反省之后，我感到他们的话虽有些过于尖刻，但也有一定的道理。我人已到了西方，不能把从前没机会学当作终生不学的理由，多学习艺术史可以避免许多弯路，避免重复别人已走过的路，能更上一层楼。历史从来就是一个坐标尺，可以帮助你从过去找到未来的方位，更直接地朝着正确的方向发展。此后我开始比较注意学习，俞霖也总买些参考书给我，这批评倒成为使我进步的一个动力。此后我常常告诫自己，能听批评也是艺术家的素养之一，从另一个极端或完全不同的角度看自己的作品，可以看到一些自己完全想不到的问题，常常还是有益的。

慕尼黑"文化论坛"每个月推荐一个艺术新人，1991年我有幸被推荐，因此认识了慕尼黑市长吾德先生，因为这个文化论坛是由他主持的。慕尼黑被称作"带着爱心的世界性城市"。我认为非常恰当。因为与许多其他世界性城市相比较，它的确给人一种亲和感。这与连任至今已八年的吾德市长的政绩分不开，他也是这样一个有爱心的人，与这个城市相配。文化论坛的客人也是非常重要的文化界人士，以及很多议员。市长夫人也

已连任三届的慕尼黑市长吾德 (Christian Ude) 和他的太太冯·威尔斯 (Edith Von Welser)。她也是极少见的不因结婚而改随丈夫姓的德国女人，她也是位摄影家。他们是那种令人羡慕的"既独立又依赖"的关系。这是1994年冬天与市长夫妇在一起。

当我得到政府正式职业艺术家认可后，朋友溥洛珂博士玩笑式地送了我一张剪报，上面是那时在德国一些人年收入的统计数字（毛收入，即税前收入）：平均收入最高的是牙医（年薪238680马克），最低是艺术家（年薪35020马克），在下面他写了一句话："现在你是艺术家了，虽然穷，但有自由。"他又画了个箭头，写着："或是嫁给牙医。"

Nr. 10 vom 6. März 1991 — Nachrichten

Nachrichten

Einkommensverhältnisse von Freiberuflern

Ersetzt lbv 20/85 A 243
A 243

Was Freiberufler verdienen

Wirtschaftsprüfer — Ärzte — Chemiker, Chemotechniker

Zahnärzte 238 680 — 202 060 — 192 480 — 123 300 — Anwälte, Notare 121 110

Durchschnittliche Jahreseinkünfte (brutto) 1986 in DM

Steuerberater 120 120

Künstler 35 020 — Heilpraktiker 48 910 — 82 840 — 87 830 — 90 020 — Tierärzte

Architekten, Bauingenieure — Ingenieure, Techniker

Quelle: Statistisches Bundesamt

© Globus 8708

Zahnärzte und Wirtschaftsprüfer gehören zu den Spitzenverdienern unter den Freiberuflern in der Bundesrepublik Deutschland. Im Jahr 1986 – neuere Daten der Einkommensteuer-Statistik liegen nicht vor – erreichten die Zahnärzte im Durchschnitt ein Jahresbruttoeinkommen von 238 680 DM. Die Wirtschaftsprüfer lagen mit ihren Jahreseinkünften ebenfalls über 200 000 DM. Auf Rang drei folgen die Ärzte mit einem Durchschnittseinkommen von 192 480 DM. Sie hatten damit mehr als doppelt soviel wie die Tierärzte, die es auf 90 020 DM brachten. Weit abgeschlagen am Ende der Skala lagen die freischaffenden

Künstler. Sie mußten sich mit durchschnittlich 35 020 DM zufriedengeben. Im Schlagwort von der brotlosen Kunst ist offenbar mehr als nur ein Körnchen Wahrheit enthalten. – Bei den Durchschnittsberechnungen der Freiberufler-Einkommen sind übrigens die „Verlustfälle" nicht mitgezahlt worden; das sind jene, die wegen zu hoher Verluste keine Einkommensteuer zahlen müssen.

Globus Kartendienst 8708 v. 7. 1. 1991

HSt IV/BID 2/1991

Du bist Künstler, aber in Freiheit.

是摄影家，他们非常欣赏我的作品。

多年之后在一个聚会中一位朋友问市长夫人是否认识我，她回答说："岂止是认识，我是王小慧摄影的'Fan'"她用了一个英文流行词，意为"崇拜者"。几天以后她准备把我推荐到一个她主持的每月一次的"妇女沙龙"，并介绍我的作品，她对我说："看了你的新作品我打算不再拍照片了。"当然她这是开玩笑，但这也是令人开心的同行间的极大鼓励。

"慕尼黑最高经济经理处"绘画、摄影、设计鉴定委员会对我的摄影作品进行了审议，他们在鉴定书上写道："其作品带有独特的个人风格，展示了她深邃的体验能力和敏感性，开拓并充实了这一艺术的自由空间。这一切说明她的突出才能已远远超出工艺摄影师的水平，因而作为艺术家得到承认。"这是我在1990年4月23日得到的证明，这些都促成我很快拿到了"永久居留"，即人们俗称的"绿卡"。

1990年8月我在当时还是西柏林的"德意志工艺联盟"画

在当时的西柏
林"德意志工
艺联盟"举办
的个展

展览开幕式上

廊举办了个人摄影展。"德意志工艺联盟"是一个非常重要的有
悠久历史的学会，我们在大学读建筑学时早就知道著名的包豪
斯设计风格就是由此而来，他们不仅造就了一代建筑和艺术大
师，更影响了全世界的现代建筑风格和设计风格。著名的《西柏
林日报》发表了整版的报道与评论，其中一位女记者写道："王
小慧的生活经历，在她的作品中得到了重新体现。这位三十三
岁敏感的女摄影家的经历，如同已生活过一百年一样。这种评
价她经常听到，而且她也是这样感觉的。"她这句"一百年"的比
喻后来被许多公众传媒所引用。"她塑造了她作品的风格，一种
对构成的追求，一种对安静和谐的追求，表现在她作品里的都

是非现实的再现。不是丑恶的、具体的世界，而是在日常景物寻找出来的和谐……她是成功的"。另一位批评家写的文章里说："作品无不显示出摄影家的纯美的审视，很有光影视觉的诱惑力量。将一个古老的城市注入新生的活力，或者说将现代的都市纳入梦幻中的古典。"

当《西柏林日报》准备用整幅版面介绍我时，他们希望有一张我个人的肖像照，我因准备展览工作太忙，没有时间去拍，所以我打电话请我在慕尼黑的一位摄影家朋友寄来一张，他曾拍过我不少肖像。等了好几天，当我得到他寄来的照片时非常失望，因为我觉得没有办法用，而且报社也的确没有用，虽然那是张很不错的艺术作品：一个几乎空白的画面，我站在画面很靠边的地方，闭着眼睛，好像在微笑地做梦。可他说，这就是他认为我最传神的一张照片，因为我给他的感觉便总是这样微笑地做梦，似乎不在现实生活之中，而我的身后有很大的空间。当时我很责怪他没有多寄几张来让我选择，但后来却成为我觉得很有意思的小插曲了。

1991年我拿到了德国作为所谓杰出艺术家的永久居留，在我之前据说只有著名的指挥家汤沐海和得过奥斯卡电影音乐奖的作曲家苏聪这两位中国艺术家有此殊荣。在德国虽然《外国人法》非常严格，但是，他们希望吸引优秀人才，包括在艺术

电影学院导演系主任施莱耶教授（Dr. Klaus Schreyer）在口试时问我是否愿意到他的系来学习，而这正是我求之不得的事。

和体育方面，比如说拿到过世界冠军的运动员都可以轻而易举地取得德国永久居留权，甚至拿到德国籍。所谓"杰出艺术家"实际上没有一个严格标准，照法律规定是要"符合德国人的公众利益"，如果这样的人不能得到"永久居留"，就意味着"对德国文化有损失"。后来移民局还提前给了我入德国籍的各种表格，而我拿到申请表几年了都没有认真去办过，既没有时间也暂时没有必要，除了对一些国家的旅行签证容易些之外。移民局的官员说，他们还没有听说有不要德国籍的中国人。

在一个偶然的机会里，我听到一位导演兼编剧的朋友对我说，他被请去做电影学院的客座教授，教那里的"奖学金学生"，这些奖学金学生将用一年的时间学习剧本创作。这是 1990 年的事情。当我听说这个机会可能让我接近电影时，决定去参加报考。我一直想学习电影，但早已超过年龄规定，这一次他们的年龄限制是至四十岁。在来自全国几百个应试者中，有十五名可以参加面试，我也在其中。面试时，他们对我说，他们非常欣赏我的剧本构思，但我是外国人，按规定必须母语是德语的人才有资格拿到这个剧本创作班的奖学金，但他们对我的东西很感兴趣，仍邀请我参加复试。参加考试时我带了一些我的摄影作品，这些教授和主考官由衷地赞叹，他们当着我的面议论说，不能收我是学院的一大遗憾。正巧导演系的系主任也在场，他问我想不想到导演系去？我告诉他这正是我求之不得的事，考奖学金班并非我本意，我就是想通过学习写剧本接近我朝思暮想的导演工作呀。就这样我开始了在电影学院导演系的进修。剧本构思"梦幻"也是在那段时间完成的。

电影学院的学习很紧张，也令人兴奋。他们经常请有名的

在侦探片里饰演
中国餐馆女招待
（左图）
《中国方法》电影
剧照（右图）

导演来讲课，或者请电影作曲家来讲电影音乐的制作，请名演员来讲表演等等，专职教师并不很多，学生也很少。在学习过程中，我尽量寻找各种实践机会，为了尽快掌握各种必要知识和经验，我不愿像一般大学生那样，毕业后拖上几年时间掌握这门专业。因为接触的人多，很快就有了一些在剧组里参加拍摄的机会。最初我从剧照摄影开始，也做一些演员工作，演过几个不同类型的角色，为的是学习不同的导演怎样对演员讲戏。后来我又为一些电影电视做副导演、做艺术顾问、做编剧等，很快就进入了这个圈子。虽然我后来觉得拍电影这个工作似乎像"围城"一样，从外面看很神秘而被吸引，而真进去了又觉得并不那么有意思。除了做导演和编剧还是非常有意思的事，连做主演都要看他是否有运气，是否能碰到好导演和好剧本，否则也是一件非常浪费青春的事。

　　1991年我参加的一个影片的拍摄，居然同时做了四种不同的工作：艺术顾问、剧照摄影、挑选演员并自己也饰演一个角色。简直是拳打脚踢，使尽全身解数。拍摄的几个星期内我累得四脚朝天，几乎除了睡觉不会回家，睡觉时间也太短。还好那时正是学校寒假时间。

拍摄的几个星期中家成了名副其实的鸡窝，绝对没有时间收拾一下，能有时间睡上几个小时就很不容易了。

我常常很内疚地对导师温朗兹说，我越来越少有时间写博士论文了，虽然我已经完成了一大半的工作，只差画插图和翻译成德语了。我的导师非常宽容，他说你在别的方面有成就我也很自豪。很多德国人不能脱产来读博士，所以有人可以做上二十年博士论文。等我忙过了想做的事，有空闲时再继续完成论文也不迟。

这样两个大学的工作、电影学院的学习、不同剧组的拍摄及出版社的稿约等等使我虽然很充实，但又觉得时间实在不够用。这时有摄影家协会的画廊请我搞一次个人摄影展览，我提出展览的题目就是《我的二十四小时》。

我想到这个题目是因为我那段时间的生活实在是丰富多彩，常常早上是一个角色，中午是一个角色，晚上又是另一个角色。比如说去和出版社谈书稿必须穿着比较正规，而在电影学院或在拍摄现场通常则非常随便，可以随地就坐。去教书时的穿着似乎应介于两者之间，而晚上又可能有较重要的晚会……我这时开始学习驾驶，因为虽然家住城里，但我总不可能把牛仔裤和高跟鞋都随身带吧？而我每天接触的不同的人和事，去的不同地方，特别是在不同的剧组以及拍摄现场经常变换的场景，常使我有机会拍下很有意思的照片，看上去不太可能是同

累得不想吃饭是常有的事，这种时候宁愿打个盹不吃了，这次是还没吃就睡着了。

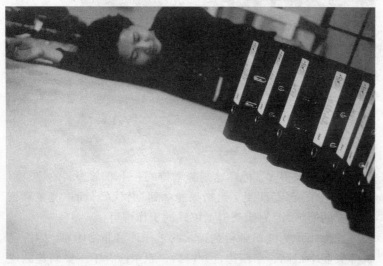

刚刚开了几个夜车把幻灯片整理完，人累得倒头便睡，都懒得上床了。

一个人生活的片断，因为日程变化太丰富了。

从那时起我就养成了这种随身带照相机的习惯，可以随时随地拍摄。极偶然的情况下我没带照相机，常常懊悔偏偏这个时候错过了精彩的镜头。当然我也有很多白白背一整天的照相机的时候。《我的二十四小时》这个展览已经在许多杂志的节目预告上登出，定于1991年11月开展，可惜因为事故没能实现。但是这种用纯纪实性的方式去拍摄和观察生活对我后来的摄影创作与发展有着非常重要的意义，也是我从唯美主义走到现实主义的重要开端。

当我快招架不过来的时候，俞霖对我说，你还是辞掉大学的工作吧，你那么喜欢艺术，就做职业艺术家好了。他还说："如果挣不到钱，我来养你。"这时我已经正式加入了德国国家职业艺术家协会，要放弃两个大学的位子，有很多人觉得很可惜。我想人总应学会放弃一些东西，难的是放弃一些表面看去不应放弃、放弃了可惜的东西。人也总在选择中决定自己的路，不同的选择常导致完全不同的发展方向，有时会失之毫厘，差之千里。只是你在选择时往往并不清楚它正确与否，是否要花很大代价，这代价是否值得以及这个选择对你未来生活道路的重要性。

当时俞霖在他的事业发展上也相当成功，虽然我关心他比

在德国以平均几乎一年一本的速度出书，每本都有俞霖的汗水。这是那些年部分出版的图书和发表过的印刷品。至今已有过十七部个人作品集和八种语言的译本。

他关心我要少得多。他在达姆施塔特的一个非常著名的建筑事务所里工作，已经摆脱了最初只能拿到"替代品"而不能拿到正式工资的情形，因为他获得了正式的工作许可。

在德国作为建筑师得到正式的工作许可非常困难，因为建筑师失业率很高，东西德合并以后，原东德有不少要新建的或修复的建筑，这多少缓解了一些建筑师失业的情形。慕尼黑规定外国人是不可以作为建筑师工作的，所以我必须在所谓的"科研单位"里工作，这也是我为什么只能在大学里工作以及我为什么要争取得到一个艺术家的资格而取得永久居留的原因，这样我就没有工作许可的限制，可以比较随心所欲地选择工作。俞霖所在的城市则是这样规定的：如果一个建筑事务所聘用一个外国建筑师，必须要聘用两个以上本国的建筑师并证明这个外国建筑师是不可替代的，大部分建筑事务所并没有很多人员，两位附加的建筑师常常是不小的额外经济负担，所以事务所很长时间是用那种"以物易款"的变通方法来聘用俞霖的。他的博士论文也很快就要完成，研究的课题是"上海的欧洲建筑以及旧城的保护与改造"，这个题目在他生前已经得到西方很多研究者的关注，一些研究成果已经在汉诺威国际博览会上展出并且发表在专业杂志上。那么年轻的他已经能胜任像体育馆、市政厅那样的公共建筑设计与施工，他的设计作品屡屡获奖，因为市政厅的改建工程颇受好评，市长出面特许他得到工作许可和永久居留的资格。

俞霖的事业蒸蒸日上，而且因为他为人正直与真诚，赢得了非常多的朋友。他实在太热爱建筑设计这个工作了。常常会对我说，他真是应该做建筑师，一旦手里有了笔，他便好像活了起来。他所在的事务所所长施塔克(Thomas Stark)说过,他是事务所最有才华的设计师。他已经不像初到柏林那段时间那么感到孤独和寂寞了,在德国那几年不仅更加成熟自信,也添了几分幽默和魅力。我想这不仅与他的事业成功有关,也因他在教研室和事务所非常受人尊重特别是与几个德国人合住"居住团体"有关。

"居住团体"是一种非常适合单身青年的居住方式,在德国也挺流行。通常是大家合租一套大房子,每个人有自己的房间和浴室,而起居室和厨房是公用的,他们每天一起吃饭做菜,大家都会轮流买菜洗碗,月底一道结账,完全像个大家庭,当然要这几个人很合得来才行。作为一个外国人能在生活上、语言上、习惯上适应这种方式又被接纳到德国人的小圈子里去,并非是那么简单的事,我很高兴地看到他越来越开朗,甚至不像以前在中国时那样沉默寡言,常常还爱开些玩笑。大概他在上海的老朋友们,包括他的父母再见到他时也会惊异他这几年性格上的变化。

我们相互之间有很大的依赖性,在精神上他非常多地依赖我,在生活中我非常多地依赖他。我会为很多小事打电话去征求他的意见,而他经常"心里没有底,如果小妞不在身边",这也

俞霖笑时常会有点孩子
式的调皮样

是我在后来翻阅他的日记时常常读到的，特别是在他面临什么重大事情时。

几经商议与权衡，我决定将两个大学的工作辞掉，这样就可以一心一意地做自己喜爱的事情了，同时我可以比较自由地支配时间外出拍摄，也可以更多地与俞霖见面。

我们已经出国整整五年没回家了，约好同俞霖的父母和妹妹一起在香港过圣诞节团聚团聚，已经定好了飞机票，安排了旅行的日程，并约好与他在悉尼的妹妹先一起去泰国游玩。我们非常兴奋地等待着这个日子。

1991 年的 10 月 30 日是我自己正式提出辞职并获批准的最后一个工作日，我们教研室的同事为我开了欢送会，四年的大学生活算结束了。

有谁能预料到第二天发生的事情彻底改变了我后来的生活。

我的博士导师温朗兹（Dr. Rudolf Wienands）和教研室的助教

远处的光

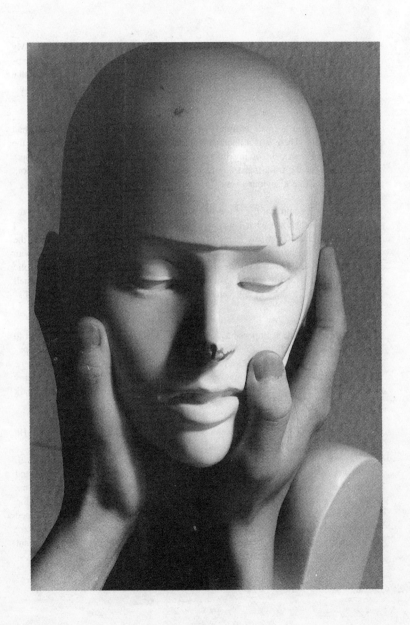

A light far away

Close to the border of the Czech Republic we had a fatal car accident. My husband Lin died hours later in hospital, and I was seriously injured. This happened on the day when the Germans visit their ancestors graves. Later I learned that the road we were driving on -B14- was called Death Road because so many accidents happened there.

I was lying in a small hospital and was still thinking that my husband had survived as well. There was a doctor there who did a great deal for me beyond the normal medical treatment of my injuries. He spent much effort and many hours preparing me for the truth-that I would be alone from now on. I thank him a lot, because he was like a saviour to me.

Although I could hardly move because of my injuries, I continued my diary-though I couldn't see what I was writing, because I couldn't move my neck. I also couldn't refrain from my habit of making a visual diary, so I recorded the environment of the hospital, the doctor, the nurses, the visitors, and myself, with the camera. When I was transferred to another hospital I took a very symbolic photo while I was lying in the darkness of the ambulance. Through the small window in the back door of the vehicle I registered a light, far away in the distance.

My injuries made it impossible for me to go to the cremation, but I wanted to make a special farewell gift for Lin. Among my belongings I found some rice paper, which I covered with 100 kisses (In China, 100 is the symbol for infinity). This was a painful process as my face was still injured and was sensitive to any touch. On the rice paper I wrote: let my love be your companion in your long dark night.

The Chinese character for dream was the one that Lin loved the most. He wrote whole group, which included many real actors.

I was recommended to take part in a seminar about self-reflection and self-finding. The exercises in reviewing the past and considering the future led me to the conclusion that I should remain a freelance artist, and try to further develop my abilities in the arts. I also registered many other assets that could be developed in myself, giving me more self confidence as a basis for the future I had chosen. At the end of the seminar, everybody was asked to describe their most important assets in a short sentence. Mine was that I am totally unique.

题图：这是俞霖的双手，那时他也常常这样捧起我的脸。

在树下我烧了我俩的血衣，还有我与婆婆写给他的信，信中我放了我微笑的照片，我祈祷那青烟真的能将信寄到他那里去。

我不愿对你说再见

我要对你微笑

我的微笑会对你说

我的一部分将永远在你那里

你的一部分也永远在我这里

就像你爱我的时候那样

永远不变……

1992. 4. 5.

1991 年 10 月 31 日那天，是德国的"圣灵降临节"，这个节有点像中国的"清明"，人们要到公墓去为死去的亲人扫墓。接下来是周末，很多人都利用这个延长了的周末外出旅行。俞霖和我约好在纽伦堡碰头，再一起由他开车去布拉格，为了完成我和南德意志出版社的稿约《观察与体验——布拉格》。

那一天高速公路相当拥挤，为了不误时，俞霖选择了走第14 号国道，后来才知道这条路被称为"死亡之路"，因为这段路发生过非常多的车祸。

一路上，我们说着笑着，他放了他最喜欢的歌剧《阿依达》，并跟着音乐唱着……当我们在超车时，一辆福特车迎面急速驶来，三辆车撞到了一起，那辆福特车被甩出二十五米以外。我们的车则旋转了九十度角挤成一堆废铁。当然这些都是我事后听说的，我对此完全没有印象。对我来说只有那如血的残阳和他那欢快的歌声永远保留在我的记忆里。后来我特别托人从汽车的残骸中找出那个压得变形的方向盘和被撞成碎片的《阿依达》录音带的盒子和那盘录音带，当然我再也不敢听这盘音乐了。

当时我多处受伤：严重脑震荡、鼻骨粉碎、两条肋骨撞断，

虽然这条以车祸频繁而闻名的"死亡之路"（B14号国道）事故屡见不鲜，但这样一死两伤的惨重车祸也属罕见，被当地报纸周末版放到"重大事件"专栏中。凡是看到车撞成这样的人，都不能设想会有人活着从车里被救出来。这是报纸上的新闻照片，我座椅上血迹清晰可辨。

从颈椎到腰椎至尾骨都有严重的挫伤，尚待继续检查。而俞霖的伤更重，除了各种外伤，内脏也被撞得大出血，虽然送到大医院抢救，20点42分他永远离开了人间。

不幸之中万幸的是，我们还差十几公里便会进入捷克境内，假如那样的话，我恐怕也不会活到今天。因为在德国境内的急救措施，通讯设备极其完备，公路上每隔一公里都有免费报警电话，而急救中心可以派直升飞机赶到现场。捷克当时的情况则无法与之同日而语。

本来不迷信的我开始相信命运，在病床上我还在想那家乡的人最不喜欢的数字"14"谐音是"要死"，而我们的汽车号也很不吉利，"446"是不是"死死留"的意思？我又想起曾经有妈妈的好心朋友帮我去算命，算命先生说我和俞霖只有五年的"缘分"，说我们九一年"犯分字"，妈妈心里有点嘀咕，所以她有时

车祸后

来信会询问我们之间关系如何，因为她绝对想不到会有其他的可能性。当她知道我们很好时，便觉得算命先生之言是无稽之谈。可我们出国真的是整整五年啊，难道这又只是巧合？人都说我命大，可我要忍受多少心痛的感觉，先走的人把悲伤全留给活下来的人，这是真真切切的心痛的感觉，而他为我真的流尽了最后一滴血。

最开始我还没有意识到事情的严重性。我醒来后，见到的第一个人是那个来自柏林的大夫卡姆勒，他那双充满关切的眼睛让我觉得好像我们是认识好多年的朋友而不是陌生人。至今我还是感谢这位年轻的值班大夫，他随救护车到现场来，是他第一个指挥人们轻轻地将我从被锯开的汽车里抬出，怕再伤到我，因为车已被挤压得变形，车门无法打开；是他剪开我的毛衣和内衣做最初的抢救，而且刚好轮到他在假日值班，所以那几天可以每天守护着我。

我的第一个问题是："他呢？""他为什么不在我身边？不在我病房？"卡姆勒大夫对我讲："俞霖伤势很重，正在一家大医院里抢救。"虽然他早已知道俞霖在车祸后已去世，但每天给我讲

最早赶到边境小医院的朋友有出版人莫尼卡（Monika Mueller），她有一双善解人意的大眼睛，让人感觉出那说不出的同情与关爱。我请她帮我拿出相机，拍下了我出车祸后第一张照片。照片的近景是我裹着绷带、插着输液管的手，孤立无援地伸向她。

一些新的"病情",他说:"他的下肢全部撞坏,是粉碎性骨折。"

"我会推轮椅服侍他的,他那么有才华,仍会有精美的建筑构思……"

卡姆勒大夫告诉我:"他的头颅、内脏,全有致命的伤,即使活下来也没法思想、没法说话……"

那时,我只急于想见到他,没想到过就算能相见也许他根本不会再认出我,可能不会再睁开双眼,也没想过自己是否也要坐轮椅度过下半生。大夫讲的这些故事缓解了俞霖去世消息对我打击的程度,让我本来很脆弱的心灵加了一层保护膜。

他和我素昧平生,我只是一个被车祸撞得脸孔已变形的看上去丑陋不堪的陌生外国女子,他没有必要在他医治范围之外还做心理治疗。他花了那么多心思和时间为我编这些故事,他那种博爱精神和医德对我是无价的。

他对我来说,一直近乎于一个神。所以当事过六年之后他打来电话说想看看我,我甚至不想见他,因为我不想把那美好而又模糊的形象具体化,不愿把那近乎于神话的故事变得现实

得知俞霖不幸身亡后的自拍像。那些日子总是这样"欲语泪先流"。

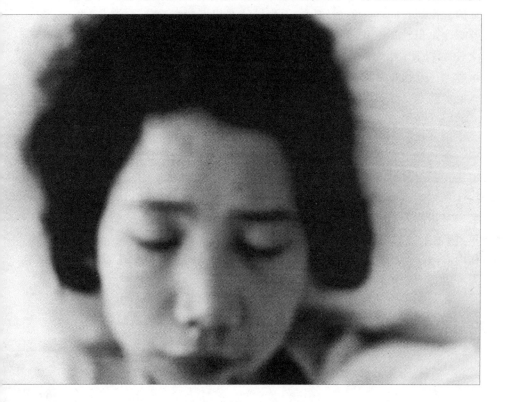

起来，更不愿把心目中的神变为一个普通的人。他说他是一个普通的人，仍然在那边境上的小医院里，每天查他的房，看他的病，只是不再做住院值班医生了。他说这些年来他一直注意我的情况，买了我出的每一本书，收集了关于我的各种剪报，也知道我住在哪里和我的电话号码，这在德国公共电话簿和信息台全可查到。他虽然很想见我，但不愿过早与我联系，因为他不想利用职业之便，去发展病人也许不愿要的私人关系，那将亵渎医生的职责。但已经过去六年了，他相信可以像老朋友那样打个电话问个好，来看看我了。后来我对他说："俞霖的梦已经完结，我也经历了一场梦，只是我的梦不那么诗情画意，是一场恶梦，不论从现实的或非现实的意义上来说。"

他对我讲述了一些我不知道的细节，还为我复印了病历记录，讲到当初因我颈椎受伤而应该用直升飞机运送到大医院继续检查治疗，他为此与院长争执，因为我已没有了医疗保险；讲到我当时可能下肢瘫痪；讲到他与我的博士导师温朗兹教授通电话，导师包下我全部医疗费用的许诺，并立刻发传真到医院作为书面证明，我的导师这一壮举使他十分震惊，因为当时不要说手术费或住院费，单单做一个 CT 检查便要上千马克。他说导师能这样待我，可见我受人喜欢的程度，使他更加用心照顾我并向院长争取最好的治疗方案。

我只知道我转院后很久下肢仍没有知觉，医生准备为我做脊椎手术，而这手术本身也有可能伤到神经使腿部瘫痪。因为我是自己辞去工作的，照规定不可以再续聘，本来由大学一直全包的养老金、失业保险和医疗保险也随之停止，而新的医疗保险还没来得及去做。那恰好是在我没有保险的第一天发生的！本来摄影师的生涯对我便是一个全新的领域，是一种挑战，怎么可以想象一个职业摄影师乘着轮椅工作？那该会有多艰难！我曾一百次设想过那情景，一个下肢瘫痪的人如何旅行，如何抢拍，如何做暗房……连器材的搬运恐怕都是件艰难的事，更难的是怎么还能有这种创作的热情？

若干年后我在法国国际摄影节上看到一个坐轮椅的摄影师在给我的出版商看他的作品，不由使我对他肃然起敬。我一向很钦佩张海迪，她的名句"假如我能站起来吻你，这世界该多

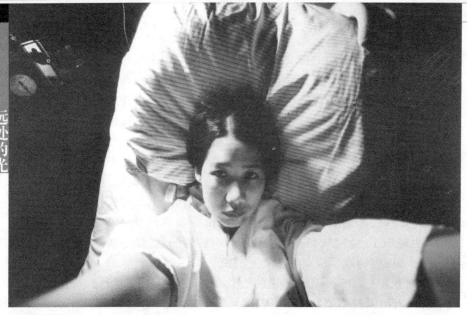

由于准备即将举办的个人摄影展《我的二十四小时》，我已经养成了随时随地用相机记录下"视觉日记"的习惯，为了拍摄《布拉格》画册，包里刚好带有一个14毫米的超广角镜头，使我可以自己举起手不用借助于三脚架来拍摄自己。拍摄时我无法知道焦距是否清晰，自己在镜头里是什么样子，只是想把这一切真实地记录下来。

美"给我印象很深，现在更有了深一层的体会和对她的敬慕。

我相信德国人的说法，我总有"保护天使"，在我最危急的时候能庇护我大难不死，转危为安：我在幼时落到冰河里被没留姓名的陌生人救起；地震时房倒屋坍而没受一点伤；车祸后没人相信撞成那样的车子还能有活人出来，我却幸免一死；而在这次颈椎手术前的早上查房时，我居然对大夫刮脚心的试验有了反应，从而避免了那次可能有不良后果的手术，而我也从那可怕的可能性中得以解脱……爸爸不信"保护天使"一说，却相信是爷爷奶奶他们积德行善的结果。

在俞霖离开我的最初那几天，我不知为什么常会有那几句歌在脑中回旋，虽然歌词记不真切："假如你不曾给予我，我的命运将会是什么？我多想你再能回到我身旁，再来同我一起唱……"，"多么熟悉的声音，伴我多少年风和雨，从来也不要想起，永远也不会忘记……"，"是你让我们共同拥有一个家"，可惜我们的家已不复存在。我病床上写的日记的第一句话是："这么亲爱的一个人，在我一生遇到的唯一最全心全意、最忠诚坚贞、最无私忘我地爱我的人；他可以为我放弃个人前途、享乐乃至一切，是我的空气、水和大地……就这么突然消失了，我无法相信这是真的。"

　　我从小不是一个爱哭的女孩，长大后让我能哭的情形也不多。但在那些日子里，我只能一个姿势躺在病床上，面对着惨白的天花板和墙上那个木雕的耶稣受难像，他身上被钉子钉住的地方在淌着血……我能听到邻床那病友沉重的呼吸声，她呼吸要借助于仪器，所以声音很响，护士常会进来查看。我总是一个人在默默流泪，奇怪人体怎么有那么多液体流不干？护士每每警告我，严重脑震荡的病人不能哭，要自我控制，否则会留下头痛病后遗症，而每抽搐一下胸部断了的肋骨就隐隐作痛。但所有肉体的疼痛都比那心痛的感觉容易忍受得多。

　　我有时甚至会突发奇想，忍不住要拨动那熟悉的，我几乎每天都拨的号码，打个电话给他试试，也许他还在？也许我只是在做一个恶梦，而事情并没发生？梦醒时他仍会在我身旁像以往一样笑着对我说："我的傻小妞。"

　　我把日记本放在肚子上写，因为颈部不能动，坐不起身来，有时举起本子看，发现字迹重叠在一起无法辨认。但这一切都无所谓了，重要的是，我还能不断地写，记下那一层层出现的各种思想、各种回忆。它们无章无序，也像那些字一样，时时重叠在一起，无法辨认。我无法用一个概念来表达当时的体验和心情，如恐惧、悲伤、绝望等等。只有这些无序的、无法控制的、源源不断的思绪和情感，像泪水那样止不住流淌。

　　我问自己为什么我的命运中有这么多坎坷？为什么人生这么难？为什么总让我经历生离死别，而且一次比一次深得多？我怕我真的受不了了。

　　有次我朦胧中重温了给他剪头发的感觉，那么逼真，那满头有弹性的小短毛像是个可爱的小刺猬。最后一次为他剪是非常尽心的一次，他还夸我说："妞这回剪得不错。"然后是照例帮他冲洗，肥皂涂得满头满脸，他闭着眼嘟着嘴的样子更像个小刺猬。那情景历历在目，虽然是些愉快的回忆，却更令人神伤。我已经可以很熟练地为他理发了，而且越剪越好，但我一辈子绝不再会给任何人剪头发了，为了他，也为了我，因为我想那会令我触景生情，我会受不了的。使我略感安慰的是他是带着他喜欢的、我给他剪的漂亮发型去的。他从悉尼赶来的妹妹告诉我说很好看，很适合他。

妹妹里里外外帮我操持着，虽然她也很伤心，很疲惫，但她忍着伤痛硬撑着忙前忙后。当我对她说谢谢时，她忽然哭出声来，说："你是我姐姐，我是爱你的啊！"这话让我难以忘怀。

记得在他遗体火化的前夜，我用几天时间想好的送他的最后礼物，是一张浸透我泪水、印满吻痕的宣纸和我向他告别的话，它将与他的身体一起化作青烟，带着我对他的思念和爱而去。白天病房总是有些杂乱，有大夫护士进进出出，有来看我的朋友和问候的电话，使我没能静下来做这件事情。直到最后一天晚上，夜深人静时，我展开那已浸满我的泪水又已经干了的宣纸，为他用我最后的吻做成永诀的礼物，伴随他上天。用宣纸擦泪水使眼睛更痛，更红肿，但我要为他而痛，用我的泪与爱陪伴他好好睡，他总是为我睡得太少，希望他永远安静地睡下去，他睡的样子总是那么甜，像个大孩子。但愿火化不会烧痛他的皮肤，不会惊醒他安静的睡眠……

我费力地去折叠那两小张宣纸，计算着格子的数目，我想要给他整整一百个吻，因为"一百"这个数目在中国文化里有大大超过这个数字的意义。我有生第一次发现折叠一张纸会这么困难，而这纸在我手中也真的非常沉重，它们将负有多么沉重的使命啊！

我的嘴干得厉害，几天来一直在脱皮。我手里拿着小镜子

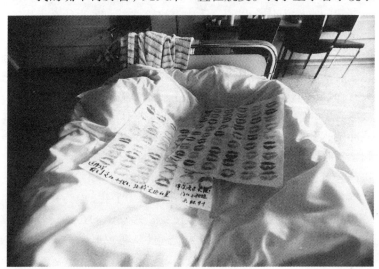

"让我无边的爱
伴你度过长夜"

注视镜中的自己，似像非像，我知道这是我，但又真的不像是我了，还好台灯从后面照来，脸看不清楚，也看不清伤了的鼻子、肿胀的嘴唇和皮肤里几天前取出碎玻璃的痕迹。头发乱蓬蓬的，被汗与血粘在一起，额头由于吃力而微微冒汗……在镜子中又一次看到我那疲倦得变了形的眼睛，还那么年轻，可经历过的实在太多太多了。我觉得今天才真懂得了什么是心在流血的感觉，什么叫爱，什么叫生离死别，什么叫刻骨铭心。

我拿着小镜子对着那不成形的脸，忍住疼痛往肿胀的嘴上画唇膏，干裂的唇把口红划出一道道的印，我画得那么仔细，每画完一个便轻轻地、一丝不苟地印到那宣纸上。这事对健康人来说也许不是件难事，但我记得那晚才十几个吻痕便花去我近两个小时的心力，觉得体力不行了便停下歇歇，又止不住地想他并把要对他说的话写在日记本上，因此也写得断断续续："亲爱的小伙伙：（我是这样称呼他的，他则称我为小姐姐或小甜妞），现在夜深人静，白天没有这份静和时间与你单独在一起说悄悄话了，我从来都太少时间和你说悄悄话，总是太忙。现在我有好多时间给你……""我那么想你，而且有说不出的温柔、说不出的爱意，还有许多自责和内疚，我会天天想你的……""这红色是你喜欢的鲜红，是火的颜色。我要给你一把火，一大把火，因为现在是冬天，已经没有了你喜欢的向日葵，这温暖会使你身边的冰冷消散……""你那么喜欢我的吻，可惜我给你的太少了。但这纸的感觉可不像你那两片软软的、肉乎乎的漂亮的唇，这毕竟太不一样了。早知有今天我会多吻你许许多多次，我已经在开始受后悔的折磨。若能早知道今天，我会更珍惜你的爱，也会更懂得爱你。我得让世界上所有的人都知道：好好去爱吧，趁你们还活着！可惜他们不知道这遗憾的滋味，而后悔时常常已经太晚……""我知道你不愿看到我哭，不愿让我难过悲伤，但我不能不这样啊，你不会怪我不听话吧？"……

就这样伴着泪水与思念我吃力地一个一个地继续往那纸上印着吻痕，我无论多辛苦也得印满这一百个吻。我对他说："古诗里有'花容月貌为谁妍'的句子，我总是太忙而太少为你妍容了，真对不起你。现在我是花全身心的力量为你而妍，你如果有灵也会觉得这是美的，这是带有高尚的爱之境界的美。"我将一辈子记得镜子里的这画面：我受伤的脸逆着光在阴影里，镜子反出台灯的光，映出眼睛里的泪花。终于在早上两点半的时候我印满了那一百个吻。

我写上向他告别的话："最最亲爱的小伙伙，让我无边的爱伴你度过长夜。你的小妞妞。"

我邻床的女病友睡不着，我向她道歉，她说你做得是对的，哭也应该，不用道歉。我告诉她我想了很久才用了"长夜"这个词，因为我不愿用长眠、永恒等字眼，因为长夜过后还有天明，我相信我们总有一天会相聚。

小护士走进来劝我说明天要做手术，应早些睡才是，但她理解我做的这一切。她握着我的手说，我相信你们是真正爱过的，我从你的眼睛里看到了。我非常感动，告诉她要好好去爱她爱的人，包括父母，别等一切都晚了的时候。她又帮我拿来了相机，我拍下了那最后的礼物和自拍像。虽然光线太暗，我没有开亮大灯，但我想这是真正的艺术，可惜俞霖再也不会帮我一起放大这些照片了。最后我对俞霖在日记中写道："我的吻印不那么整齐，我知道你喜欢规整的画面，但我没办法做得更好，请接受我各式各样的吻吧……"

天快亮了，我已经好几天这样整夜睡不着或很早便醒来，而平常日子里早起对我是很难的事。这几天我得靠安眠药和止痛药来帮助我入睡，并止住那经常性的、像要把头撕裂开的剧痛，今夜也不例外。当早上病友问我是否做完时，我说："我是做完了，但自己也快要完了。"我感到自己快要到崩溃的极限，我想，这日记也是我用生命去写的，那是 11 月 8 日的凌晨。我想也许这是我一生中最大的遗憾，没能亲自跟他的遗体告别，但我已经尽了我的心力和可能。

上午，妹妹取走这礼物，告诉我她准备了俞霖生前最喜欢的水果和蛋糕一起去送给他，可他怎么可能再去吃它们？也许我们所做的一切更是为我们这些活在世上的人心灵的安慰而做？

她上路了，留下我在三百公里以外的捷克边境的小医院的病床上，默默地想象着遗体火化前的一幕。我想，我宁愿把死亡

和俞霖一起在上
海家中（1985
年）。刚刚用淡墨
写的"梦"字墨渍
还未干，晾在他自
己做的书架上。

想象成一个漫长的夜，他可以静静地睡，也可以有美丽的梦，他
那么喜欢"梦"字，他总是把自己的生命看成是一个梦，是巧
合吗？

在他住过的许多房间里，他总会挂上一个自己写的大大的
书法"梦"字，这是他最喜欢的几个汉字之一。还有像"海"、
"诗"、"韵"等等。有时他会把"梦"字用淡的墨色来写，这淡墨使
梦的意味反而浓了几分。

大约是1983年的冬天，我们热恋的时候，他曾拍了许多我
的照片，自己一张张放大，贴到一本自己设计和制作的、非常精
致的相册里。他常常会给我一些这样的意外惊喜。他制作的小
东西，常会使我爱不释手，比有些人花许多钱买的礼物让我喜
欢得多。对我来说，价值是不能用价格来衡量的。这相册里全是

我的照片，只在第一页是一张妈妈给我俩拍的照片。我俩相视而笑,非常亲密。这照片上方用他清秀的字体写了几行诗句:

> 闭着眼睛时做的梦,
> 常常淡忘了,
> 但睁着眼睛时做的梦,
> 却永远紧紧地攫住我的心……
> 也许,
> 只有呼吸停止的时候,
> 梦才会完结。

后来妈妈叹息命运时说:为什么那时他会有这样预言式悲剧性的暗示?我无法解释清楚。他的一生真的像一个真切的、充满色彩的梦,可惜太短暂了。唯一使我们聊以安慰的是,他是在美丽的梦境中离我们而去, 没有被最后一瞬的残酷所惊醒,但愿他的梦还在继续着。

为写这本书,我又拿出他遗体火化前的照片看,这是当时请朋友帮忙拍摄的。我久久凝视着这些照片,许多年不敢这么仔细看了, 总是在看清它们之前已经泪眼模糊, 然后又把它们放到那沉重而巨大的铁柜子最下一层的大抽屉内。幸好我给他们的是黑白胶卷,还有报社记者拍的那些车祸照片,那被撞得面目全非的汽车的残骸,那车座上大片的鲜血——他的和我的——如果是彩色照片的话,一定会太逼真、太现实,让人更无法忍受。

他静静躺在柏树之间,还有大片的百合花伴随着他,我无法分辨它们的颜色。小时曾听幼儿园的阿姨讲过王子拿着百合花来见他的心上人的童话,那时我不知百合花是什么样子的。在儿时的想象中, 它一定是世界上最美最美的花,象征着纯洁和爱,就像他的心。这颗心此时此刻也那么静静地躺在那里,他能感觉到我对他的牵挂,听到我对他的默默呼唤吗?

我不敢看他的脸,我不相信这是他的脸,那怎么可能是他的脸?他原本生动的孩子气的脸,双目紧闭,毫无表情,被涂了厚厚的粉底,变得这么生硬浮肿而陌生,没有一丝生气。就像这些百合花一样,令人感到渗入骨髓的寒气。看这照片时,我再一次觉得我也死了。这感觉在我刚刚听到噩耗时也有过:不光是肢体的麻木,而是整个心灵死去的感觉。唯有大脑仍在机械地缓慢地动着,带我到无边无际空空洞洞的黑色世界……

后来我变得对百合花的花粉过敏起来,偶尔朋友送我的花里有百合时,我便感到身体的反应与不适。医生说,过敏常常与心理有关。其实百合有非常感性的叶瓣和花蕊,我曾拍摄过很多这花的细部,那么纤细、那么伤感、那么柔美。我喜欢它尚未完全张开时的娇态和垂死时那像老年人手上细纹的折皱,我绝不再自己买百合花了,因为它总令我回想起遗体告别的场景,尽管我并未亲身经历。

转到慕尼黑州立医院等待手术的那几天,我越来越感到等待我的现实的残酷性,虽然有那么多人来看望我,包括认识的和不认识的,有朋友、同事、学生,还有使馆和奖学会组织的代表等等。护士说除了州长施特劳斯住院时有过那么多鲜花,她还没见过一个病人有那么多人探视,那么多人送花。因为我鼻子做手术,全靠嘴巴来呼吸,我常感到自己像一个在炎热的夏日喘息的狗。舌头已经干裂得像非洲久旱的土地,她们劝我送一些鲜花给隔壁的病人,因为这样可以使室内空气好些,有利于我的呼吸。其实这太多的鲜花更令人感到悲凉和伤感。这些探视也把我从在边境小医院对着天花板空想那生、死与爱的形而上的问题以及许许多多回忆的半幻觉状态拉到现实中来。朋友们都在安慰我,但我明显感到问题的严重性,最现实的是接下去如何生存?似乎大家都觉得我应回国,回到亲人身边,至少有人能在生活上照顾我,而且一切费用不致过于昂贵,也不需太为基本生存而奋斗。有时我在与朋友们说话时会走神,自己也说不清在想什么,只是忽然黯然神伤。

那天,两个女友问我又在想什么,我流着泪说我想念我的爸爸妈妈,虽然我当时万万没想到这是件可能的事情,因为那时还没开放旅游,办理出国手续那么艰难。没想到我的那句话使朋友们开始动脑筋并着手做这件事,经过那么多朋友的帮助,使我的父母居然在几天后站到我的面前,德国大使馆的秘书说这是在中德建交史上最快获得批准的因私出国的签证。在办手续的过程中，她发现缺少最重要的经济担保手续，她马上说："我来做你们的经济担保人。"后来她说，她看到了母亲流泪红肿的双眼，可怜天下父母心，而她自己也是个母亲。

当时假如没有医疗保险，也许会欠许多债，虽然导师说由他全包，但我怎么可以接受那么多？那些日子里我收到远在美国留学的大学同学、在德国的同济校友会和俞霖就读学校的中国朋友们的捐助。最让我感动的是我的学生送给我的那个红纸盒，纸盒沉甸甸的，总共有一千马克。不像美国同学寄来的支票，而是小面额的零星纸币和硬币。我想对这些学生来说是多么不容易。我知道他们大部分人读书不是靠父母，生活并不宽裕，平时上课常用保温瓶带来咖啡而不去买新鲜咖啡，虽然在大学食堂里只要一个马克一杯。他们对我太好了，我常常问自己为什么会这样？我总惭愧平时给所有的朋友时间太少，觉得受之有愧。

电影学院在放映一部刚刚拍好的电影，我扮演了一个角色，在这之前，大家刚刚得到我因车祸将面部撞得破相的消息，几个女同学告诉我，当她们看到我在银幕上的大特写镜头时，场中一片惋惜的叹息声，她们难过得要哭。

那些天，我不敢多看自己。镜中的我实在不像我了，没有半点灵气和美的痕迹。没办法梳洗，自己也感到蓬头垢面，不堪一看。虽然那时没心情多想这些，也没有多去看镜中的自己，只是保留了为准备展览"我的二十四小时"而养成的职业习惯，随时用照相机记录下每天发生的各种事情，当然也包括自己。当别人（无论是搞专业的还是一般人士）惊异我在那种情形下还能想到拍自拍像时，对我来说却是极其顺理成章、自然而然的事情。相机不是我的眼睛，是一个冷静客观的第三只眼，这第三只眼伴我左右，既熟悉又陌生，它旁观并记录着我的日日夜夜，我的喜怒哀乐。

日本摄影评论家曾经这样评论这些作品："胀肿的脸与她周围的康复器械在显示她从死亡边缘逃离的代价……从与自己的严酷的生命现实的对峙与对话中，她已经开始更深地了悟人生的真正含义"

也有评论家说我是"用照片讲述自己的故事和别人的故
事",并称之为"摄影史上最真实的自拍作品"。

许多人喜欢我的自拍作品,因为通过我手中的相机能看到
绝对真实的我,有时常显得过于严肃,我知道当我独自一人面
对那第三只眼睛时我的状态是最自然和最自我的状态。

我不知道这些照片对别人的意义,但它的的确确是我真正
意义上的视觉日记,实实在在地记录了我在当时情形下的心

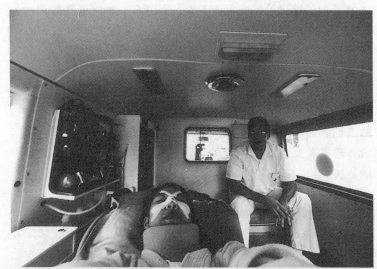

转院途中救护车
上自拍像

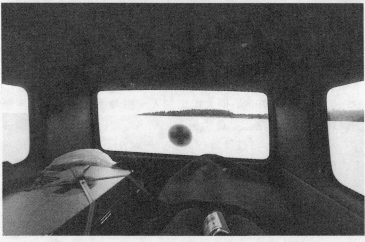

"远处的光"

远处的光

境，那在转院途中救护车里的自拍像和我所看到的图景被我记录下来，那是多么有象征意义的画面：一张是我自己，身边是护理医生和各种急救仪器，我的脸上缠着绷带，颈部被粗大的脖套固定住，嘴肿得可怕……另一张是我看到的景象，近处是输液瓶子，整个画面是一个像黑箱似的车厢，只有远处的天边有乌云下的风景，那么可望而不可即。后来我把这幅照片题名为《远处的光》，这是我当时状态多么真实的写照：已经到了死亡边缘，但死神降临了又离开了，值得庆幸的是我在那黑匣子里居然看到了这远处的光而不只是一片黑暗。那光虽然很遥远很遥远，而且笼罩在乌云之中，但那光毕竟还是照进车内，照到我的身上和脸上，我看到了它，感知到了它，这是一张对我极具象征意味的照片。

那段时间我经常思考"艺术的本质是什么"这类问题。过去我的作品有唯美倾向，这在许多评论中也可看到。这种美是否给人们制造了一个脱离现实的梦境，一种麻醉剂？现在对我来说，艺术最重要的在于真实，即使它可能只是艺术家本人眼中的真实。

那半年不能工作时的生活是艰难的，有时我问自己，如果让我重新再来一次，我还能坚持过来吗？我怀疑。受过许多磨难的我从小经历过许许多多难关，在觉得挺不过来时，咬紧牙关还总是挺过来了，后来再经历困难时，我便会告诫自己："你能挺过来。"虽然常常是到了可以忍受的极限。我再也不愿经历这样的痛苦了。

那艰难是多重意义上的。

在州立医院住院时，那里人手不够，只有很少的护士。虽然这医院是巴州最好的，但大城市的人宁愿失业拿救济金也不愿为区区的几百马克起早贪黑去看护病人。记得有一次去门诊部做一项什么检查，要排队等很久。护士走开了去忙别的事，我一个人躺在走廊里，人们匆匆忙忙在我身边走来走去，没人注意我。我很想小便但无法对任何人说，盼着护士回来但毫无指望，绝望中不得已便尿在床上，这是我记事以来第一次，我感到非常羞辱，没有了起码的尊严，想到今后也许一辈子要依靠别人

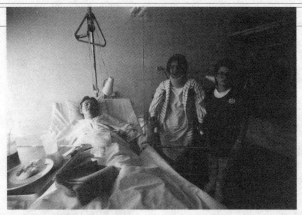

第一次可以重新站立！我同屋的病友对我说过多少安慰的话。看到我手持器械在护士搀扶下能走到她的跟前时，她轻声对我说："我告诉过你，一切都会好起来的。"

服侍，怎么能谈得到独立人格？连一个起码的正常人都不如，我能忍受得了吗？对我这样一个自尊心特别强而且很要强的人，我无法想象。

值得欣慰的是我能站起来了。当我持着器械练习走路时，我走到同屋病友床边，她是那么慈眉善目的白净女人，不像曾做过八次大手术的人。她常常用那软弱无力的细柔声音安慰我，像春天随风飘来的毛毛细雨扑在脸上的感觉，滋润着我那疲惫的心灵，见她之前我常在想她是个什么样子，因为我无法转头去看她，见到她时我想说那句话："现实中的你比想象中的更好。"她的花白头发一丝不乱地梳在耳后，皮肤那么细腻，她轻轻拉着我的手说："我告诉过你，一切都会好起来的。"

出院后朋友们帮着张罗俞霖的追悼会，就在他读博士的母校达姆施塔特大学礼堂里。后来才知道这是在全德国建筑学最著名的大学，相当于美国的麻省理工学院或是加州大学的伯克莱分校，而这建筑学系的出名又直接与俞霖导师贝歇尔教授的教学方针及他几十年不间断的每周三的晚间讲座分不开，这几乎成为传统。他请国际知名建筑学家每周三来讲学，而建筑系礼堂常被挤得水泄不通，许多建筑师从其他城市赶来，为了亲眼目睹到这些建筑大师的风采。这种长期的国际性交流使学术气氛非常活跃。通常在每次讲座后他总邀一些朋友与大师们在他家见面并共进晚餐，俞霖总有幸被邀请，常常事后很晚了还兴奋地打电话来告诉我他们的谈话内容。贝歇尔教授在给我的信中写道："从我们的朋友、同事、学生和教授们的极大悲伤中可以看到，你们是多么被人们所爱。我们认识已经十年了，当年我们在上海从那么多陌生的面孔中识别出你们特别与众不同

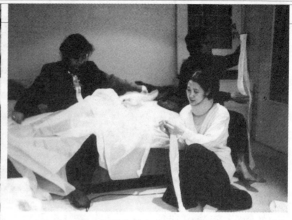

我和妈妈缝制为追悼会准备的白色绢花。女友燕燕、崔荣、涵秋等也来帮忙。

的聪慧的眼睛和微笑。我们那么花心思想把你们邀请到德国留学，被你们当时拒绝，由此我们长久的友谊便开始了。""如果我们总去想念他便做不了任何事了，但我们怎么可以不去想念他而去做事？"

　　追悼会是在圣诞前办的。天越来越冷，外面总是漫天大雪。爸爸去买了别人用来做圣诞装饰的柏枝，一个人吃力地捆绑成一个花圈，并剪出一个大大的银色"奠"字贴在中间黑色纸卡上，俞霖的骨灰放在一个精致的陶罐里，供在书架上面，旁边放着我俩在大学时期出游时在孔庙的合影。这样的照片让我感到亲切，让我重温当年那无忧无虑洒满阳光的年代，我不愿摆那沉重的镶着黑边的"遗像"。我和妈妈每天在缝制为来宾准备的白色绢花。白天有些女友会来帮着一道缝，晚上妈妈一个人还熬夜在台灯下继续一针针地缝着，常常伴着泪水。每每看到这情景我不知是该起身抱住她还是装作睡着了不声响，因为如果劝慰还不知是否会越劝越伤心，也不知更是谁来安慰谁了……

　　我们寄了许多讣告给众多亲友和关心我的人们，上面我用中文抄录了李清照的词，那是我当时心情的写照，我想我写不出更好、更恰当的词句了：

风住尘香花已尽，
日晚倦梳头。
物是人非事事休，
欲语泪先流。

闻说双溪春尚好，
也拟泛轻舟。
只恐双溪蚱蜢舟，
载不动，许多愁。
谨以心上最洁白的花和最沉痛的泪
录李清照词奉献灵前

　　讣告的德文大意为："霖与我们不辞而别——他带走了他的微笑，他的纯真，他的幽默，他的诚恳，他的才华和他刚刚开始而又辉煌的前途……他的死是令人难以置信的，但他在我们心中留下了永远的痕迹。"

　　后来我在创作"关于死亡的联想"系列作品时拍过许多有关"痕迹"的照片，我想，一个人的生命长短并不是最重要，更重要的是生命要有价值，生命的意义是为这个世界留下痕迹，留下美好的东西。莫扎特、肖邦都英年早逝，我现在写这段文字时

那些天常常是漫天大雪，父亲说天亦有情。

正听着俞霖 1988 年送我的一盘肖邦夜曲的 CD，这音乐给我们活着的这个世界带来那么美好的东西。

妈妈则写了两句诗给俞霖："风华便做他时忆，泪眼常留此夜明。"她在追悼会的留言簿上写道："爱婿早逝，噩耗传来，泪如雨下！这不仅是一位母亲对女婿血肉相连的悲痛，不仅是对品质高洁、富有才华的青年的哀悼与惋惜，更是由于他对女儿一片真情热爱——两个年轻人结合在一起，像一颗光彩夺目喷薄欲出的亮星，突然崩裂成两半：一半陨落，另一半皮开骨折，伤痕累累，作为母亲，怎能不伤心摧肝……"

爸爸悲痛地问上天为何如此不公平："你正直、淳朴又高尚，对小慧的爱情无限纯洁，你有卓越的艺术才华并无私奉献，帮助小慧扬帆远航，她的任何成绩全渗透着你的汗水和心血，有一半是你的功劳！""当我满怀欣喜，看着你和我的独生爱女并步齐齐，走向灿烂未来，坚信你们在艺术上有更大建树时，谁料灾难夺去你年青宝贵的生命，这是小慧，也是我无可弥补的巨大损失……你永远留在我和所有爱你的人们的心中！"

那些天常常阴雨绵绵。又是这样一天，几辆从慕尼黑开往达市的车滚滚上路，爸爸说老天总和我们一起悲痛，清明节那天也在下雨。妈妈手捧着那一大纸盒的白色绢花，一路上大家都沉默着，看着车窗外那雨雪交加的风景。

我们的一位朋友英国作曲家戴维特（Dafydd Llywelyn）和他的钢琴家太太也专程前来，他特为俞霖写了安魂曲，准备在追悼会上演奏。我们的老校友，中国留德学生会主席沈景华博士主持了追悼会。他和其他几位老同学想得非常周到细微，甚至

英国作曲家戴维特（Dafydd　Llywelyn）在去达姆施塔特的路上。车窗外雨雪交加，他为俞霖追悼会专门写了安魂曲，是他的钢琴家太太演奏的。

考虑到是什么式样的烛台才符合俞霖的设计风格和品味，令我十分感动。到达时那里的朋友们已将会场布置妥帖，照中国的习惯放了花圈和蜡烛，俞霖的像挂在中央，他仍然那样略带天真地微笑着，他是个爱微笑的人，我选了这张笑着的照片，因为这给我感觉好像他就在那里看着我们，和我们一起，并没走远……

在德国的同济校友会主席余安东教授写了挽联：

秀外慧中／勤奋诚恳聪明／难得天真犹存／一朝辞世／痛惜人生苦短

继往开来／建筑绘画摄影／贵在不懈追求／四海留芳／幸有艺术长存

他说在这副挽联中，他想简略地概括俞霖的形象：一个真诚的人，一个对事业努力追求的人，一个一生短促却有突出成就的人。

在余教授的建议下，他们很用心地为俞霖的绘画、摄影和建筑设计做了一个临时展览，到场的有大使馆、大学、事务所、奖学金协会代表和许多教授、同学和朋友，还有很多我不认识的中国留学生。很多人是在大风雪天走了很远的路从外地赶来的。

他工作过的建筑事务所所长在发言中评价俞霖是他们"最有才华的、想法最多的合作者"，他给事务所"加快了脉搏"，说他不光是同事，更是朋友，说社会失去了一个未来的大建筑师……

他的导师贝歇尔说："如果钢笔在反抗，怎么可以让墨水完成书写的任务？钢笔无法哭无法喊，我必须强迫它把我们的痛苦悲伤和深深的休戚与共的感觉表达出……""所有认识俞霖的人都失去了些无法弥补的东西，我们失去一个中国朋友，对我们的打击比失去一个本国朋友还要大。"他说他们一生中认识了很多中国人，"但没有一个与他们的友谊那么深，感觉那么近，那么智慧、明朗、友好、善良和富有才华……"

俞霖的奖学金基金会主席勃兰根堡先生，当时也是达市所在的黑森州的文化教育部长，在发言中说中国政府应该给俞霖颁发一枚勋章，为了他在德国为中国所做的一切，他作为留学生代表中国人为青年人树立了榜样……会后他给了我一张1 500马克的支票，说是协会的一点心意。

我最后在会上发言。我说到现在仍不敢相信他的死是真的，可又不能不相信，因为他的确不在我的身边，而且永远不会回来了。

"我的悲痛是不能用言词来形容的……他在中国的清明节生，又在'德国的清明节'离去，这些都很难不让人宿命……唯一可以略作安慰的是他是在极快乐时离我们而去的。他一路上都在随着阿依达歌剧的音乐在唱，没有经历太大的痛苦，因为他没有再恢复知觉……

"我今后的路很长，会很艰难。不管怎样我还得继续往前走。所幸的是我有那么多朋友关心我帮助我。我需要许多时间来医治创伤，但没有朋友们的帮助我真不知道怎样才能度过这艰难时刻……"

追悼会一角：第二排左起第二是写挽联并与学生会主席沈景华博士共同操持追悼会的余安东教授，最右边是戴维特的太太，前排是史小轮，他和后排左二在擦眼泪的余小君都是同我一起派出留学的。

　　大使馆还转来同济大学发的由林章豪校长签发的明传电报,文中说:"当不幸传来时,人们无法接受如此残酷的事实,同事们相对无言,欲哭无声,人们忘不了他。"有教授说:"俞霖在艺术上有很好的造诣,好学不倦,博览群书,他的书法潇洒飘逸,他的画融中国画和现代手法于一炉……他又是一个很好的丈夫,他和小慧原本是最美满的一对,他们生活上相互帮助,在事业上相互合作。他对小慧的事业总是全力去支持……"

　　已经去美国定居的 80 岁高龄的建筑界元老冯纪忠先生是同济大学著名的建筑系的创始人。他早年留学奥地利,所以把包豪斯教育体系带入中国,俞霖曾为他做助教。他在后来《建筑师》杂志上俞霖的纪念专集上写道:"一个人才气横溢,风华正茂,怎能不令人深深痛惜! 万分不幸失去这样一位在建筑方面即将大有作为的忘年同道……"

　　当年我们出国前的系主任戴复东教授,曾力争我们两个人都能出国并为此承担责任,我们一直心存感激。临行前他曾对俞霖语重心长,希望他能做他的接班人,早日学成报效祖国。

　　老大哥怀着兄弟般的感情写了长长的悼文:"俞霖是哼着歌、迎着风离开我们的……看他的绘画与摄影作品,正像他的人一样,我们面对的是一种真诚与自然,得到的是一种超越功利的愉悦,仿佛又回到我们曾经拥有过的童年;我们不相信这是真的,正像我们不愿美好的东西稍纵即逝一样,我们为自己而悲痛,因为我们失去了一个好朋友……"

　　罗曼·罗兰说过:"人生的钟摆永远在两极摇摆,幸福只是其中的一极,要使钟摆停止在一极上,只能把它折断。"

　　在那半年不能工作的日子里,我第一次有时间不工作而只能思考。我想了许许多多问题:人的情感、人际关系、生命的意义与价值……我虽不能说那次事故改变了我生命的一切,但它的确使我改变了很多很多,特别是对人生中许多重要的、基本问题的看法,有些是在平常的日子里根本不会去想到的。比如我想了许多关于死亡的事情。多少年来我是不信宗教的,这时我开始宁愿相信佛教中的一些道理。死亡也许只是生存形式的一种转换,一种形式的重新塑造;就像沙钟,沙子漏光后,反个个儿又是重新开始。佛教的涅槃是转换的最高形式，因为它终止了这种轮回。每个生命都有一定的生命时间，用宿命的观点来看则是一种命运的必然，没有死亡也就没有新生。"出生是最明确的一次旅行，死亡难道不是另一场出发？"

德国人爱用"上帝总把他最喜欢的人叫去"来解释为什么优秀的人会过早去世。朋友来信劝我"因为像他那样优秀的人太少了，即使在天堂里大家也会特别喜欢他，他会快乐的"。虽然我不信宗教，可人到这时，无法不对自己提出一个又一个的问题，当然也包括宗教。虽然你不能找到这些问题的全部答案。他们还写道："俞霖会为你高兴，如果你不再那么沉重悲伤。你应当重新学会笑，过去你们常常那么愉快地笑的。"可我怎么能够开怀大笑？

那段时间我才真的体会到李清照"凄凄惨惨戚戚"、"怎一个愁字了得"词中所蕴含的复杂情感。我很怕整理俞霖的遗物，怕看他的日记，甚至怕打开图纸柜里那装着他的书法、绘画及建筑设计草图的巨大的铁抽屉。这些东西在我后来创作"关于死亡的联想"摄影系列作品时很仔细地看过，这过程虽然好像海虾脱壳一样十分疼痛，但海虾只有这样才能长大，才能成熟。那些日子我常常整天地听贝里尼的歌剧，那是一种悲怆但

这张照片我至今挂在书房里，我喜欢这两小无猜、亲密无间的样子。我俩从相识到结婚有八九个年头，人说相处久了一对情侣会越来越相像，不知有无道理。那天我们穿着一样的 T 恤衫，只是颜色不同而已。

俞霖的窗前挂了张放得很大的我穿工装裤的照片，这是他最喜欢的照片。地上这盆水竹也是他所珍爱的，可惜无论怎样悉心护理，那水竹终于落光了枯叶随他而去。所以我越来越相信"草木皆有灵"。

让人感到神圣的脱离尘世的感觉，我领悟到了那种真的像三毛所说"大悲，而后生存，胜于跟那些小哀小愁日日讨价还价"的境界。

至今我把那张曾供在他灵前的大学时合拍的照片一直挂在书房里。我俩那么天真地笑着，看去更像兄妹。那时因为总在一起，几乎形影不离，同学们开玩笑说像刚刚上演的日本电影《生死恋》，没有想到不幸言中。我喜欢这两小无猜的样子，我愿常常看到他想到他，我愿相信他活着，在世界的某个角落，也许就在空气里。至少他的灵魂常常会来看我，关怀和注视着我的每日每夜，他还会为我的每一点小小的成绩感到高兴，就像他生前那样，也会祝愿我幸福，因为他是那样地爱我。

很久我都陷在那种悲凉氛围之中。我们把俞霖在达市的东西搬了回来。在俞霖房间的窗前挂着一张他亲手放大的我的大幅黑白照片，还有棵很大的水竹，这是他最喜欢的植物，所以我没有把它留给他同住的朋友们，好不容易运回慕尼黑，因为它很高又易折。水竹需要大量浇水，爸爸每天精心护理，为它施了肥甚至换了土壤，但终不能阻止那越来越多落下的黄叶，不到半年它完全枯死。记得妈妈有时一边剪那黄叶一边暗自哭泣，说这草木太有灵性，它在为俞霖难过，要到天国去陪伴他。这是我后来准备出版有关花的画册题目《花之灵》的来由。

清明节那天，也是俞霖的生日，我与父母一起到一个邻近的公墓为他"扫了墓"，虽然他那时还没有真正的墓地，还没有"入土为安"。

那天又是雨天，我带了白玫瑰和一些花种，在那棵白桦树前的空地种了些花，希望它们年年春天会开花。我把这地方想象成他灵魂安葬的地方，因为我不可能每年回中国为他扫墓。此后年年的清明和"圣灵降临节"我便到这里来默默地悼念他，

在树前我烧了我俩的血衣，烧了我和俞霖母亲给他的信，祈祷那青烟真的能将信寄到他那里去。

130

哪怕只是呆上一小会儿，我也会对着那棵树闭上双目默默地对他说上几句话。在树下我烧了我俩的血衣，还有我与婆婆写给他的信，信中我放了我微笑的照片，我祈祷那青烟真的能将信寄到他那里去。我觉得女友海拉的诗最能表达我的心情：

> 我不愿对你说再见
> 我要对你微笑
> 我的微笑会对你说
> 我的一部分将永远在你那里
> 你的一部分也永远在我这里
> 就像你爱我的时候那样
> 永远不变……

父母在我身边的日子对我的精神是极大的安慰，而我的生活也得到照顾，但很快父母半年的签证到期，他们要离开我了。我和朋友送他们到飞机场，向他们微笑地说再见，我不愿他们总放不下心来。

当朋友把我送回家时曾经一再问我是否要留下陪我，被我婉言谢绝了。我走进房门时天已经暗了，我真没勇气一个人呆下来，想马上再冲出去，但能到哪里去呢？我忽然想到这世界上

女作家海拉(Hella Schwerla)，她是我和俞霖共同的朋友。

第二次手术前夜自拍像

除了父母我再无别的亲人，而亲情是其他一切所无法替代的。所以我嘱咐已年迈的父母好好保重，为我他们要好好活久些，因为我真经受不了再一次失去亲人的打击了。

没想到一个人在家会那么难，那么冷冷清清凄凄惨惨。偶不经意地看了一眼厨房台子上三只空锅，两只是俞霖为我买的；那具我们在旧货市场里买的不知哪个国家的土著面具在冷冷地瞪着我。过去总爱唱千百惠的歌"当我想你的时候，才知寂寞是什么"，今天才真正体会寂寞思念亲人的滋味。

在录音电话中有俞霖留言的声音，那么亲切，那么活生生的，我不敢多听，可又那么想。听了止不住泪水就往下流淌，而难过了更想听听他的声音。那晚就这样反反复复，好像在用一种自虐的方式来寻找一点慰藉。

我在那天的日记中写道：

"路又太难走，真不知道该往哪里走，怎么走？一切听从命运吧。"

重返布拉格

Return to Prague

There are two types of love. One is like fire: you mell away in a great passion, but the fire will eventually go out. The other kind of love is like the air: you are sumounded by it and you don't feel its existence, but if the air disappears, even for a minute, you cannot survive. When Lin left me, I just felt as though I had no air. After the day of the accident, I was no longer employed, and I did not have any insurance, so I had the burden of huge hospital and medical costs. However, thanks to the great help of my tutor. Professor Wienands, all the bills were paid, and his department offered me a job again.

If I took it, it would mean more or less giving up my status as a freelance artist, but it would mean that I would have a regular income. Deciding what to do was so difficult, because I no longer had the support of Lin to help me. In addition, my health was stil not so good. But, in the end, I decided to continue as a freelance artist.

It was June 1993, and it was the year of the Rooster: a year that has a special meaning for me, since my horoscope sign is the Rooster. In the Chinese horoscope there are twelve signs, each represanting an individual year, which combine to make a Chinese decade of twelve years. At the time I was 36 years old, which, in Chinese culture, is a very important age. I invited 100 people to celebrate my 36th birthday with me. I wanted to see them all in one place, and I wanted to thank them for their support in the past. I had never arranged such a big party before, but it was a break in my period of sadness, and for many hours I enjoyed the good company of my friends.

One of them, Dr. Helmut Ploog, gave a warm speech saying that, in a film called Wings of Desire, two angels descended from heaven to Berlin, while in Munich we had the pleasure of another angel, Xiao Hui, who came to our capitalistic and materialistic world to give us cultural and spiritual food.

A short while after the party, I returned to China for the first time in six years, carrying with me Lin's ashes for his funeral. I was rather unwell at the time, and I was swept with a great sadness when I met his famity. After the funeral, I went back home, and found that my home-town had changed so much that it dld not seem to be my home anymore.

I never have had a real home. When I was five years old, my parents divorced and my father married another woman. When I lived with her I never felt at home, so I often went to visit my reai mother. When I was ten years old, the Cultural Revolution started, and, because of the political situation, I could not see my real mother very often. Her family background meant that she was considered an enemy of the revolution. Ten years later, I went to Shanghai to study. Shanghai was about 2000 kilometres away from my hometown. After Lin and I married, we lived in two different German cities, and just as we were ready to build our own home together, he was no longer by my side. Therefore, during my whole life, right up until now, I have never had a real home.

题图: "金色的布拉格" 对我已不是金色, 那树叶上金黄色的光斑似乎故意想勾起我种种往事的回忆。

世界上有完全不同的两种爱：一种爱
像火焰，热烈而疯狂，它会使你无法抵抗地
跟着融化……但火总会熄灭。另一种爱像
空气，它虽然无所不在，无所不包，但你看
不见、摸不着，所以你常常不会意识到它的
存在。可是一旦没有了这空气，你会感到
一分钟也不能呼吸，无法生存。失去了俞
霖，我有这种失去空气的感觉。

1992. 7. 7.

我曾在一本书中看到这样的话："痛苦就是曲折，曲折就是
复杂，复杂就是丰富，丰富就是美好。"当时我问自己，真的是这
样的吗？如果是这样的话，我是否宁愿少要些这种"丰富"与"美
好"而去过比较平坦而朴实的生活？

父母的离去使我感到现在真正是一个人了，半年休养之
后，我要重新选择未来道路：回大学工作或做自由职业者。

这半年导师为我申请了新的工作位子，名为"科学研究合
作者"，虽然我没去上一天班，却恢复了医疗保险及各种社会福
利，如果我愿意，病好后他还可以继续聘用我，这是个比以前工
资高许多的位子，而实际上我仍做以前同样的工作并可同时完
成学位论文。我很感激他的苦心。而做自由职业者的路并不那
么容易，这一点我很明白。自由职业者像演员一样，没有基本的
保障，假如你运气好，也许你今年能拿到三个合同，而明年运气
不好了，连一个也拿不到。不会有每月直接汇入你账户上的"工
资"，而一切法定的保险及养老金等全要你自己额外去付，你可
以自己或请税务顾问帮你每年年终搞清各种收入支出及税务
等账目，非常繁琐。而正式雇员的各种保险及养老金是雇主为
你付一半，另一半在工资里直接扣除的，包括税金也已扣除，所
以很省心，拿到的是可以放到自己口袋里的钱。

现在我又面临选择，而这次选择比俞霖在的时候要难得

多。那时他除了精神上的支持,还会给我做经济后盾,而现在我面临的是实实在在的挑战。我虽然相信我的能力,但机遇并不是总有。我认识不少非常优秀的艺术家,他们只能干开出租车或洗盘子之类的活去糊口,当然也难保证他们的艺术创作了。有一个以前非常有名的摄影家,我曾去听过他讲课,事业辉煌发达过许多年。但已经两年没有任何"合同"找他拍片,他坐吃山空,妻子也离开了,他交不起房租,还要给孩子生活费,他只得将房子转租给别人合住,非常窘迫。他甚至提出帮助我冲放照片,他太需要钱了,我也曾请他帮我冲放过,他的做工比店里好多了,但给他钱的时候,心里很不是滋味,使我反倒很难为情再去找他。

许多朋友劝我三思而后行,能有个体面的大学工作也是不少建筑师所向往的,何况博士论文不写完也太可惜。我想我那么热爱艺术,不能做"叶公好龙"式的人物,物质生活上我的要求并不高,我欣赏徐志摩的话:"论精神我主张贵族主义,论物质我主张平民主义。"而我既然选择改行搞摄影,那么一个建筑学的博士对我恐怕只是个虚名。经历过死亡威胁的我深感生命的脆弱和可贵。在病床上我曾发誓要对我的生命负责,珍惜活着的每一天,每一分钟,不应该为一个虚名而消耗宝贵青春。

在这之后我常常有许许多多选择,我放弃的甚至可能是别人求之不得的东西。俞霖的一句话常在选择时帮助了我:不论是大事小事,凡是你在犹豫要或不要而不是百分之百肯定想要时,便坚决放弃。

我把我的想法告诉了导师,他非常理解和赞赏,说希望能多看到我的展览和书,有时间再与他们一道喝咖啡。我们教研室像许多德国人的办公室一样,每天下午一起喝咖啡休息,秘书会拿了蛋糕或点心来,大家一道聊上半小时,这是种很有人情味的交流方式。当然有时也在谈工作,但在松弛的状态下闲聊常常能产生非常好的主意,至少是对搞建筑设计的人来说吧。

三年后我偶然又去看望他们,秘书提起我出车祸后那半年他们很少吃点心了,我奇怪这怎么会与我车祸有关系。她解释说,因为我是自己主动辞职的,所以大学规定不可以立刻复职,除非另外申请新的位子。为了帮助我,他们把教研室"小金库"的经费拿出来,这本是用于添置文具家具以及买植物、饮料之类的用途的,所以他们那一个学期没有了每天吃点心的奢侈。若不是她无意中提起,我至今仍蒙在鼓里,也许永远不会知道。可教研室的同事们经常来看我,帮助我,从来没有人提起此事。这让我又一次感动。

德国政府有一些照顾特别困难的艺术家的房子,带有工作室又很便宜,我也去申请并且被评为"紧急一级"需要这种房子的人。为了在最后的候选者中间争取到当年分发的六套救济房,还要填各种表格,办理许多证明等等。我已经被这些官僚化的手续搞得头痛了,想想如果再继续耗那么多的精力不值得,于是又在希望很大时放弃了。我认识的一些艺术家评为"二级、三级"仍在不断地递申请,都说我这时放弃实在太可惜。

那段时间里还有许多朋友,特别是中国留学生朋友鼓动我为车祸打官司,调查事故原因,这样也许我可以从对方的保险公司拿到一大笔钱。照律师的说法,我们的车撞成那样,几乎没人能相信会有人活着出来,我们俩又都是外国人;当事警察与对方住在一个村子里,他肯定是打定主意帮那同乡一个忙,将事故写成我们有百分之百错误,即我们是跟随一辆小货车超的车。假如不是他描述的这样,就可能是对方的错或是各有一部分过错,这样双方的保险公司便要相互赔偿对方的损失。假定对方有一定过错,那么对他的保险公司来说,一死一重伤加上车子完全报废这个事实意味着是很大一笔数目的赔偿费。有过错的司机在这种情况发生之后要交很高的月保险额作为惩罚。我的这位律师朋友 Alfons Helmerich 是免费帮我咨询的,他特地去出事地点观察测量地形并找那警察调档案。他还发现警察隐瞒了对方的车是从一条支路刚刚拐上国道这一重要信息,他照规定不可以立刻就开那么高的速度(180 公里/小时);此外,三个证人的证词里都没提到我们前面那辆小货车,这辆"小货车"又是决定我们是否违规的关键性一点。警察只留了这三个人的名字,没留下他们的电话及地址。这样便出现了难题,律师相信假如能找到证人我们会赢,而且可以揭穿警察不守法的行为,但证人没地址会像大海捞针,何况他们全是外国人。这要打无数电话寻问每一个同名同姓的人,工作量极大。

他让我来定夺是否做这件事,如果做的话他会找个助手专门负责调查,一定奉陪到底。我考虑之后对他说,我一向对于金钱并不十分重视,俞霖人已经走了,不会因此而复生,这对我是最大的损失,无法用金钱来弥补,那我为什么还要久久地为了几个钱而纠缠在无意义的纷争之中,我的生命应该用于意义更大的地方,不要继续卷在这旋涡之中了。我要走向社会,继续我刚刚开始的艺术生涯,我准备尽早去布拉格,完成当初打算和俞霖一起去拍摄的画册,我想这意义远比打官司大得多,而且对他的在天之灵也是一种告慰。

这样,在 1992 年的春夏之交,我又踏上了通往布拉格的路,那条伤心之路,这次旅途也是一次伤心之旅。

我没乘火车,而是搭乘了一辆汽车并请求司机不走高速公路而走那条所谓的"死亡之路"——14 号国道。因为我要拍摄我们出事地点的照片。金色的布拉格对我来说不再是金色。日落时分沿着沃尔塔瓦河走着,多希望俞霖在我身旁,1987 年我们曾在这河边散步,从黄昏等到华灯初上时去拍摄那城堡夜晚的壮丽景色。那时我们只有一个"随身听"录音机,他将耳机的一个头塞到我的耳朵里与他一起听斯梅塔那的《沃尔塔瓦河》。这音乐我们一直很喜欢,但从未有过那次在河边听的那样辉煌,那样永生难忘。现在我又在看那河中的城堡与灯光的倒影,河水拍击着堤岸,那声音使我更加思绪茫然。一切都是老样子:那城堡,那天色,那倒影,只是知音不在身边。虽然心中的音乐永

"死亡之路"——B14 国道,我按照律师测量的准确位置找到出事地点,不远处就是捷克边境了。这里似乎什么也未曾发生过,恢复了往日的老样子。

建在山顶的人工蓄水库。你不得不感叹人的能力，这个巨大的人工风景，连波涛听上去都有些人工味。(选自 1990 年出版的摄影集《萨克森》)

要多少水泥才能浇出这样巨型的堤坝，人在这里显得多么渺小。俞霖站在堤坝上面大声地呼唤我，那回声与涛声混响成一片……

远不会消逝，但仍有"物是人非事事休"的怅然。

回想一年前和俞霖一起在萨克森的两周，虽然拍摄工作很紧张，但有那么多的欢笑，好像是一次蜜月旅行。每看到一处美丽的风景，我们都会那么高兴。让我印象最深的是一个造在山顶上的人工蓄水库，这个水泥的人工湖那么巨大，方圆几公里没有人。水波碧蓝碧蓝，被风吹得发出巨响，四周是层层群山，在落日余晖中显得格外柔和，格外寂静。《萨克森》画册的文字作者将它描述成"孤独的、不真实的风景"，我以为很恰当，不知他是照着我拍的图片写出的文字还是亲自体验过那在湖边的感觉。这湖泊并不是天然的，可它让你感到人的渺小和微不足道。当我走到水边看俞霖站在大堤上那极小的身影，觉得自己是在一个超现实主义的梦境之中。他从那里大声地呼唤我，我听到的是回音和涛声呼啸……拍完照片以后，月亮已经升起，我俩并排静静地坐在那里，我感到这世界上似乎只有我们两个人，再就是天地宇宙了。这感觉真的无法描述，再不会有第二次了，但它永远留在我的记忆中。

当我将全部幻灯片整理好，带着虔敬的心情写下了书的赠言："以爱献给我在去布拉格途中身亡的丈夫俞霖"，交给了南德意志出版社，不料却遭到拒绝，理由是读者不愿在扉页上读到"死亡"这个字眼。可俞霖的的确确是为了这本书在途中遇难的啊，我觉得不让写是太不人道的事。为此我一级级地往上找

重返布拉格

领导,坚持斗争到底不妥协,一直找到出版社的总裁,最后因为我的强硬态度他们才勉强同意将这句赠言写在书的最后一页。我明知这样与他们闹僵也许会把我的这个饭碗打破,他们毕竟是一个非常著名的出版社。本来说好的可以继续拿到拍摄我很喜欢的两个题材《威尼斯》和《北海》画册的稿约也因此落空,但我并不后悔。

　　我就是这样一个人,把许多看去不实际不重要的事情看得很重,甚至至高无上,为此宁愿放弃一些别人看得很重要的东西。而我的另一个重要原则是,只跟我喜欢的人打交道,假如是碰到令我不舒服的人,我宁愿不合作也不委曲自己。

一切都是老样子:那城堡、那天色、那倒影,但知音已不在,物是人非,令人怅然。

沃尔塔瓦河，据说是由波西米亚森林中两股水汇合而成，其中一股温暖而湍急，另一股冰凉而缓慢，就像斯梅塔纳交响诗《沃尔塔瓦河》里的乐段，是我们最喜欢的音乐之一。

　　过去俞霖总那么不放心我，每次我一个人外出他总会叮咛再三，常常说："没有我你怎么办？谁来照顾你？"我那时的依赖性也很大。没有了他我必须学习独立，慢慢地我真的独立起来，比过去能干多了。

　　1993 年 6 月 15 日是我的本命年生日，我举办了一个很大的生日晚会，请了好几十位朋友。在出事后那么多朋友帮过忙，有的到医院照顾我，有的操持追悼会和遗体告别的事，有的帮助搬家，有的捐款，还有像律师那样免费为我做那么多调查咨询工作，我已经数不清了，为了能对他们致谢，我借到了一个俱乐部的场地，那里有厨房、餐具和钢琴。整整三天我都在准备为客人们烧中国菜，我做的全是冷菜，还有凉拌面，只有一个汤是热的。好在德国人很喜欢冷餐会。那时只能自己烧，而我作为主人又不能呆在厨房里不见客，我又没条件为晚会定餐。虽然有几位女友帮忙，但德国人连菜和肉怎么切成细丝或薄片也不会，有时反倒越帮越忙，许多事我还得自己动手。当客人们要来之前一小时，我躺在那光溜溜的地板上，对从布鲁塞尔赶来的好友格尔达说，我真是不想爬起来了。因为切了太多的菜，连拿筷子手都发抖。我没有什么经验，后来才发现菜做得太多了。

　　当我冲过一个澡，换上白色绸缎旗袍，站在大门前迎接来客时，客人们并未觉察我的倦意，我也因兴奋又有了精神。我的一位老朋友、收藏家、经济学博士薄洛珂 (Dr. Helmut Ploog) 代

本命年生日晚会我请来了弹钢琴的乐师，我向朋友们道谢，没有他们在精神上和物质上的帮助我不知如何才能度过这艰难的日子，那晚也的确如朋友所说，是"忘却艰难的几个小时"。

表客人们讲了话。

他在发言中说这个晚会可以"让我们有几个小时忘却这段艰难时光"。他说著名导演温德斯拍过的电影《柏林的上空》里有两位天使悄然降临到柏林，我也像一个天使降到了慕尼黑，为我们物质化的"资本主义"的西方世界带来一些"艺术的"和"精神的"养料，慕尼黑的文化部通知移民局，"如果王小慧离开德国，意味着对德国文化界是一个重大损失"。然后他调侃说我总太忙很难找到我，如果想知道我的近况得到报纸上去找。他念了几个《法兰克福汇报》对我采访中的问题：

你最大的不幸？	没有自由
你最愿在哪里生活？	我正生活的地方
你最大的幸福？	创造性地工作
你最喜欢的能力？	想象力
你最喜欢的职业？	自由选择，随心所欲
你最能原谅的错误？	因为热情而开始的错误
你最喜欢的状态？	不断有新的变化
你最重要的人生哲学？	"车到山前自有路"

他说过去在巴黎的知识分子说，人们最大的财富不是金钱而是好朋友的地址。从这个意义上来说，我是很富有的人。的确，整个晚上笼罩在一种非常温暖亲切的气氛之中，我想我有这么多朋友真好！

重返布拉格

坐在我左边的是莫尼卡和她的丈夫马库斯（Monika/Markus Stamm），右边是萨伯瑞和他太太（Sabri Suleiman），拍录像的是维尔纳（Werner Prinz），都是我十几年来的老朋友。维尔纳前面坐的是齐格丽特（Sigrid Neubert）。经济学博士溥洛珂（Dr. Helmut Ploog）正在发言。

忽然女钢琴家莫尼卡（Monika Leonhard）说她要送给我一首曲子，她径直走到琴前便弹奏起来。当她弹最初几个音符时，客人们还没注意，仍各自吃着喝着说着，一片混杂，几个乐句奏过去，大家不约而同地停下吃喝与交谈，像听音乐会那样静静聆听，那是莫扎特著名的《变奏曲》。那从简单的单个音符开始到极为华丽的变奏把大家的心全紧紧抓住，当她演奏完大家报以热烈地掌声，请她加演。她对大家道抱歉，说"今天这曲子是给小慧一个人过生日的"。这真的是个非常美妙的意外惊喜。而那整个晚上也真的是我那几年沉重时光之中的一个小亮点，是暂时"忘却艰难的几个小时。"

深秋季节，我出国整整六年来第一次回到家乡。这次主要是为了将俞霖的骨灰送回来安葬，公公婆婆和伯伯为他在杭州风水很好的华侨公墓找了一块墓地。这次返乡心情自然也是沉重的，我不是一个人回去而是陪伴着他的亡灵。在上海我见到了我的公公婆婆，他们看上去老了许多。他们待我那么好，就像对亲生女儿直至今天。他们甚至比我自己的父母更多劝我再一次成家。记得当年出国前我在上海生病时，婆婆每天为我煮中药送到床边，而且从来没有把我当过外人。婆婆问为什么她没有一天不想儿子，老天却不能让他们在梦中相见？我除了与她抱在一起泣不成声之外，不知该说些什么来安慰她。我想他们失去那么心爱的儿子，那创伤真是无法弥补，而我至少还有许多工作可做，还有我热爱的艺术，它可使哀思得以寄托。

我也再一次见到了老大哥，这么多年没见，心中感慨万千。我们为俞霖专门定制了磨光的纯黑色花岗岩做墓碑，刻了诗句在上面，因为他很喜欢黑色，一定不喜欢那些刻着俗气而

粗糙装饰纹样的现成有售的白色墓碑。老大哥的父亲是大画家
郑午昌先生，他是中国早年美术教育的先行者。他家也是书画
世家，所以碑文用了老大哥的书法：

> 情双好　情双好
> 纵百岁　犹嫌少
> 岂料春华留不住
> 奈何梦短君去早
>
> 君安息　君安息
> 百年多　只朝夕
> 应知秋实均有根
> 天地悠悠永无极

小慧

回到老家天津时，市政府的领导派人照顾我，并用车带我
到处观赏故乡的市容。他们从我父亲那里经常得知一些我在国
外发展的近况，希望我也能为家乡做点贡献。我沿着新修的环
城路去电视塔，又从塔上俯瞰市区全景，我几乎认不出这个生
我养我的城市了。当我提出想看一看我读过书的中学、小学和
幼儿园以及我住过的地方时，他们欣然同意。我要到处寻找的
是那一点老家的感觉。最后，我曾在地震后搭过"防震棚"那一
条街的拐角，看到那低矮的围墙和电线杆，它们仍然是二十多
年前的老样子。在那傍晚昏黄的街灯衬托下，暗蓝色的天空显
得格外地蓝，略带一点忧伤，这景象我那么熟悉，就在这一刹
那我忽然找到了家乡的感觉，我默默地对着那街角的灯说：我
回来了。

在杭州我们用黑
色无任何装饰纹
样的抛光花岗石
作俞霖的墓碑，上
面只写了他的名
字和"建筑师"三
个字。我想这是
符合他一贯的审
美风格的。(左图)

又一次握住妈妈
的手，这肌肤之亲
是多少书信和电
话都无法替代
的。(右图)

这是我拍摄的一组关于重返故乡主题的作品之一，那时的感觉与印象就像这照片，亲切而又混乱，熟悉又有几分陌生。

　　在一本杂志上我偶然读过一篇关于席慕容的报导，她讲当她看到韦应物的诗："跑沙跑雪独嘶/东望西望路迷/迷路，迷路/边草无穷日暮"时她哭了。她说一个常寓居在原处的人是不会想到关于"生命中的原乡"问题的，而只有漂泊过的人才有那份寻根的情怀和资格。我喜欢她写乡愁的诗：

　　　　故乡的歌是一支清远的笛
　　　　总在有月亮的晚上响起
　　　　故乡的面貌却是一种模糊的怅惘
　　　　仿佛雾里的挥手别离
　　　　离别后
　　　　乡愁是一棵没有年轮的树
　　　　永不老去

这首诗的最后一句让我特别喜欢。

在北京一家餐馆里吃饭时，邻桌一位中年男子调侃地问我："在哪里漂泊的？"他说看我的举止和装扮就知道我不在大陆生活，他这句玩笑引起我几分惆怅，而我的的确确是个漂泊的人呀。

许多在海外的艺术家创作的主题是寻找认同性，最初我还不太明白为什么。我曾经在一本书里写过家乡对我的含义是"亲人，朋友和儿时熟悉的景物"。我的亲人和朋友还在，可儿时熟悉的景物却越来越少了。俞霖和他导师所做研究课题的主旨是希望把上海的许多重要建筑保留下来，将上海的许多旧城区保留下来，把他们拆去太可惜。巴黎和罗马在多少年后你去看还是巴黎和罗马，因为他们的城市风貌没变。虽然浦东新区的建设速度和水准令我非常震惊，也欣赏一些新造的大型建筑和

在我曾经住过的房间，现在堆满了杂物，一切变得那么陈旧，不平整的墙面上挂满灰尘。我觉得自己像怀旧电影中的人物，面对这曾经充满了欢笑的小屋感慨万千。我所缅怀的时光一去不返了，唯有照片上俞霖年轻的脸向我天真地微笑……

我们在上海的家位于上海市区巨鹿路与茂名路的路口上。当年我在屋顶晒台上总会看到站在厨房窗口的一位老婆婆。这么多年过去了，她似乎仍然是老样子，只是房子更加破旧了。

大门上仍挂着当年俞霖做的浮雕"吻"，只是已积满灰尘，破旧不堪。

到北京刚下飞机，来接我的一位老大哥似的朋友希平拉着我去见陈道明、杜宪夫妇。

那隔河而望的城市画卷，但对许多熟悉的旧城里弄的拆除，感情上仍然觉得有些依依不舍。

不知为什么我病倒了，发着高烧我去了杭州，怀里一直抱着装有俞霖骨灰的精致的陶瓷罐。公公、婆婆、伯伯还有父亲，我们一起将俞霖安葬在那青山的环抱之中。没有人放声痛哭，而无声的悲哀比有声的更深、更沉、更痛彻肺腑。第二天发现我得了肺炎。但我似乎觉得应该就是这样，病着完成这项使命感觉才对。

婆婆像六年前那样把药与水送到床边，陪我去街道卫生院打针，看着她鬓角的白发和欲言又止的样子，我难过得心都在痛。我找不出一句安慰的话，而且觉得说多少话也不足以弥补这白发人送黑发人的缺憾与伤痛。我们只有泪汪汪地相对而视。倒是她更多地劝慰我，说她庆幸老天至少为他们把我这个女儿留下来了。这么多年过去了，他们也一直把我当女儿来看。

北京的德中文化交流学院歌德学院准备请我在中国讲学并办展览，同时拍摄一部纪录片，讲述我出国多年后第一次回国工作的情形以及种种感受。为此我和院长阿克曼博士去了沈阳的鲁迅艺术学院、北京中央工艺美院和中国摄影家协会，筹备这次讲学活动。我很高兴能与中国的同行交流，特别是与学生共同创作，因为中国的大学生有着德国学生欠缺的求知欲和对外来事物的敏感，大概因为中国的高考很难，能上大学的都是青年中的佼佼者，而德国上大学的机会则容易得多，所以他们也不那么珍惜。后来可惜原定的计划和我拍摄纪录片《世纪末的京剧人》时间冲突，而拍片时间又不由我选择，因为我想赶在纪念梅兰芳诞辰一百周年时拍摄，所以只得放弃了。在此之前哥德学院曾请著名的摄影家托马斯先生来讲学，所以国内许多学艺术的学生熟悉他的名字。

托马斯像齐格丽特一样既是我的好朋友又是师长，在我刚开始做职业摄影师时，他们给予我那么大的帮助和支持，现在想想已经有差不多十年时间了。在我出每一本书或办每一个展览之前，总是他们俩帮我挑选照片，提出他们的意见或建议，并鼓励我做对我有挑战性的事，比如给摄影系的学生讲学等。我真高兴有这样的良师益友。我曾对齐格丽特开玩笑说，她是我半个老师半个朋友，她也调侃地回答说，她宁愿老师这一半越来越少，朋友那一半越来越多。

托马斯是一个非常内向、非常真诚、非常认真的人，他说话很慢，讲每一句话似乎总要深思熟虑，没有想好绝不会轻易说出，他也是我所认识的最好的教师，在他任教的慕尼黑摄影学院，这一点也是公认的。他家住在离城六十公里的地方，有一所房子和挺大的园子，有一些自己种的果树和蔬菜。他整个生活方式也非常受东方文化影响。每次从中国返德，我总是带很多

托马斯(Thomas Luettge)对我来说既是朋友又是师长，他是我所认识的最好的老师，在他任教的慕尼黑摄影学院，这一点也是公认的。

重返布拉格

149

茶叶给他，因为他给学生讲课前总要请每个学生喝一杯茶，他说这样学生们就会心静下来听课，否则会太浮躁。他也很喜欢印度，常戴一顶印度帽子。每次到我这里他总是带上一些鲜花之类的礼物，即使没有时间去购买礼物，他也仍然不会空手而来。一次他带了瓶自己做的果酱给我，在果酱瓶上贴了一张标签，上面认认真真签上了他的名字，就像他在他的摄影作品后面签名那样。这个果酱瓶子我一直保留着，好像是当作一件艺术品，因为礼轻情意重啊。

像他们这样的艺术朋友，我们常会不定期地见面，谈谈艺术创作的许多问题。齐格丽特为了节约有限的时间，一般不参加人多的聚会，但她仍很愿意到我这里坐上两小时，也一起喝上一杯中国茶。她说人多时很难有这种两人谈话的高质量。她和我妈妈也成为朋友，有时我回国，她会让我带来两片羽毛，或她从西班牙海边捡来的卵石，写上几句问候的话。妈妈说很高兴这么多年她一直想着她，她也很看重这些看似"不值钱"的东西。

我喜欢朋友之间这单纯的，没有任何功利性的友谊。在德文中有两个词类似中国的"朋友"的概念，即"朋友"或"熟人"，而朋友又分好朋友和一般朋友，熟人又分比较熟的熟人和一般的熟人；一般的熟人只是认识而已，或是我们所说的一面之交，

"无名的物体"，托马斯摄。这是一幅超现实主义的摄影作品，画面上的东西你说不出是什么，但它给你一种有如梦一般的意境，像达利的绘画作品。

而好朋友又常只有很少几个。有次我在一本书里写过我很欣赏
这种分法，因为如果把我们常说的"酒肉朋友"也都当作朋友的
话，那么这个朋友的意义便不是真正意义的朋友了。真正的朋
友是那个你可以无话不说，可以绝对信赖的人，你可以相信，假
如你真有需要，他们会不顾一切来帮助你。这样真正的朋友你
一生不会碰到几个，所以特别值得珍视。真正的朋友无论你走
多远，永远还是你的朋友，这有点像亲人的味道。而熟人，当你
去另外的地方就会慢慢淡忘，失去这种联系双方都不觉得是大
的损失，而在新的地方又会很快有这么一大圈所谓"熟人"。但
失去真正的朋友你会有种失落，一种失去亲人般的痛苦。那位
我非常喜欢的著名歌剧演员斯特拉塔斯（Teresa Stratas）曾说
过："如果你有一个朋友，你就非常幸福了。朋友这个词像'天
才'一词一样，我们用得很不严谨。你有许多熟人，即所谓'朋友
们'，也许有一两个知己在我停止演唱后仍能维持友谊。"这
话说得虽然过于悲观，但也道出这个世态的炎凉，所以我更珍
视患难之交。

　　一次我在非常紧张地为赶书稿而加班，有朋友在帮我一起
工作。我收到一个在州政府地位显赫的"熟人"的电话，邀我一
起吃晚饭，我告诉他我实在太忙没有时间而拒绝了他。不一会
儿有个中国女留学生来电话，她是我的"小朋友"，把我称作"比
她大十岁的姐姐"，那天，她因失恋感到万念俱灰，想去酒馆"借
酒浇愁"，也很想对我倾吐她的心事。她知道我总太忙没时间，
有时她会把我爱吃的饺子煮好，悄悄放到我的门口而不来惊动
我，非常有心。接到她的电话我立刻说，你晚上过来聊聊吧。帮
我工作的那位德国朋友奇怪我为什么会对这样一个一点不重
要的女学生这么热情，而不给"重要"的人时间，我对他说：对那
个"重要"人物，我那天是否去吃饭并不是必须的，因为那只是
一起高兴聚一聚，多一次少一次无关紧要；而对这个女孩子来
说，我跟她见面则对她十分重要，可能对她今后的生活有影
响。而且我从来不以社会地位作为交友的唯一尺度，对我来说，
人心更重要。

　　我还有一位可称之为"忘年交"的好朋友是吉尔曼教授，他
是一个心脏专家，他是德国许多医学会的主席和前总理科尔三

十多年来的私人医生和"密友"(德国报纸这样称他)。我们之间可以无话不谈,但见面的机会并不很多,通常是我乘火车北上时路过曼海姆火车站停下一小时,与他一起喝杯咖啡,大部分时间只是通通电话。因为所有科尔的出访都要他在身边,而许多重要的官员和许多大公司的总裁也常常随团,所以他认识许多政治、经济界的名流,在德国上层社会非常有影响和威信。他很想为中国做些事情,我介绍他成为天津市政府的医疗卫生顾问,市长还为他颁发了荣誉公民的金钥匙。他的确为德中医学方面的交往,特别是针灸及中药研究方面的合作做出了很大努力。他为中国做这些顾问工作全都不讲报酬,而在德国为其他人做顾问却是高报酬的。我也通常把工作分为两大类,为了自己热爱的艺术,我不挣钱也愿意做,甚至搭上自己的钱。而另外一些不直接与艺术有关的事我是要考虑时间、内容以及是否值得,当然这也包括报酬了。吉尔曼总为我取得每一个小小成绩由衷地高兴,当他通过报纸或电视得知一些什么新消息时,便会马上打一个电话来对我说:"我真为你骄傲。"他也常常又对我说:你像一只小鸟,虽然可以飞得很高,但终究需要一个窝,你需要保护。

可这个小鸟的窝在哪里呢? 当外面晴空万里时,它是可以展翅高飞的,当狂风暴雨来临的时候,或者它飞了太久精疲力竭的时候,总还是希望有一个温暖的窝得以栖息,受到庇护。陈冲婚前曾说过"哪里有我的爱人,我就会在哪里抛锚",对此我

吉尔曼(Dr. Helmut Gillmann)教授又在我乘火车北上途经曼海姆时来火车站与我一起喝咖啡。临别时他对我说:"小鸟虽然可以飞得很高,但终究需要一个窝。"他把手做成这形状说"小鸟需要保护"。

有同感。

关于这个话题，我和齐格丽特曾多次谈论过，她已经七十多岁了，没人知道她的确切年龄。我们共同的朋友著名专栏作家安娜曾说："与她相比我还不算是个成功者。"齐格丽特的成功不仅在于艺术方面，她出过很好的摄影集和摄影理论书籍，更得到过像"柯达最佳图书奖"这样重要的奖项；她经济上也非常富足，在意大利、西班牙，还有柏林都买过房子，她还经常飞到巴塞罗那的房子小住，因为那里有海，她需要大海。在艺术上她对我影响非常大，她是那个"一锤定音"让我放弃建筑学从事职业摄影的人。在生活上我们无所不谈，也可以算又一个"忘年交"吧。她是一位德国著名艺术收藏家的情人，已经三十年了，这是一个"公众的秘密"，而她又是绝对的独身主义者。那收藏家有一个太太，三十年来他曾一再表示，随时愿为她而离婚，她一直拒绝。如今齐格丽特与他太太都成了朋友。她总说因为知道我很尊重她的意见，不愿太多地影响我，但她不能不说出她的看法，"你是为艺术而生活在这个世界上的，不是为一个男人，那太可惜了"。她说她这一辈子还碰到过很多次求婚的机会，都被她拒绝，但她一点也不后悔。我小心翼翼地问她，"人年轻时还可以，但年老以后呢？你不觉得有时过于孤独"？她哈哈大笑，张开双手对我说"孤独？我觉得我现在可以拥抱整个世界"。我非常钦佩她这种胸怀，但愿我也能有。我常常用"大丈夫四海为家"的话勉励自己，这话也多次被西方媒体引用，但这句话也说明了我是没有家的人。

我对她说到我们的不同之处：我五岁时父母离异，因母亲政治条件不好，我跟父亲寄宿在朋友家，文革开始很长时间，那时只能偷偷地在周末的晚上去看望母亲。文化大革命结束后我便去了上海，一呆就是十年，新婚后马上和俞霖分居两地，没有安一个共同的真正属于自己的家，因为当时并不知道是否在德国呆下去、呆多久。我从小到大一直在漂泊，走了那么多年，从来没有一个实实在在的家，所以我很想有家。我还想有孩子，我太爱孩子了，而且我总以为没有体验过做母亲的感觉是女人的一大缺憾。

也许我的心态就像我的星相一样，双子座的人常常是有两

我小心翼翼地问齐格丽特（Sigrid Neubert）："人如果年轻时还可以一个人，但年老以后呢？你不觉得有时过于孤独？"她笑了，张开双手对我说："孤独？我觉得现在可以拥抱整个世界。"

个自我的，所以他们常常矛盾，常常犹豫不决。在我的内心，大概有一半是想做能单枪匹马走南闯北的"英雄"，另一半是想做个温柔妻子慈爱母亲的"小女人"吧。这"小女人情结"大概一天半天还不能割舍去，它常让我羡慕那些幸福美满的普通人家。

我曾看过一个中译名为《红色激情》的电影，讲的是两姐妹的故事，这两姐妹好像是双胞胎，幼时两人形影不离，看去也很相像，都那么天真可爱。她们一起学习音乐，妹妹很有才气而姐姐则平平。长大后妹妹成了著名的大提琴演奏家，得到的是辉煌与成功；姐姐却嫁作他人妇，有个很爱她的丈夫，生了孩子，在乡村过着俭朴而平实的生活。事业很成功的妹妹虽然有过大起大落的爱情，也有着很多的苦恼，最后由于精神过度紧张，患了下肢瘫痪症，不得不停止演奏。导演用这两种反差极大的生活来提出一个问题，哪一种生活更幸福？

难道真的没有一种二者兼得的可能吗？我不由想起了奥地利艺术家安德列·海勒所写所唱的一首歌："我想要，我想要一切，所有这个世界上有的……"而我想要的并没有那么多，并不需要一切，只想要有限的一点点。

可我到底想要的是什么呢？

莎乐美舞

Dance of Salome

1993 was a year when I learnt a lot about myself.

I had just finished three travel books for some very respected publishers, and I had an order to do another three along similar lines. However, I decided not to take the new orders, as I wanted to get on with photographing my own subjects. To my suprise, I was informed that I was nominated to receive an award for a movie script, which I had presented to the Film Academy of Munich two years before. Winning the award meant I had a little budget from the film a-cademy, to produce a movie. The script I wrote was called Broken Moon. An essential scene in this movie was a shot of a frozen lake, so I had to make the film in the coming winter. I started looking for a suitable movie team and, at the same time, I registered myself for a three-week workshop in expression and performance for actors, given by a New York-based academy. In this workshop, I had to play various roles in all kinds of situations. The most difficult one was the final one, called the Dance of Salome. Most of the particlpants undressed themselves during this dance, which for me was unthinkable.

Because I hesitated over this on the day before the end of the workshop, I was told I would miss a unique opportunity to express myself in a very different way from what was possible elsewhere. Finally, I performed last, and did the sensual dance without the use of striptease, receiving a very good round of ap-plause. Before this, I could never have imagined doing such an exercise in front of so many strangers. At the end of the session I was named the best actress in the whole group, which included many real actors.

I was recommended to take part in a seminar about self-reflection and self-finding. The exercises in reviewing the past and considering the future led me to the conclusion that I should remain a freelance artist, and try to further de-velop my abilities in the arts. I also registered many other assets that could be developed in myself, giving me more self confidence as a basis for the future I had chosen. At the end of the seminar, everybody was asked to describe their most important assets in a short sentence. Mine was that I am totally unique.

题图: 我问自己"我是谁"?"我想要什么"?"我生命的可能性是什么"?

我站到台上对大家说："我想做我喜欢的事情，但这件事不应只是我个人享乐一类，它应同时为这个世界带来美好的东西，这就是自由地、多方面地、独到地创造艺术。"最后要用一句话来说你是一个什么样的人，你的最大的特点，……我想我很难用一个特点来表示我这个人，所以我最后说了一个很短的句子："我是独一无二的(Ich bin einmalig!)。"

1994. 4. 21.

真正认识自己往往需要一个很漫长的过程。

我还不知道自己更想要做什么：那个走南闯北的"英雄"或是那个温柔的好妻子、好母亲，我面临的更是两种可能性：做一个自由、自觉、自信的艺术家，或是一个有着幸福家庭的女人？假如鱼和熊掌不可兼得的话，我应当取鱼还是取熊掌呢？有人说真实的女人应当既是人，又是女人，是人的存在和性别存在的统一，这是一种理想化的解释，而在现实中它似乎并不那么容易实现，它们常会有矛盾。一方面我想往自由和艺术家的生活，同时想自强自立，包括不依赖别人而解决生存问题，这对刚刚开始要自由职业者的我来说当然并不容易；另一方面我又渴望有个身心的庇护所，一个真正意义上的幸福的家。

我常常与好友格尔达通电话讨论这个命运对我们提出的问题，她的丈夫在俞霖车祸后一周内因心脏病突然去世，本来就是好友的两个女人更有了几分同病相怜的味道。她一直在欧共体教育部门工作，过去学习过汉学，对中国文化本来就有极大的兴趣。她生活在布鲁塞尔，但多年前在巴黎大学开始了没完成的关于中国的博士论文，丈夫去世后她很想把论文完成。当她每次打开那装满论文资料的大柜子，开始重新整理它们时，她发现她更想要的是生活的幸福而不是学者的道路。她感到孤独寂寞，晚上不愿独守空房与书本为伍，宁愿去酒馆咖啡店消磨时光。

格尔达常对我说："你得知道你想要从生活中得到什么，没人可以代替你，要你自己知道！""你的生活是你自己创造的，它掌握在你手上。"她知道她想要安静、健康、轻松和稳定的生活，"幸福也许不会明天就来，但也许在一年以后，所以要去寻找"。她说我应知道人生不可能实现所有的愿望，我们不是"女英雄"。我应该活得轻松潇洒些，有时人"难得糊涂"。在她眼里，我活得太在意太认真；这不是太累了吗？

我想她有她的道理，可我不相信幸福可以求得可以寻找，它该来时会来，就像命中注定，也是可遇而不可求的。它也像星相学里每个星座与另外星座会相互影响，它们有各自的运动轨迹，时候不到强求是没有用的。我宁愿先一个人独立站稳脚跟，而不去空等可能"一年以后到来的幸福"，那样我可能更会像双脚踩到棉花上，更把握不住自己。

在 1992、1993 年里，我先后接了一些书的合约，先是两本关于中国饮食文化的画册。为了拍摄"八大菜系"我也拍了不少一直想拍而没有时间拍的中国民俗和风景照片。在书中我还写了许多关于中国、中国的文化、历史以及不同地区风土人情的

拍摄《中国饮食文化》一书时拍过不少中国民俗和风景照片，这是我碰到的一个在摇船的渔家女，她眼里透露出一种少见的纯与静，就像她身后的湖水。

内容。这书成为我卖得最好的书,至今仍几乎年年再版有稿费寄来,并译成多种文字。美国有朋友在电视上看到"时代·生活"(Time life)节目介绍这书。当然对我来说它是一种"业余爱好",不是艺术创作。

稍后有一个跨国出版社坎普斯(Campus)请我为他们的一本书拍摄德国成功女性人物。写文字的两位女记者挑选了要采访的名女人。这些"名女人"不是我们在中国常常想象的像歌星、影星、美女作家那类媒体"炒作"对象,而是在政界、商界、新闻界、文化界真正意义上的杰出女性人物。在西方的艺术圈里,人们往往对那些只有商业性的成功,靠性感、靠炒作绯闻哗众取宠"卖得很好"的人嗤之以鼻,而更看重那些有"真东西"的艺术家。

记得我参加 1990 年"艺术家促进奖"评选前不久,一位中年摄影家将自己大幅作品张贴在市中心国王花园艺术家协会的墙上,满满一大排。德国法律不允许在城市中随便张贴,只有在花钱购买的指定的地方才可以张贴,而贴到这种属于国家一级保护的重点文物墙上,完全是大逆不道的行为。他想借此举"一夜成名"。果然,第二天所有慕尼黑的媒体都来拍摄,并采访当时在现场的这个艺术家,他说因为他申请了好久也不能得到在艺术家协会里展览的场地,便展在楼的外面。当晚的电视新闻也报导了此事。虽然他出了名,但大家因此更看不起他。

拍摄成功女性画册对我倒是个不小的考验。到那时为止我拍的大部分是建筑、风景一类的照片,虽然民俗作品中涉及到人像,但还不是人物肖像,这是完全不同的领域。在拍摄人体作品过程中我也拍过一些肖像类型的作品,但那是在摄影棚中打着灯光拍摄精心化过妆的模特,效果自然容易出来。我从未专门拍过人像,在陌生的、没有现成灯光的环境中拍摄这些我想象中不容易"摆布"的名人们,我心中有些打鼓。这些人中有的是约在她们自己的家中拍,气氛还可以随意一些;有些得在她们的办公室里拍摄,在那种工作环境的人,常常会轻松不起来,也可能会显得疲倦,又没有化妆及灯光的掩饰,我恐怕拍出来连她们都不满意。

莎乐美舞

为此我急来抱佛脚，花了四百马克请人帮我拍一组肖像想偷点窍门，谁知这个女摄影师也并没有多少经验，左试右试，花了大半天时间，也没拍出什么有意思的照片，好像总在让我换角度换姿势。我没学到什么，而且我相信与那些名人打交道一定不会有那么大的自由度。我又翻阅了一些肖像画册，看到人家拍得那么出色，愈发觉得自己差得远，更没信心了。出版社已与这些人约好了拍摄时间，催问我是否决定接这个合约，否则他们得给别人了。我不愿放弃这机会，虽然心里很没底，仍硬着头皮答应下来，心想只能逼自己边干边学了。

第一个回合我就败下阵来，那是在海德堡市长威博尔女士的办公室里。那办公室不向阳，四周全是深色木质墙面装修，光线很暗。长时间曝光她不习惯，我又不喜欢闪光灯的效果。我希望她与我一起到室外拍，但她必须等重要电话不能出去。拍摄中间照相机还出了毛病，忙碌之中在暗袋里不小心把拍好的胶片全拉出来了，狼狈不堪。

第二个人物是汉诺威的北德电视台台长罗斯。她虽然不那么年轻，但仍然看得出她曾经是个漂亮女人。她过去是著名的节目主持人，在高雅的外表下你能感觉到她这个人既有主见、又很挑剔。她坐在办公室里巨大的玻璃会议桌的另一端，那冰凉的玻璃上反射出她身后墙上一组美国名画家 Andy Warhol 黄

拍海德堡女市长威博尔 (Beate Weber)，准备不充分，结果也不理想。(左图)

德国绿党领袖毕尔特勒 (Mariane Birthler)，一个很有亲和力的女人。

160

绿底色的尼克松肖像画，加上她那拒人千里之外的冷艳高傲的面孔，使我没法与她多聊，按部就班地拍完就离开了。我觉得拍出的结果虽然还可以，但只是她一贯的"公众形象"，而没有真正进入到她的内在世界。

下一站是柏林，我要去拍绿党首脑毕尔特勒女士。拍摄前一天我拜访了两个过去在慕尼黑的摄影界老朋友，一位曾经在1990年度艺术家促进奖做过评委，另一位是邀我做《我的二十四小时》展览的摄影画廊老板，他当年在慕尼黑还有一个民间的摄影协会组织。他俩也是好友，一起决定在东西德统一后离开慕尼黑去了柏林，因为那里非常动荡，有许多可拍的东西也有许多可做的事，他们还相信，柏林将来又会像20世纪初那样成为一个繁华的、举足轻重的大都会，甚至成为全欧洲政治经济的首都，所以要抢先占住地盘发展。看了他们用广角镜头和大机器拍出的肖像，我更觉得沮丧，我觉得那制作精美、技术完善的大照片我一辈子也做不出来。

那晚在我极灰心丧气的时候，他们邀我一起吃晚饭。我过去一直把这两位朋友当作师长的，可惜他们都已不在身边，不能常常请教。他们说每个人都有每个人的特点，你不要用自己

北德电视台长罗丝(Lea Rosch)，她从前是著名的节目主持人。(左图) 著名女作家施玛尔兹(Krone Schmalz)，她也有一个电视专栏节目。她这个独具特色的发式多年未变，成为她的特征之一，她也是俄罗斯问题专家，曾多次采访戈尔巴乔夫。(右图)

奥黛丽·赫本在她因癌症去世前不久。她是一个真正美的女人，不光外表美，还有一颗善良的心。好像玫瑰花在生命的每一阶段都有属于那一阶段的魅力，甚至在枯干之后仍然保留它的芬芳。

的"特短"与别人的"特长"去比，那样你永远会输。中国人乒乓球总是世界冠军，因为正好发挥了特长：机敏、灵活。在一些不靠技巧而更靠体力的项目中，自然有些种族的人更会有优势。我羡慕他们这样的男人能扛着大机器到处跑，他们还羡慕我作为女人的"亲和力"。他们说通常人们都会喜欢我，拍人物应该不难。而且我是以感觉好取胜的，我应当主动与被拍的人交谈，以创造一种两人之间的张力，然后用我的感觉把握时机来抓拍，这也是用小型相机更容易做到的事。让我不要怕，也不要没信心，只是要知道自己的真正长处在哪里。比技术我一定比不过那些科班出身、受过专门训练的男摄影师，但多少男摄影师只能支着大机器拍广告静物，因为他们缺少我这样女人的灵性，这也是他们为什么这些年来一直支持鼓励我的原因。

被他们打足了气，我第二天敲开了毕尔特勒办公室的门。她是一个胖胖的、并不漂亮的女人，但非常和蔼可亲。我先试着与她交谈，创造了一种和谐融洽的气氛，我们聊了很久，边聊边拍，甚至穿上大衣到院子里去散步。慢慢地我知道我自己的"方法"是什么了，照这个方法我一站站走下去，越拍越顺利，越拍越自然，也学到一个基本的道理：宁愿发挥自己的"特长"去取胜，而不盯住自己的"特短"与别人比。

如期交稿后不仅出版社满意，这些女人也纷纷向我定购照片，其中有些还成为朋友。出版社的几位女编辑也约我去法兰克福为她们拍肖像照，我还取得了一万马克的稿酬，我把这稿酬称为我这次"边干边学"的"奖学金"。

在此之后，著名的旅游丛书 Merian（后译为"魅力园"丛书）出版社约我拍摄并撰写《曼谷》一书。与这套丛书同名的是历史更久的旅行杂志，类似美国的《国家地理》杂志，只是他们更侧重人文而不是自然景观。能为他们拍摄，在德国摄影圈里算是一种荣誉，一种专业上的认可，摄影师们趋之若鹜，我当然也很高兴有这样的稿约。

出版社的编辑说看到我的《龙的故乡》，非常喜欢我的写作风格，虽然看似平易、亲切和口语化，但又包含了不少信息和文化积淀在其中。可我对曼谷毫无所知。写《龙的故乡》得心应手是因为中国文化我比较熟悉。但我这个人喜欢挑战，为此，我去

摩托车上的女人

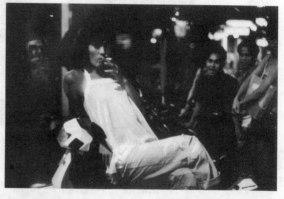

因为天气炎热，背着大小包照相器材常常是汗流浃背，没想到在曼谷王宫不许穿短裤入内，不得已临时买了大围巾裹在身上混进去，许多人以为我是泰国人。

出台表演的间歇

在泰国期间拍摄的一组风尘女子的照片。

泰国，第一次用了差不多一个月时间，不光拍摄照片，也搜集许多资料为文字写作做准备。当然拍曼谷不能不拍"红灯区"，不能不拍酒吧和沦落风尘的女人，因为她们是这个城市的重要部分。

以前我对这类女人很反感，而且拍她们时常常很困难，因为她们不愿自己的痛苦和隐秘被拍摄，我不止一次被她们谩骂，甚至她们会将饮料泼到我的相机上。后来我也试着先与她们交谈了解她们，以至于出现露天酒吧中的女人自己跑出来争着被拍照的场面。这些人物照片虽然是《曼谷》一书的副产品，但它们有时比"正产品"还要有价值，因为这些面孔比城市景观更有人文涵义。

后来德国最重要的报纸之一《法兰克福汇报》邀我为他们的杂志拍摄，这本杂志在德国影响很大，能为它拍照是许多摄影同行的梦想，我对主编说我从没有拍过新闻纪实类的照片，怕不能胜任。主编和杂志的艺术总监指着我画册中几张抢拍妓女的照片说，这属于他们见过的"最棒的新闻纪实照片"。

我刚刚拒绝一家出版社的稿约，他们又要我拍摄并写作一本关于中国饮食文化的书，并且提出丰厚的稿酬，但我已经不感兴趣做这类题材的书了。其实我有大量现成的图片及文字资料，做起来不是太费力气。还好这不是有名的出版社，所以我回绝得也干脆。但这回《曼谷》一书也销得很好，出版社马上又约我为他们再做同一套丛书中另外两个题目：《北京》和《上海》。我想我刚刚在中国拍过那么多照片，而这题材对我来说太没有挑战性，单单是为了虚名或为了稿酬都没有太大意义。我不应当做重复性的工作，应该把这时间留给更想做的事。这样我便

场间休息的丑角

"人妖"

又放弃了这两本书的稿约。只是这次舍弃需要下一点决心，因为这可是太有名的出版社了。当时知道这件事的所有摄影界同行几乎都惊奇我居然那么"傲气"，会拒绝为"Merian"出版社工作，只有齐格丽特说："你做得对！"

我愿意自由地选择我感兴趣的事，随心所欲地支配我那本来就不够用的时间，不再像"驴子"那样为了一些饲料而原地打转。我高兴自己能比较早地认识到这一点。

在1993年秋天，因为一项顾问工作我去了纽约几天。那是我第一次去美国，虽然纽约和美国是两个完全不同的概念。自然我也为纽约那极其独特的个性所吸引，甚至有过移居纽约的念头，因为那里是艺术家的聚集地。后来我又去过纽约多次，那种神秘感逐渐消失，尽管纽约仍是我最喜欢的地方之一。那次给我印象最深的是陪同过我的一位德国老太太玛丽（Marie Bennard）。

说她是老太太，是因为她那时已经八十岁了。她离开德国时已经六十岁，年轻时她是个很红的歌剧演员。六十岁那年她与一个四十多岁的人相爱，为了这份爱她去了纽约，一呆便是二十年。但是，你绝对无法辨别出她的年龄，不仅因为她的外表，更因为她那满身的活力。她总对我说，你的年龄是别人猜想和你自己感觉的综合系数，永远不要去想实际年龄，你感觉自己有多年轻你就多年轻，别人的猜测只会加强你的信心。一起上街时，我常常因要看些什么或拍些什么而赶不上她的步伐，她一语双关地说在纽约这样的地方是不可以放慢脚步的。

玛丽六十岁才开始学习一个对她来说全新的专业"字迹学"，八十岁的时候已经成为一个世界公认的字迹学专家，出版过好几本学术专著并经常到许多国家举办讲座。她写的书之所以与众不同，是因为她从独特的切入点分析字迹与人的情感、欲望以及性的关系。这种课题大学里的研究者们不会想到。她分析了许多名人的字迹，从政治家到艺术家，使她的书独树一帜，受到圈内外人的关注。她总说在她的词典里没有"太晚了"这个词汇。

我们是在纽约的"德国协会"晚会上相识的，那晚谈得非常投缘,从此我们成了好友。那晚她为我鉴定了字迹,她说只要看了字迹她立刻知道我是什么性格的人,只要几分钟她了解我可能比别人几年与我一起还要多些或准确些。那晚她凭着我的几行信手写的字就说我有很多能量,很自信,也有勇气做新的工作,我是完美主义者,个性中充满矛盾性,而且孤独……总之,许多让我十分信服的说法。我觉得她在我眼里是个令人难以置信的奇迹,她的讲座让我这样的外行人也听得津津有味,一点也不是枯燥的科学理论,但又很有道理。

　　每次她来慕尼黑我们都要见面,吃着她吃不到的德国黄油和黑面包,"美国人永远做不好这两样东西"。和她在一起常常让我有种感觉,就是她似乎比我更年轻,我说的是精神。而且她很美,很有吸引力,比许多年轻得多的女人更有意思更有魅力,她真的属于那种优雅的、能将美丽与智慧结合起来的女人,绝不是那种只有在盛开时才好看的小花,她像那深红的玫瑰,在玫瑰一生的每个阶段都有属于那个特定时期的美,从它含苞待放到盛开,到它干枯甚至久放之后失去了浓重色彩时,它仍然是美的,所以我们不忍将它随便丢弃。而且智慧的女人能使她的美丽随着岁月而增加,就像那真正好的葡萄酒,不会变质发酸,只会越来越醇香浓郁,让人迷醉并回味无穷。我看到过这样的比喻,说女人"五十如醇酒,六十如骄阳,七十如晚霞,八十如明月"。我也希望自己能那样。

　　从纽约回到德国后,意外地得知我的剧本《梦幻》得到了巴伐利亚电影促进奖,因此获得一笔经费用以实现这一构思,这是我前所未料的事。这个剧本原来是我在电影学院的作业,没想到被学校作为优秀作品推荐去参加州政府电影剧本评选。从

八十高龄的玛丽(Marie Bennard)属于那种能把美丽与智慧结合起来的女人。在照片后面她写:"送给美丽的、聪明的、有魅力和才华的女人",我觉得这话给她自己完全适用。

第一次去纽约时在"德国协会"的晚会上认识了玛丽。

此在繁忙的日常工作之余，我加紧做各个方面的筹备工作，大肆"招兵买马"。我想最晚要在1994年初开春前开拍，因为我电影的结尾需要一个冰冻的湖。而且，我实在没有耐心多等上一年，但那时已经是11月了。

我找到了一个愿与我合作的制片人，筹备工作很紧张。为了能尽可能地做好导演工作，我决定参加一个演员训练学习班，尽管整整三周的时间对我来说是相当多的。制片人很支持并赞成我去学，并且开始了许多前期工作。

电影学院每年请著名的电影纽约"Actors studio"工作室的老师John Costopoulos来举办这样一个演员班，这个电影工作室培养了许多成功的电影演员，包括像马龙·白兰度、罗伯特·德·尼罗等大明星，主要因为他们有一套自己行之有效的表演艺术教育体系，所以德国当年仅有的两所电影学院（慕尼黑和柏林电影学院）每年请他们来讲学。学员不光是学生，更多的是来自各地的专业演员。

这个演员班的安排也非常紧张，每天很早开始，晚上要等每一个学员的小品表演完才结束，绝不因时间晚了而草草了事，所以有时要到深夜才能回家，周末也不例外。三周的安排大约是这样，第一周表演的主题是"恨"，第二周的主题是"爱"，第三周是自由小品和"莎乐美舞"。

除了排练外我们还做很多的基础练习，了解到不少演员的训练方法，在讲评的时候，还能结合实践学到很多的表演理论。我非常认真地记录，因为当时歌德学院邀请我回中国为艺术学院讲学，我想许多东西可能会有用，我讲学的题目也与人的情绪及感觉有关。虽然摄影与电影表演还有很大距离，但艺术有许多地方是相通的。

我们学习的方法是著名的"感觉记忆法"，平时演员要有意

演员班在上课

识地记忆下不同情形的感觉，包括生理的和心理的，在表演时准确地再现出来。在做练习时老师会让大家闭上双眼，想象出他所说出的各种情景，我们要回忆过去曾经经历过的类似情形并把当时的感觉通过面部及形体"表情"再现出来。

比如他说"你们要设想现在是在海边……有柔和的阳光与风沐浴着你……你每一寸皮肤的毛孔全部张开，享受这阳光与微风……""现在是在下瓢泼大雨……你全身湿透……起了鸡皮疙瘩……你冷得颤抖……""现在你到了一个沙漠……你跋涉了很远很远……你精疲力竭……你口干极了……你要喝水但是没有……你要被这沙漠烤干……被它吸进去……你要死了……"。老师用很缓慢而平静的声音讲述着这一个个设定的情景，随着这声音你可以想象出非常具体的画面，随之而来的是重温过去感觉经历，并用你全身的肌肉与神经试图表达出来。练习时有人控制不住感情会发出声来，会哭会喊。他说练习时你们可以尽量夸张，同时记住你们现在的感觉，储存起来；你要有许许多多这样的分门别类的储藏，当你要在电影中表演类似情形时，就像打开一个个小抽屉，把它们拿出来便可以。至于你拿多拿少要根据剧情和导演的要求而定。所以我们每天早上第一个正式日程总是要做这一小时的"感觉记忆"训练，他还让所有演员像早操一样把它当成日常习惯每天练习，这样演戏时便会得心应手了。

我们的教室是电影学院的大摄影棚，地方很大，还有一个舞台。有次老师让我们想象自己是刚出生的婴儿，眼睛还不会张开，他不认识周围环境是什么样的，他不用眼睛而是用触觉、听觉、嗅觉来认识所有他接触到的东西……于是我们五六十个成年人全变成只会在地上慢慢爬的婴儿，都不发出声来，碰到别的人便仔仔细细地去摸、去闻并去想象……

所有这些练习都令我充满兴致地去学、去做，有许多心得和收获。唯独让我发愁的是表演"恨"。如果我没有"恨"的感觉，那我从哪里去找这种记忆呢？练习"恨"时我们做了像"吵架"那样的小品，我都感觉不到位，因为在我的记忆里几乎搜寻不出类似情景。

表演设定的情节是：我饰演的女儿要拒绝病床边垂死的母亲的最后请求，母亲请女儿原谅她的过错，女儿含着泪歇斯底

莎乐美舞

里地大叫:"不,我决不能原谅你……"我演得非常糟糕,这点在事先和事后我都清楚,当时,我想自己绝不是一个有表演才能的人,还好我不是真的想当演员才进这个学习班。

第二个星期表演"爱",我非常用心地和我的搭档做了准备,结果还算不错。在舞台上我几乎忘记是在表演,非常投入,带着自己都不相信的激情,进入了那特定的情境、特定的状态。而我平时并不是一个那么激烈的感情外露的人。所以我也相信人说朱迪·福斯特平时是一个很腼腆的人,虽然在电影里她可以演一个敢恨敢爱的烈女子。

第三周是排演自由小品。大家都去找合适的剧本,我想与其去找剧本,不如从我自己剧本中的一段拿出来试试,这不正是我参加这个班的本意吗?学员几乎是清一色的职业演员,我想这正是我学习和演员一起工作的好机会。于是我找了需要比较多演员的"酒吧"一段戏来排练,我自己也一起。排练的过程非常有趣,表演的结果也令人满意。这两周的表演很受到老师的表扬,我的信心增加了不少。

最让我为难的倒是最后一项课目:跳"莎乐美舞"。

"莎乐美舞"是一个表现引诱,具有放荡夸张意义的舞蹈,在西方有一种约定俗成的"诱惑"意义,很多人认为是"脱衣舞"比较含蓄的说法。其实"莎乐美舞"出自圣经故事以及英国作家王尔德的诗剧,但现在的"莎乐美舞"与这个典故已经没有关系了。老师要求我们即兴发挥,并不是要求每个人都跳脱衣舞,更没有一定程序,但大家对这个舞蹈的理解好像都是这样。每天都有学员感到自我感觉"成熟"了,便自告奋勇到台上来表演他准备好的"莎乐美舞",当然每个人的表演都很不一样。大部分人都脱了一些衣服,脱的程度不同,最多的最后只剩下内裤,包括女学员脱到只穿非常暴露和透明的"性感内衣"。不过在德国

与演员班的学员排演我的小品,即《破碎的月亮》中"酒吧"一场戏,他们演得挺投入,我既练习了表演也"预习"了导演。(左图)

第三周演员班结束了,我们的小品也很成功。这是参加我小品演出的学员,他们中有六位后来参加了我的电影的拍摄。(右图)

大家并不觉得有什么惊讶。在我们城中心的英国公园内，一到夏天太阳好的日子，许多男女老少会聚集到那叫"冰溪"的小河边草地上，将衣服脱得精光晒太阳，他们称这为"裸体文化"，认为是回归自然的一种方式。可我认为羞耻心实际是现代文明的产物，大家若都不穿衣服岂不又回到茹毛饮血的原始时代？在德国这个提倡自由的社会，虽然没有人去限制别人思想与行为的自由，但我并不欣赏他们这种在公共场合脱衣的做法。当我在大学工作而又住在"富人区"那一年中，夏天总要骑车穿过英国公园，这样会省去二十分钟的路程。那时一到太阳好的日子我得绕路不走英国公园，因为我不能像别的行人那样堂而皇之地经过他们，我想他们不觉得难为情，我还觉得难为情呢。

到学习班结束的前两天，全班五十多位学员只有两个人还没跳，一个是位挺胖的女演员，再就是我。那天老师单独找了我，问我为什么不肯跳？我说因为我的文化背景，我不能设想我会在台上当众脱衣服。他说不强迫我表演这个舞蹈，并说这舞蹈的重点是在于表现出一种情与性的诱惑，重要的是让观众有"受引诱"的感觉，这与衣服脱多少的程度并不一定成正比。他还强调这个学习班以及所有的练习从头至尾都应该是自愿的，他绝不想勉强我。只是假如我不跳这个舞，我将少学一样对我可能非常重要的东西，受损失的是我自己，这只是他对我的忠告而已。

那天晚上我认认真真考虑了一下是否要在最后一天试一试？夜已经很深了，我才从我的一堆音乐磁带里找到了一首我觉得比较合适的曲子，那是一首当时在中国流行的歌曲，名叫：《明天你是否依然爱我》，这曲子的节奏和感觉我觉得还是可以把它变成一个不太激烈的舞蹈。因为太晚了，我没办法在屋里练习，因为怕楼板有声音影响邻居睡觉。第二天早上我戴着耳机，一路上听着这音乐录音，默想着我可能的舞蹈动作去了学校。

在一天的日程快结束时，老师对我说我还有最后一次机会为大家表演，我决定上台。

我准备的道具很简单，一件黑色的长不及膝的漆皮风衣，黑色的帽子，黑色的弹性长手套，黑色的网眼长筒丝袜和一双黑色高跟鞋，与其说是跳舞实际上更像在台上来回地走台步，同时用目光与台下的人交流。随着音乐我开始在台上来回走了一圈，我想借此熟悉一下环境，并稳定一下自己的情绪，因为我心里很没有底。看到大家聚精会神地在看，带着被吸引的、欣赏的目光，我胆子慢慢放大了一点儿。然后慢慢地将手套一只一只地脱下。那手套非常之紧，我不急不忙地一边走着，一边一个指头一个指头地慢慢拉着，有时会拉得很长而很感性，然后逐一扔给观众。接着我摘下帽子来放在胸前把玩，然后也将帽子抛下去。台下的反应一次比一次热烈，学员们很"捧场"，甚至去"抢"我扔下去的东西，他们也在"进入情景"，这更激起我继续表演的欲望。接下来我开始解开我风衣的腰带，这种发亮的皮风衣就像网眼丝袜一样，在西方被认为是很性感的，当我解开腰带后，我感觉到我与观众之间那种不可言喻的紧张度。大家以为我要把衣服敞开，我也确实敞开了，只不过我每次将风衣敞开时便随着舞步转过身子，只用后背朝向观众。虽然我并没暴露身体任何部位，但整个气氛，特别是舞台上下情绪的交流到了一种白热化的地步，每次转过身时都听到背后观众的叹息声、口哨声、欢呼声……结尾时我又用后背来"亮了一个相"：双腿叉开，两手伸向上方，直到音乐停止。

热烈的掌声把我送下舞台。老师对此大加赞赏，许多同学也说绝对想不到我会这样，他们觉得像是看"百老汇"歌舞剧的舞台上演《西贡小姐》那样的演员在跳舞，与平时所认识的我判若两人，老师后悔没准备录相机录下来作教学用。他说这是他想达到的真正目的，不是脱衣服本身，而是表现你魅力的另一面，这个面也许你自己还没有发现到，甚至根本无法置信。同时也训练你与人的交流，用一种极端的方式。他要的是一种"突破"而不是"本色"的重复。我确实觉得通过这个舞学习到了很多意想不到的东西。

学习班马上就要结束了，最后的两个小时里老师出了最后一道题，就是大家来评选我们这个学习班最佳男演员和最佳女演员。大家投票的结果被收集到助教那里，他们会像奥斯卡发奖仪式那样说五个候选人名字，然后神秘兮兮地公布出来，"得奖"的男演员和女演员也要有真获得奥斯卡奖那种大明星的自我感觉，并且一本正经地像这些大明星那样上台"领奖"并即兴发言。这虽然是个游戏式的小品练习，但也是一个最后的表演机会，同时对得奖人来说也是一点鼓励和奖赏，我压根也没想到评选出的"最佳女演员"居然是我，在这么多的专业演员里！

这虽然是一个游戏，但增强了我的自信心。我想人的可塑性真大，就看你是不是开发它。人身上自己从来没有意识到的潜质很多，可惜有人一辈子也没发现，这样也就浪费了这种潜能，这是你本来就拥有的天然资源，它可以是无价的宝藏。人往往并不能全面地认识自己，而认识自己是非常重要的，我们说"知人者智，自知者明"，而这"自知之明"不完全是从认识自己缺点、弱点和可能性这个意义上来说的，人有自知之明也应包括认识自己真正的长处，这样才能充分发挥出能量来。可能有些你的潜能被发现了，未必有机会去用它，但至少能增强自己的一些自信心。

真正的艺术是各方面才华的综合，不能过于单一，特别是现代艺术更强调各种艺术门类的沟通，当很多艺术门类融会贯通时，就会达到更高一层的境界。自信心的建立，常常是一点一点积累的，从小到大每一件你做的事情都能得到承认，受到赞赏，那么你的自信便增加几分。外界的反应常常是你的一面镜子，也是受到承认程度的"晴雨"表。

刚刚结束了这三周紧张的演员训练班，我正准备着手做越来越应接不暇的各种拍片前的筹备工作，常常顾不上吃顾不上睡。这时我的制片人向我推荐了另外一个学习班，当他对我提出建议时，我笑着对他说在开拍前绝对不可能再抽出时间来了。他说正是因为你的电影，所以我无论如何推荐你在开拍之前参加这个学习班。因为这个学习班会让你把你要做的项目做得更好。虽然它不那么直接与电影有关，但比演员班更重要，而且可能会让你受益一生。

这个学习班也是从美国传来的，在德国有很多人参加。学习班分初级班和中级班，各需要周末两个整天的时间和一个星期五的晚上。同样也是极其"团结、紧张、严肃、活泼"的。在那些天不要说我不太可能抽出我两个周末的时间，单单费用对我也不是一个小的数目，好像每一级都要一、二千马克。而那个演员班已花去了我二千马克。但那个制片人那么强调这个学习班对拍片的重要性，他又是我很尊重和信任的最重要的合作者之一，所以我将信将疑地去报了名。

这个学习班的日程安排很紧，除了中午休息吃一顿饭以外，上午下午都只有一段喝咖啡抽烟的短暂间隙，据说这样紧张才能使参加者的思路全集中在主题上不会开小差，学习效果才好。一百多参加者坐在一个很大的讲座厅内，由一个主讲人讲课并引导大家按照设定的程序来做各种练习。初级班主要的目的是认识你这个人，在这里你这个人的意义是与"你的过去"紧密联系的一个人。在这个学习班内我觉得还从未有过地全面地认识了我是什么样的一个人，我的特点（其中包括优点和弱点），我生活中所面临的许多问题，以及这些问题与个性中的弱点的关系。在中级班里同样是认识你自己这个人，但这次是以一个与"未来"紧密联系的人，这个"未来"是作为一种"可能性"而不是一个空泛的概念。

在学完初级班那个周末，我觉得真是太值得花这个时间和这个钱了。于是，我马上报名参加下个周末的中级班。我欣赏一位女演员说过的话，"人应当为自己的精神比为自己的身体花更多的钱才对"。我想我虽然平时生活挺俭朴，但这样的钱我不会舍不得。

人应当看到未来，但这未来不应该是一个空洞而遥远的，你的这个目标应该成为你的现实，而现实不是光去想而是要去做的，所以你要去创造这个属于你个人的现实。为了创造这个现实，你应当赢得人来帮助你；你要改变你的环境，而不要环境改变你。你的生活是在现在，所以只有现在是重要的，而现在每分每秒都接近你的将来，都要为你将来的设想起作用。我们围绕着"我是谁？""我想要什么？""我的生命的可能性是什么？"等题目做了很多练习，比如说在那个时刻起到2000年，以2000年时间为终点往回看你的生命，我应该做了些什么，完成了些什么，当然这都是一些可能性。然后看五十年以后会是什么样子，一百年以后别人的生命和你的生命有什么区别，以及你的生命的意义是否实现等等。

那是 1993 年的 12 月，现在我在翻开当时的日记看学习班上记的笔记，除了有一点没有实现以外，即我说我的孩子可能已经四、五岁了，其他全都做到了，而且可能比我所预期的更多更好。我那时没想过五十年后的情景。我写道：五十年后，我八十多岁了，我会感到非常满足、骄傲地说我真正生活过了，我有一个丰富、充实、幸福而完整的生命。假设在一百年后那个点往回看，回顾我的生命，我也可以说我给这个世界带来了一些有意义的东西，这样我的生命就没有白白存在等等。

我在那天的日记本上这样写：

> 我要做一个什么样的人？（与"未来"相联的意义上来看）：
> 一个追求理想的人——做自己想做的和爱做的事；
> 一个自由的人——不做名利的奴隶；
> 一个真实的人——真实地对待自己，真实地对待别人；
> 一个轻松的人——自自然然地生活与处事，随缘自在，随遇而安；
> 一个幸福的人——能够享受今天、享受你所拥有的而不抱怨你没有的。

最后一天晚上，我们练习站在台上，面对大家去表达自我，有点像练习演讲那样。当然不是所有的人都能上台，因为时间有限，而且很多人没有这个勇气。我不愿意放弃这样练习的机会，整个学习班期间我曾多次主动发言讲述自己的过去和未来，所以大家好像已经挺熟悉了解我了。

该轮到我说了。我站到台上对大家说："我想做我喜欢的事情，但这不应只属于我个人享乐一类，它应同时为这个世界带来美好的东西，这就是自由地、多方面地、独到地创造艺术……"

最后要用一句话来说你是一个什么样的人，你的最大的特点，我不知道用怎样的一句话来概括我这个人。有些人是说自己特别善良，自己特别聪慧，或者特别有毅力、特别用功等等，我想我很难用一个特点来表示我这个人，所以我最后说了一个很短的句子："我是独一无二的"（Ich bin einmalig！）。当时大家报以热烈的掌声，这掌声持续了那么久。坐在我旁边的女孩因为在台下等候在我发言后上台，所以面对观众，她说还没有一个人的发言使大家那么感动。休息时好多人过来对我说他们要谢谢我，我并不知道我说的哪几句话对别人有好处，也许是我的情绪感染了他们吧。

在这个学习班里我们除了要学习认识"你是谁？""什么是你要的现实？""你将来的可能性"等等，还要清楚地认识什么东西对你的生活是重要的，你要如何表达自己，如何获得你的真正意义上的广义的自由，如何将你的想法取得别人的支持，赢得别人，以及如何对待"可能性——期望——失望——新的希望"的关系等等。

有两个例子很形象生动，所以我一直记得。一个是讲那拉磨的驴子，眼睛被蒙起来，不停地在拉在走，它以为自己走了很远很远，但其实是在原地打转。而人往往有种情结，愿意做熟悉而习惯了的无风险的事，当驴子不断吃到食物的时候，它不会想到其他而只会继续拉磨。就像我们学习班上有不少人发现自己做了那么多年"驴子"，明明在那个旧工作位子上不是十分满意，但由于惯性和惰性仍月月拿那点工资，继续那不满意的职业，而不去看看新的"可能性"。

当讲到你要为自己创造新的、大一些的空间时，那例子是关于跳蚤的一个试验：同样一只跳蚤，当你把它放到一个大盒子里时它可以跳得比在小盒子里高得多。当你看到一个新的"可能性"作为你的"未来"时，你要创造一个新的现实、新的空间，你要去"做"而不光去"想"，当你的力量不够时就应该去争取别人对你想法的"赞同"，你赢得了别人支持，你便增大了你的空间，你就可以像那在大盒子里的跳蚤那样跳得更高，而不是那个在小盒子里的跳蚤只去空想跳高些。

我很感谢这位制片人推荐我参加这两个学习班，不仅因为这对我拍电影有很大的帮助，拍片的前前后后我靠这想法、这剧本赢得了那么多人的无私援助使它终于能顺利完成，而且和那么多人交了朋友；更重要的是对我的个人发展极为重要。我想我不仅因此增强了自信心，而且更明白了我到底想要什么。

破碎的月亮

the broken moon

The broken moon

In China the moon is the symbol of completeness and perfection. I have always had intense dreams, often with surrealistic pictures. Originally my movie was called dreams, but it seemed that this title didn't quite capture the meaning of the piece. The film's subject was my personal interpretation of my thoughts, and questions about life, during the last two years. The action took place in the symbolic and surrealistic world of a Chinese woman, going around in a strange place, without any real aim. The movie was filmed exactly like a dream, with some of the places in it fascinating this woman, so that she yearns to linger, while other places repel her. Eventually she has to escape from where she is, and she runs away to a frozen lake. In the middle of the lake the moon reflects its light in a hole, but when she touches it, the moon breaks into pieces.

The movie had to be cut down from 30 minutes to 15 minutes, due to the short film awards regulations, and this was very heart breaking for me. Nonetheless, it was a very professionally produced 35mm movie, made with the best quality equipment. My insistence on the highest technical standards ate up the whole budget, but nearly all 80 members of the production team worked without getting paid. They were all willing to make this film because they knew it was not a commercial film. Afterwards, some of them asked me if I would make another film, and I replied that producing a film is like eating a wedding banquet, while my photography is my daily food.

Whatever I do in life, I always try to make it perfect. I have always wanted to believe in the existence of an ideal world, and I want to strive towards that with my own efforts.

More than 900 people attended the premiere of the film, which took place in the largest cinema in Munich. My movie won the "Besonders Wertvoll" (most valuable) prize. The qualities for which we won the prize were the general subject and the unusual visual presentation, the use of metaphorical language, and the perfect blend of eastern and western aesthetics. They said it was a quiet movie but it still managed to create tension for the audience, through the pictures alone. A member of the committes of judges of Bayerische Filmfderung came to me later, and told me that he was the only one who had been opposed to giving an award to my script. Now, having seen the film made from that script, he regretted his decision.

题图：《破碎的月亮》最初场景的构思完全由李白《静夜思》诗境所引起：女主人公被恶梦惊醒，无法入睡，看到床前明月……

有朋友批评我这个电影表现得太理想主义、太完美主义了。我不知道在这个世界上有没有绝对的完美，也许它真的只是一种理想，一种非现实的幻象，就像那个在冰洞里映出的月亮。它只是作为象征圆满完美的月亮的影子，真的月亮你只能远远地去望着它而永远达不到。可我宁愿相信理想是有的并且去追求它。

1994. 7. 28.

　　《破碎的月亮》是我拍的艺术短片的名字，是一个很个人化的对理想的诠释，也是我那两年对生活的思考，带着许多疑问，并用一种非常象征性的手法表现出来的。我以为艺术一定要有个人化的表现，无个性便不是好的艺术，仅仅成熟的技法和完美的表现不能构成真正意义上的艺术。我宁愿看那些技法与表现有缺憾但富有个性的东西而不要看高超匠人的手工艺精品。

　　这部短故事片，虽然属于剧情片一类，但故事情节是不具体的。这个电影最初的名字为《梦幻》，也许我确实是一个爱做梦的女人吧。曾经在我的一本书里我写到过有关梦的题目，我也时常会做内容和画面非常奇怪的梦，有些画面看去像超现实主义的绘画，令人费解，而且我绝对不可能在清醒的时候想象得出这样离奇的画面及情节。我常把这些梦记录在日记本上，也常讲给我的那位朋友，台湾女作家玉慧听，她非常了解我，也常能把我的梦解释给我听。她几次说过如果你能够把这些梦写出来，便是一本非常精彩的书，可惜我恐怕写不好。但我仍然在继续记录各种梦境，梦也源源不断地滚来。

　　我的梦中常有焦虑、恐惧、荒芜、空寂以及时间紧迫和没有后退之路的情形，我也常有要从悬崖上落入大海中的梦，不止一次，总在落入之前惊醒……有位心理分析专家曾告诉我海水

破碎的月亮

这是我初到德国
时拍的一组题为
"柏林印象"的照
片之一。我试图
表现这个城市繁
华、速度与嘈杂交
织在一起而又不
失神秘的特点。

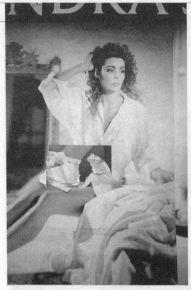

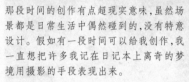

那段时间的创作有点超现实意味,虽然场景都是日常生活中偶然碰到的,没有特意设计。假如有一段时间可以给我创作,我一直想把许多我记在日记本上离奇的梦境用摄影的手段表现出来。

意味着情感世界,梦见它又与恐惧联系在一起可能表示它既吸引我又使我害怕,怕走不到底,也怕没有回头的路。

　　朋友说没见过像我这样写日记的人,甚至记下每个能记住的梦,没人活得这么认真。可我说梦也是我生命的一部分呀,潜意识里暴露出的东西也许告诉我更多东西,日记既然要记录我的生命,当然也要记下这些梦,无论我是否能解释它。

　　当时在电影学院写那《梦幻》剧本构思时,因为没有任何商业性要求,也没想到可能拍摄,所以可以非常自由随意地去写。我马上就想为什么不能写一个像是许多梦境组成的意识流动的电影呢?这是在电影学院里搞创作才可能有的奢侈,老师出的题目是让你创作一个"短故事片",你有充分的自由空间和想象余地去发挥,不必面对投资方和市场去考虑成本,也不必单纯为了迎合观众口味而降低艺术水准。

　　当我意外地得知这个剧本构思得到政府奖金得以实现时,我又一次审视剧本,将题目改为与内容更为贴切的《破碎的月亮》。

破碎的月亮

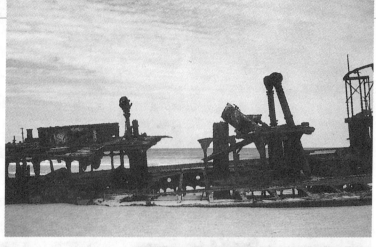

曾经在澳大利亚荒凉海边看到的这有历史感的锈蚀了的船居然也进入了我的梦境

Storyboard
zu dem Film
„Zerbrochener Mond"

舞台上有人为挣脱束缚而苦苦挣扎,观众却十分漠然……

上电影学院时的电影构思草图,当时片名为《梦幻》,后改为《破碎的月亮》。这草图后来发表在德国妇女杂志《女人四十》(ab40)上。

"不给女人自由空间的男人和试图
挣脱的女人"

"等待男人的女人",她们一直在被动地等待着,直到有一个男人
来选择她,她们的生命意义才得以实现……

在这个电影中我试着将我到西方以后对人生理想、人际关系等问题的思考用象征性的画面表达出来。这电影的主人公是个中国女人,她独自在一个陌生的西方大都市里行走,经历了许许多多不同的场景,这些场景像梦幻一般,而这些梦都有着象征或隐喻的意义。其中有些是非常美好的梦,令她向往;也有些则是恶梦,使她不安、恐惧……

她漫无目的地走着……

她走过不同的人家,从窗外看到里面生、死与爱的场面(我

酒吧里的裸男裸
女百无聊赖,有
些孤独寂寞,有
些放纵狂欢……

以为这是人生中三个重要题目），那年轻的母亲和啼哭的新生儿和安详如睡眠一样死去的老人……在一对温柔地爱着的青年男女的房间里，墙上的画都只是空空的镜框，这里我是想说这层意思，在有了真正的爱时，甚至艺术都似乎是多余的了。

或者，那个不动声色又同时与两个男人调情的女子。

或者，那将女人占有便再也不给她自由空间的男人，和那试图挣脱的女人。

或者，那个"等待男人的女人"，就像生活中一些女人，她们一直在被动地等待着，她们的生命意义似乎从此才能实现，直到有一个男人来选择她。

还有在酒吧里的裸男裸女，百无聊赖，有的孤独寂寞，有的在一起却相互毫无兴趣，有的则放纵狂欢……他们戴着面具，相互并不认识却又有着极近的、开放的肉体关系。这种人际关系是令她震惊的。因为对于一个理想主义的东方女性来说，肉体结合的同时，精神的结合才是完美的。

在舞台上，有人为挣脱束缚而苦苦挣扎，观众却十分漠然，无动于衷，而自由又是女主人公梦寐以求的，在她梦中就有那些捆绑的纱带纷纷下坠的情景……

在迪斯科舞厅里，那狂热地跟着震耳欲聋的音乐节奏毫无个性地群舞，那躁动、那令人眼花缭乱的灯光让她无法忍受……

她试图逃离这些梦境，她跑开，逃离这个大都市，逃向自

他们的肉体很近，但精神很远，因为他们相互并不认识，都戴着面具。这种关系令女主人公震惊。因为对于一个理想主义的东方女性来说，肉体的结合只有在与精神结合的同时才是完美的。

迪斯科舞厅里人们随着震耳欲聋的音乐节奏群体盲动着,这躁动不安让她无法忍受,她逃离开去……

然;在树林里她见过的那些画面又不断重复出现,甩也甩不掉。最后她跑到一个冰湖,在湖的中央有一个洞,里面有月亮的倒影。她试着用手去摸这月亮,触到的只是这月亮的破碎的幻像。这破碎了的月亮使她感到茫然……

通常的电影是九十分钟,也有因内容太多而加长的影片,我的剧本是三十分钟的,在剪接时因为电影学院希望能去参加国际短片电影节之类的评奖,而短片规定最长为十五分钟,所以我真像切去自己身上肉似地不得不忍痛割爱,把三十分钟的影片硬是缩短了一半,我们辛辛苦苦拍的许多细节全被删去,若不是电影学院和制片的坚持,我会宁可放弃参加比赛的资格,也要保持自己孩子肢体的完整。尽管已经理智地同意了缩短的决定,但感情上仍与那些要扔掉的胶片难舍难分。所以在每一处我都会与女剪接师讨论很久,才肯动手。

虽然是十五分钟的片子,但是我坚持用三十五毫米宽银幕立体声拍,这一点我与制片人早已达成共识,既然不是一个商业性影片,我们也不必像一般影片的投资那样要有回报和票房。这是一件纯艺术品,要尽可能地在艺术上和技术上达到高标准,即把它当作一个大制作的一小部分去拍。所以在片中几乎所有的场景都用了非常复杂的灯光布置,都是搭设轨道拍摄的运动镜头,从不用固定机器拍摄,虽然大部分镜头运动极缓慢。像拍女主人公在街道上、树林中奔跑这样的镜头，我们也用了斯泰尼康这样绑在摄影师身上很重的防震动设备，这类设备的租金很贵。还有一些场景需要用很大的吊车和许多附加设备等等。因为所有的场景全部是夜景，有时为了照明一条街道，就要搭上好几个小时的灯光，使整个街道有深远感、层次感。

女主人公在那夜晚的大都市漫无目的地行走，两三分钟的镜头要变换许许多多外景地，花许许多多时间搭灯光照明……在慕尼黑大部分房子外装饰非常漂亮，很难找到像在意大利或者美国那样破旧不堪的住宅区，我跑遍了慕尼黑的大街小巷也没有找到我可以拍近景的街道，那种粉刷得齐光光的房子我觉得拍出来会味道不足，所以影片中破烂的街景只好在摄影棚里专门搭建出来。

我还坚持用黑白胶片拍摄，这样拍出片子会与现实更有距离感，可以加强我要表达的超现实主义的意境和我想象的视觉效果。虽然冲放黑白电影胶片比冲彩色片要贵得多，因为现在太少有人拍黑白片了。为了尽可能高水准地实现构思，我们不但要继续争取一些经费赞助，也要把钢用在刀刃上，即把钱用在最必要的地方，所以对工作人员和演员，我们也希望能用剧

为了把街道拍得有深远感，要把灯光搭到几十米以外的地方，近景的每一个"设计"出的"树木"阴影位置都要恰到好处，有时一条街道需要几个小时布光。

本构思来赢得他们，因为我们没有办法付片酬。

　　我与制片人向他们解释了我们的艺术理想和这次难得的有政府资金实现这样纯艺术构思的机会，而没有商业性的考虑。如果为了商业性的目的，我想我不会去拍电影的，因为有很多比拍电影省力得多的可以有更好经济效益的事情可做。在学习班上学到的"要用你的想法来赢得人"对我无疑有很大的帮助，在短短的时间内，我们找到了很多愿意义务合作的工作人员和演员，后来他们对我说，他们真的是由衷地愿意和我合作，因为他们觉得那剧本很独特和吸引人，而我又令他们信服。

　　现在唯一缺的就是女主角了，这应该是一个年轻的中国女孩子。在德国只有很少的中国人，而且大部分是学习理工科的学生，因为那里的学习位子并不那么容易得到。在全德国中国人的人数比在巴黎、伦敦或阿姆斯特丹这样的城市要少得多。我将尺度放宽，在选择演员时只要是亚洲人都能考虑。面试那一天有大约五六十个亚洲女孩前来应试，我觉得可以考虑的只有三个，但都不太理想。

　　在一个偶然的机会经人介绍我认识了一个非常漂亮的女孩子，她是泰国人，曾在 1993 年选美被评为"最漂亮的曼谷的

这是剧组一部分工作人员和演员，我始终没有机会为全体人员拍一张合影。所有这些人没拿一分钱报酬，却那么敬业。

面孔"。她的男朋友是一个很有钱的德国房地产商,他在电话里对我说,假如我用这个女孩子做主角的话,他会给我一大笔赞助经费,因为他想把这个女孩子捧红。我并不太喜欢这类事情,但我的制片人说无论如何你应见见他们,假如她可以用的话,我们就会得到一大笔赞助,这不是两全其美吗?

当我在一个高级餐馆和他们两位见面时,我的第一感觉告诉我,她不是我想象中的主人公:这个脸孔精致得像个小瓷娃娃的女孩子,穿着与她的年龄很不相称的裘皮大衣,戴满金银珠宝,并且浓妆艳抹。她有个让我觉得可笑的名字,叫"香槟",这当然是她的大款男朋友为他起的,大概她对他的意义就像香槟酒吧,喝这种有泡沫和明亮色泽的香槟酒可以使人很高兴,感到飘然,但它绝不是可以让人每天离不开的佐餐葡萄酒。喝多了香槟人容易醉,酒醒后还会头痛。她不会说一句德语,虽然脸很好看,但举止十分矫揉造作并且显得很不成熟。漂亮的眼睛里空洞无物,没有一点深度和表现力,而且不可爱。对我来说,女人不是因美丽才可爱,而是因可爱才美丽。我说她漂亮而没说她美,因为美的女人应是有个性有品味的,而且是内在与外在美的结合。单单外表好看对我意义不很大,我不需要一个空花瓶。我已经知道不会用她了。

我很婉转地对这位房地产商说,实在对不起,我不可能在拍摄中为她派翻译,语言障碍使这件事成为不可能,尽管如此,在进餐时我还是对他们解释了我要拍的电影的内容和想要讲的那些意思,他觉得非常好。

一个月以后,这位房地产商又给我来电话,说他为"香槟小姐"从第二天起就花了一万马克的高价找了一位德语专职口语老师,每天从早到晚陪她练习德语,我们是不是可以再见一面?当我又见到她时,惊叹语言速成怎么能有这样的成绩!她说一口非常标准的德语,口音极为纯正而清晰,虽然内容比较浅显,但这一个月的成绩是不可否认的。我答应他们再考虑一下。我十分为难,虽然我认为她并不是我想要的主人公,但我到现在还没有碰到一个真正合适的,而且是否应为那笔赞助做点牺牲呢?那对我们来说并不是一个小数目,但女主角的选择又是非常关键的。

迫在眉睫时找到了女主角安德里娅（Andrea Fandrych），那天我在日记本上写道："没想到天上掉下个林妹妹。"开机前安德里娅总要让女儿在她颊上亲一下，她相信这样能拍得顺利。

　　制片人竭力怂恿我用她，说她德语能学那么快，一定是很有悟性的聪明女孩子，我们可用服装化妆改变许多形象方面的问题。我反反复复掂量，最后对他说我宁愿放弃这笔赞助，也不能违反我的艺术标准。并告诉制片人这是我在他建议的学习班上学到的：人要真实地面对自己和面对他人。如果我选了她岂不是欺骗了自己？我终于说服了他。然后我们决定一起去找这个房地产商再最后谈一次。

　　房地产商在市区最高级的街区路德维希大街豪华的办公室里，我们诚恳而又开诚布公地与他交谈，我说我还是决定不用他的女朋友，因为气质实在太不对路，并很遗憾她为此这么用功地学了德语。但是他的赞助对我们来说，仍然是非常重要的支持，当然他也可以只给一小部分或完全不给，这是他的自由。大概我们的诚恳感动了他，他说他非常喜欢我这个剧本构思，也愿意看到它实现。"香槟"不演没关系，她以后还会有其他的机会，语言是早晚要学的，我们更不必挂在心上。他出乎意料地给了我们同样一笔数目的赞助，这件事情使我和制片人更加坚信，要用你的真诚来赢得别人，从而实现你的想法。我对制片人说，看来那个学习班真没白学。

　　离开拍只剩九天时间了，一切都在紧张地进行着，唯有女主角仍然没找到合适人选。我真的很发愁，想想恐怕只能用候选人中的一位了。偶然地一位女友得知我们未找到女主角的事，她说与她同住的有个澳大利亚和中国人的混血儿，问我是否想看一下,但她现在是个母亲。我马上就约了她见面。虽然她的脸有一点西方人的痕迹,个子也高大了些,但那气质正是我想要的。她学过画,做过模特,现在常在咖啡馆里打工。她挺开放,挺爽快。见面时我只与她试了一个小品,表现一点忧伤的感觉,我也很满意,就这样我决定用她,前后只用了一个多小时。那天正好是中国的春节,1994 年的 2 月 9 日。

我那天晚上在日记本上写道:"没想到天上掉下个林妹妹!"

为了拍片,她要雇保姆照顾孩子,有时孩子睡在拍摄现场的汽车里或摄影棚里,盖着大衣,让我于心不忍,她是全剧组中唯一拿"片酬"的人,而这"片酬"只是给这孩子保姆的工资而已。

1994 年的 2 月 18 日,我们要正式开机了,在那之前的一天,我还出了一个笑话。有个好友那天过生日,非常想请我去参加他生日晚会,我说无论如何也抽不出时间去,他说至少那天中午请我吃午饭时一起喝杯香槟。早上我忙了一上午,没有来得及吃早饭就空着肚子来与他吃午饭。干了一杯香槟祝他生日快乐,他又给我倒了一杯说这杯是为我开拍顺利,我当然也愿借他的"吉言",一高兴又喝了下去。通常两小杯香槟是不会醉的,但我两杯酒下肚后马上觉得人晕晕然,因为我是从不喝酒的人,大概也因为空腹的缘故。

下午两点是剧组全体人员和导演见面,其中有一些人我还没有见过。我带上家里从中国寄来的一大包围巾,送给在场的每一位同仁,那是我让妈妈找人织的全羊毛围巾,很厚很暖。我想那已是三九严寒,又是夜间拍摄,实在太冷了。到了制片的办公室时,我已经觉得人飘飘乎乎,走在那宽敞的走廊里时已是摇来摆去走不成直线了。我笑着与那些从门里探头看我的人打招呼……

我不记得说了些什么,虽然我手里拿着一张前夜准备好的纸,上面记着我要说的事情。我只记得说特别感谢他们自觉自愿地帮我拍摄,说在工作中如果忙乱了有些地方不周到请大家谅解,还说让他们穿得像洋葱那样一层又一层,我们在中国冬

天就是这么穿的，我不希望他们生病……婆婆妈妈地絮叨些不
太重要的事，却没照纸上写的说。只记得大家一直在笑，我也在
笑，像吃了"笑药"止不住。

事后有朋友告诉我，那天大家私下议论我说，这个女导演
倒是挺好相处，挺和善的。他们以往碰到的女导演常常是严厉
的，没有女人味的女强人。

当真工作起来以后，他们发现这个"和善的"女导演要求还
是挺严格的，他们说我的最大表扬就是"还不错"。开机那天有
很多人告诉我"我真为今天而高兴"，我不知道他们是出于礼貌
还是真那么高兴，像他们表现出来的那样。但不管怎么说，我所
梦想的那一天终于到了，我也应该高兴。看到那两大卡车灯具、
灯架以及各种电缆和塞得满满的轨道，他们像搬运工一样前前
后后跑来跑去，我甚至感到有点于心不忍。可看着自己的构想
一点点变为现实，那平平常常的街道在精心摆布的灯光下变得
那么幽深、神秘，我用文字描写的细节变为立体的景象，虽然有
很多零零碎碎的事先没预料的问题要解决，但真是令人兴奋
不已。

做导演工作是需要非常强的心理素质和身体素质的，那么
多的人在现场都要听你指挥，你要同时想到很多不同的问题，
而且随时反应和回答各种各样来自不同方面的问题，在非常紧
急的情况下也要保持稳定的心态，不能急躁。即使你心里实在
着急，也不能把急躁的情绪表现给合作者们看，更重要的是你
还要跟演员讲戏，思考关于艺术方面的处理方式，你不能因为

拍摄复杂的运动
镜头时，我总要在
轨道搭好后亲自
看一遍整个运动
效果。

破碎的月亮

191

我坚持用 35mm 黑白胶片拍这部片子,要拍得非常专业,要在技术上和艺术上尽可能地达到高标准,我们租用的全是一流设备,尽管昂贵。

那些琐碎的技术上的问题分心而精神不集中,同时你还要有很强的时间观念和对全局的把握,有点像乐队的指挥,或者说更像战场上的指挥员吧,因为实际上你没有乐队指挥那份从容。

因为太忙碌,所以常常有许多地方不那么周到。有一次天将亮时我发现录音师和他的女助理在寒冷中缩在那里看我们拍戏,我忽然想起他们已经没有事情了,因为那天的"背景声"早已录过,我问他们为什么不回家睡觉,他们笑着回答说:"为了表示我们团结一致同舟共济呀。"这句话真让我一辈子也忘不掉。

最让我感动的还是那个演女主人公的混血女孩子,按剧情规定她必须穿着睡衣光着脚从卧室走到大街上,然后四处飘荡,在那零下十几度的气温下,我常是穿两件滑雪服工作的。虽然我让她在里面穿了紧身的羊毛衫裤,而且尽可能地缩短她实拍的时间。每次拍过一条胶片后总立刻有人帮她裹上大衣送到汽车里并专门派了两个女孩为她用热水袋焐暖身子并按摩双脚。她告诉我在前五分钟走在冰上时那脚真是痛得钻心,五分

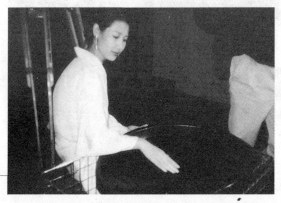

片中梦境和月亮等镜头虽然很短,但我们做了许多试验才拍出来。我正在试验拍用手去摸水中月亮倒影的效果。

钟以后就一点知觉也没有了。就这样她还能一遍又一遍地按照要求去做，毫无怨言。在拍树林里奔跑的那一场，我觉得实在光脚跑在那冻到一起的枯枝上一定会太疼了，让化妆师为她在脚底贴了厚厚一层胶布，但摄影师说在全景镜头里仍然能看出来，我们拍的是宽银幕电影，放到大银幕上一定会暴露无遗，坚持要让她把胶布撕去。她二话没说马上就自己撕掉，而且一次次地为我们不同角度与景别的镜头而来回奔跑着，这精神令我十分感动。我总在想若不是对艺术真的热爱，有几个人可以做到这一点？因为工作太忙，她常常几天见不到女儿醒着的样子，在我们拍内景而她的戏不太重时，我会让她的小女儿来现场，在这种时候，她总要让她女儿在开拍前亲她一下，因为她相信这样能拍得顺利。

　　虽然我并不是科班出身，但我要庆幸学建筑学锻炼了想象力，摄影锻炼了我眼睛的敏感性和观察力，顾问工作又锻炼了我的综合能力和组织能力，使我在拍摄的近三十天时间里能够处理很多问题，包括非常棘手的问题。我们还做了许多技术性的试验，比如梦境中的那些场景，那些离奇的变了形的城市，变了形的月亮等等。在影片中这些场景虽然只有几秒钟，但可能要花上一天时间去拍摄这些镜头。

　　影片的结尾是她跑到冰冻的湖边，慢慢走到湖中央，看到冰湖的洞里映出的月亮。为这个湖，剧组的人跑遍了巴伐利亚山脉的大大小小的湖泊，拍了许多照片给我看，我都不太满意，因为我想要一个四周没有房子的纯自然的湖。他们告诉我只有一个湖是这样的,但那是自然保护区,不允许拍摄电影。我们和管理局的人像拉锯战似地交涉,终于在马上快解冻的时候得到了他们的许可,条件是不可以将大卡车开到湖边,以免破坏树木。

那天清晨我们大队人马搬着大大小小的仪器灯光到了那个湖,要用的仪器相当多,包括许多灯光、反光板、轨道以及电缆、发电机等等。我们一行人像蚂蚁大搬家那样排着长队穿过那些树木密集的地方走到湖边。拍全景时我们要用太阳来代替月亮,通过加滤色镜的方式将白天变成夜晚。还好气象预报准确,在很少出大太阳的德国冬天,那天天气出奇地好,拍到下午居然热到有些工作人员脱去棉衣只穿毛衣甚至衬衫。眼看那冻了一冬的冰一点点在溶化,一旦裂开是很危险的。我们将梯子平放在冰面上以分担重量,同时加紧赶拍。工作人员不敢快步如飞地跑,生怕万一冰破裂的话,不知会有什么样的后果,我们有那么多的带电的器材和那么多的人……

当我们拍完之后,冰已经变得非常薄了,而且表面上是稀乎乎软塌塌的一层。我们已经不敢在上面走来走去搬运仪器了,于是大家一个传一个地将仪器运到岸上,再轻手轻脚地上岸,同时祈祷上苍保佑冰不要裂开。当最后一个人上了岸时,我一直悬着的心才放下来,我是倒数第二个上岸的。我后面是那个年轻的副导演,在他上岸后试着用力踏了一下冰,冰便立刻破裂开来。第二天整个湖便全部解冻,再也没有重新冻起来。我们都

拍结尾冰湖一场戏的间歇。因为我们在等待太阳从云中出来,否则我们的冰洞里便没有了假月亮。眼看着冰越化越薄,非常危险。

太庆幸把这一场戏抢拍出来，因为不可能等到第二年再拍这场景，而在摄影棚里搭景谈何容易，以我们的经费是不太可能的。

经过大家这样齐心协力的努力，电影终于拍完了。照德国的行规，剧组在拍摄过程中有两次庆祝。一次是所谓的"过山宴"，是在电影拍完一半时的聚会，表示我们已经站在山头上，后面的工作越来越好做了，是在走下山的路，当然这是象征意义上的"下坡"。最让人开心并且彻底放松的是结束时的宴会。所有我们这样的宴会都是由一些餐馆赞助的，我也很感激他们。那晚在英国公园湖边上非常优雅的餐馆"湖屋"里，大家又笑得那么开心，好几个人都喝醉了，我也让他们开怀畅饮，因为他们太辛苦了。我还专门请餐厅加了香槟酒，算作我对大家辛苦的一点心意。

那晚很多人都对我说，他们感到这一次合作是难得的，一个商业性的片子常常不能这样精益求精，常要赶时间而比较粗糙。特别是那些演员，他们都非常希望我能再拍片，能再跟我合

几个年轻的合作者一定要让我躺到他们腿上拍张合影留念，因为这个电影是大家抬着我才拍出来的。中间的是副导演東·慰特（John Wate），他旁边的年轻女人是制片尼可拉（Nicola Seipp），戴眼镜的是摄影克劳斯（Klaus Naumann）。

片中的独舞是由舞蹈家玛尔塔（Marta Binetti）在我的提示下即兴发挥的。她享有"欧洲现代舞领路人"之美誉。

作，说跟我拍戏是"享受"，我知道他们过奖了，而且也知道拍电影这行业对我来说也只是偶然的机会而已，我不可能完全改行搞电影，因为电影太有依赖性，不仅有对经济的依赖，而且需要太多的合作者。在一次采访中我曾做过这样的比喻：摄影是我的家常便饭，而拍电影就像婚礼宴会，有机会我当然不愿放弃这样的婚宴，但人不能天天吃婚宴。不管怎么说，我本来没有想到真能拍电影，以为是下辈子的事情。拍电影是一件很有创造性的工作，还非常激动人心，特别是实现你自己的创意时。

庆祝会到了高潮，几个年轻人坐成一排，一定要让我躺到他们腿上拍一张照片，他们说这个电影是大家抬着我才拍出来的。我想一想真是这样，没有他们的合作这一切怎么可能实现？而且这是许多艺术家共同的创作。

影片中的独舞由阿根廷的芭蕾舞舞蹈家玛尔塔来完成，她的创意舞剧的成功使她获得过"欧洲现代舞领路人"之美誉；在片中还有一个饰演流浪手风琴手的镜头，他那优美的琴声使女主人公神思遐想，这个演员是获得过全欧洲手风琴比赛一等奖的西班牙音乐家恩瑞克；摄影是克劳斯来执行的，他也是非常出色的青年摄影师，他拍摄的影片曾入围西柏林电影节；作曲是独奏家兼作曲家阿伐莱罗，他也是慕尼黑"巴赫乐团"的指挥；剪接是波兰女剪接师西蒙，她在波兰也获得过最佳剪接奖。整部片子是非常国际化的合作，还得到了电影学院的极大重视，他们不但无偿提供了许多条件，如剪接室和摄影棚，还给以资金上的特别赞助，我并不是他们那里的正式学生。所有这

作曲是阿伐莱罗（Raul Alvarellos），他不仅是作曲家，也是慕尼黑"巴赫乐团"的指挥。

些人都无偿地工作并投入了创作激情。那作曲家的曲子大家都非常喜欢,我特别喜欢那片尾音乐,那是他在录音棚现场即兴创作的。他在演奏室里弹钢琴,一遍又一遍,直到我说满意为止。因为即兴演奏没有乐谱,他只有一些基本的旋律,其他如长短、快慢、伴奏的和弦等每次都不尽相同,我们配合得十分默契,后来也成了朋友。

1994 年 7 月 28 日,这部电影得到德国电影的"影评人"奖,其评语是"特别有价值",这是对所有在德国上映的电影的最高评审级别。评委会的鉴定中有这样的评语:"这是一部无论从视觉角度还是题材上都不同寻常的电影,故事有很强的象征性……","评委会之所以赞许此部电影,是因为它成功地运用画面语言,体现了一个梦幻般的境界,一个年轻的女子在她十分陌生的环境中寻找自我。她飘忽不定地穿越过不同场景,而结尾以月亮的倒影在水中破碎来体现非现实的理想之幻灭……","这部片中两种美学观念相互交融——东方的和西方的,并成功地使两个相反因素,即现实和非现实的世界联系在一起……这是一部平静叙述的影片,但导演懂得在此抓住观念的心弦并保持这种紧张度"。

1995 年片子又在奥地利布鲁登兹国际艺术电影节上得到了特别奖,他们将此片称为是"一部画面优美,充满神秘感的影片"。

因为我那一年远离慕尼黑,所以首映式一直拖到 1995 年的 5 月才正式举行。那天在巴伐利亚洲最大的电影院"Mathesa"电影城,能够容纳八百人的放映厅里座无虚席,甚至连走廊上

与恩瑞克(Enrique Ugarte)和阿伐莱罗在电影院海报前,他俩还在首映式上演奏助兴。

破碎的月亮

197

在巴伐利亚州最大的电影院"Mathesa电影城"首映式现场，场中800多位子座无虚席，走廊台阶上也坐满了人。我在向观众介绍主要演员与主创人员。

台阶上也坐满了观众。有些我的朋友像吉尔曼老先生等都从外地赶来助兴。我在首映式上向观众介绍演员并开玩笑说"我还没见过这么多的人在我面前"。他们笑了，说中国是人口最多的国家，我怎么会没见过那么多人？我想除了十几岁时上台拉手风琴表演，我确实还从没有面对这么多人讲过话。

首映式结束后，大家聚在隔壁的啤酒屋里喝啤酒聊天，这时德国电影的权威、大导演施密特先生走来向我做了自我介绍。他的电影我当然知道，他曾拍过二三十部电影，有一些很有影响，也给我印象十分深刻。他说他是巴伐利亚电影奖的评委主席，所有推荐得奖的剧本都要通过他审查批准，他说他是当时唯一反对我这个本子得奖的人，因为恐怕影片理念太抽象、太深奥，探索性太强。现在看到拍成的电影，他特来向我道歉，因为他"犯了一个错误"，这是一个"非常独特，令人过目不忘"的影片，技术处理很完美。我没想到他会这么坦诚，他的赞扬使我很受鼓舞。他毕竟是德国电影界中举足轻重的人物，在慕尼黑、柏林和洛杉矶都有自己的制片公司，有相当多的经验和阅历。当我问他怎么可以以一年拍一部的高速出产电影时，他说他并没有拍得特别多，"只不过别人比较懒惰而已"，我喜欢他这种幽默。由此我们相识，他也从此成为我"良师益友"式的朋友，这大概也算是"不打不成交"吧。

有朋友批评我这个电影表现得太理想主义、太完美主义了。我不知道在这个世界上有没有绝对的完美，也许它真的只是一种理想，一种非现实的幻象，就像那个在冰洞里映出的月亮。它只是作为象征圆满完美的月亮的影子，真的月亮你只能远远地去望着它而永远达不到。可我宁愿相信理想是有的并且去追求它。

人如果连梦都没有，便什么也没有了。

万里魂牵

ZERBRO CHENER MOND

Ein Film von
XIAO HUI WANG

unterstützt von
Ze-BAU IMMOBILIEN-BETEILIGUNGS-GmbH
BAVARIA FILM / BAVARIA KOPIERWERK

Eine KLAUS NAUMANN FILMPRODUKTION in Co-Produktion mit der Hochschule für Fernsehen und Film München / Abteilung IV W-Kurs gefördert
mit Mitteln der Bayerischen Landeszentrale für Neue Medien im Auftrag der Bayerischen Landesanstalt für Aufbaufinanzierung © 1994

Ties to home

The day of Lin's death is All Saints Day in the Catholic religion.

In China we have a similar public holiday which falls on Lin's birthday. As in Germany, this is the day when families go to the cemeteries. After Lin died I arranged a symbolic grave place for him in a cemetery near my home in Munich. I have always visited this place on Lin's birthday, and on the anniversary of his death. His ashes rest in China, where I cannot always go on the specific dates. The publisher Jurgen Tesch says that our homeland, like our religion, will always stay in our heart regardless of where we are.

Our hometown, like the moon, accompanies us when we move from one place to another. The moon festival brings all the members of a family together in the same place. In Chinese culture we use many metaphors and symbols to explain this feeling.

As a student in China I was very much interested in Western culture, but the longer I stayed here in Germany, the more interested I become in the culture of my own country. There is an old saying in China: When you are on the mountain you may not see the real beauty of it. Only from a distance, can you appreciate its true beauty".

At Tongji University the topic of my masters' thesis was Communication Through Architecture "-a modem theme oriented according to the western language. At Munich University my tutor recommended that I continue and enlarge this subject, but instead I worked on a different topic: The Intellectual Background of Classical Chinese Architecture". This was a new challenge for me, and I forced myself to work harder on this project, using it as a topic in my teaching classes at the college. During that period, I wrote many scripts for documentary films for Bavarian TV, about Taoism and Tang-Dynasty culture.

As a child, I grew up in an environment where I heard music all the time. This was because my mother was a music teacher. In China, I preferred Western classical music to Peking opera, which I did not like much at all. In autumn, 1994, there was a great celebration for the 200th anniversary of Peking opera. I wanted to make a movie about the action behind the scenes, about the lives of the people involved-their thinking and their existence. How were they able to keep performing opera when the world was changing every second? With the support of the film academy, and the assistance of my friend John Wate, an hour-long movie was made and eventually distributed in six countries.

In 1997, there were three large exhibitions of my photographic work in Shanghai, then Beijing and finally in Tianjin-under the title "Photographic Review". Chinese newspapers described it as The best gift, after being away from home for 10 years. It was surprising for me to see how much my work was accepted by people at all levels. The German embassy gave a lot of support to the exhibitions. Two years later, I was invited by the government authorities to be one of 60 photographers involved in a project called Shanghai through the eyes of the world's top photographers. In 2000, a simllar event was organized by the government in Beijing, to celebrate the 50th anniversary of the People's Republic of China.

At my exhibition in the Hong Kong Arts Centre, in 1999, I was asked by a British journalist where I feel most at home, in Germany or in China? I replied that my home is everywhere, but my soul has its ties with my homeland.

题图:《破碎的月亮》海报取意于电影结尾的一个镜头:女主人公迷茫的脸色与水中月亮破碎的倒影叠映在一起。对我来说,月亮的另一层象征意义便是故乡。

今天出版商 Tesch 看照片时问我为什么拍了那么多在湖边、海边孤独的小舟,我想这大概像我远离家乡的漂泊的生命。他对我说:宗教实际上是在我们心中,家乡也是这样,无论你离它多远。

1995. 5. 5.

　　人生经历了太多,许多往事随着时间也变得薄而透明起来,它们似乎会淡淡地走远,淡淡地消逝,唯有这些日记又使一切变得清晰而鲜明,好像一切都只不过发生在昨天。

　　从小到大我无数次丢失过东西,但没有一样能使我那么觉得心疼和可惜,那么无法弥补。那是我 1992 年第一次回国时记的日记本,在我回德的旅行中途转机时,被我和一部书稿一起忘在飞机上,再也没能找回来。书稿我没有复印,只得重写一遍,但那记满第一次回故土的日日夜夜的日记却不能再写一遍,那每一点细微的感触都那么珍贵,时过境迁,至今留下的只是些朦胧模糊的印象了。

　　因为离家乡遥远,周围的一切才会变得如此陌生,也因为离家乡遥远,才会有无尽的思乡之情。电影《破碎的月亮》最初场景的构思完全是由李白《静夜思》意境所引起的。

　　偶尔翻到朋友极为赞赏而送我的书《诗与诗论》,打开书的第一页,那在国外生活过半生的大艺术家熊秉明先生写的诗《静夜思变调》跃然映入眼帘,读后使我深有同感,虽然这位老艺术家的感触一定比我要深得多,或许当我也进入耄耋之年时才能真正理解他诗里诗外的层层含意。

　　这真是极美极静极为悠长的变奏曲啊,我非常喜欢他的《减字静夜思》和变奏中流洒出的幽幽情思,带着几分无奈,几分惆怅。如果一个人没把李白原诗吟上千百遍,是无法写出这样的变奏曲的。我觉得他那些短短的精炼的貌似平常的字句讲了那么多我想说而说不清的意思:

万里魂牵

万里魂牵

床前明月／疑地上霜／举头望月／低头思乡

床前光／地上霜／望明月／思故乡

月光／是霜／望月／思乡

月／霜／望／乡

……

孩子已作了祖父／过去的孩子在今天的祖父心里／顽童一样着迷地唱／思故乡　思故乡

……

在时间的这一头／在世界的这一头／满头霜　满头霜／满眼老花的月亮／满面粼粼的月光

月亮是苍白的／月亮不说话／故乡比月／更远一倍

低头思故乡／我已回去／我已回不去／我已不回去／我已在路上

……

　　熊老说这首小诗是"李白诗句的碎片在一个老人衰退的记忆中重新拼合的花纹"，他希望这诗被朗诵。我抄录下它之后，满耳是那有韵有律的词句，满眼是那"月"那"霜"的景象，满脑是那"月亮看我，我看月亮"、"乡即是月，月即是乡"的意念，满心是我"在世界的那一头"可"月亮老是跟着我"的思绪，每再看一遍，总止不住想要流泪。

　　小时学着背过不少唐诗，记得阿姨对六七岁的我讲白居易《琵琶行》里"此时无声胜有声"的意境，那时虽然半懂不懂，但给我印象极为深刻。我曾与德国人讨论过中国人让儿童死记硬

202

背的教育方法，我虽不完全赞成，但从小背古诗会让孩子在玩耍中学到许多东西，随着年龄的增长，有一天也许会悟出那在儿时并没完全明白的、极为熟悉的词句之中所包含的无穷无尽的意味，这是多么美妙的一件事，可惜德国人无法体会。

我小学中学时最要好的朋友是我的亲戚小宁，他是茅盾先生的孙子，与我年龄相仿。每年寒暑假我们都会在北京或天津一起度过。在那个年代我们没有任何业余文化生活，没有电影，没有小说，在一起除了喜欢"神聊"之外，还会写些"歪诗"。我还清楚地记得他大概十一二岁时写的一首《咏雪》：

> 雪如白梅落燕京，
> 古城换貌又添新。
> 闲人只觉路难行，
> 哪晓老农如得金。

那时我们根本不懂合辙押韵这些规矩，这首诗当年曾让比他小一岁的我非常崇拜。

后来去上海念大学，正赶上十年浩劫之后出版的许多翻译的西方学术理论书籍，我如饥似渴地读着，被佛洛伊德、佛罗姆、萨特等人所展示的全新世界所吸引，虽然就像儿时背唐诗那样似懂非懂，但还是像海绵一样吸收着西方文化的养料。

可真到了西方，却越来越觉得自己中国文化的底蕴不够，越来越发现中国文化的魅力，又重新拿起毛笔饶有兴致地去画小时当作任务逼迫自己练习的水墨画，更加领悟到传统绘画中求"神似"的审美意境和那大片留白的妙处。所以我才决定舍近求远地将博士论文题目改为《中国古代建筑的精神背景》，而不把几乎现成的硕士论文改写成《建筑视觉信息与传播学》，因为那中国文化的精神背景要比"信息"和"传播学"这类时髦学说更吸引初到西方的我。在西方时间呆得越久离家乡越远，似乎家乡的吸引力越大，德国人把这现象称为"悖论"现象。

小时我不喜欢京剧，那时只有所谓"八个样板戏"，好像所有的电影海报、宣传画上以及所有的电台里全是"革命样板

万里魂牵

戏",这更使我产生逆反心理。另外只有两个芭蕾舞剧《白毛女》和《红色娘子军》,为了买到这种演出的入场券,我与朋友站在雪地里排了一整夜的队。

上中学时,我与几个小朋友苦练过几段《白毛女》的独舞,还照着好不容易借来的《红色娘子军》总谱,为学校自编自演小段舞蹈节目,有时甚至自己为舞蹈作曲。也许这是能发泄当时那种过剩精力的唯一途径。我很喜欢舞蹈,芭蕾舞在我眼里比京剧要美得多,当然也西化得多。

没想到到了德国以后我反而开始喜欢京剧,喜欢京剧的抽象和写意、剧目的世俗化和表演的程式化等等。京剧的舞台简直是社会历史的一个形象的浓缩,研究京剧也可以涉及到中国文化的方方面面。所以当1994年夏末我听说要为梅兰芳诞辰一百周年搞大型纪念活动而且有许多传统剧目上演时,我下决心放弃了歌德学院请我到北京、香港讲学,举办"摄影工作场"并为我拍纪录片的事情。(为这事我没少花时间准备,还专程回国与歌德学院推荐的纪录片导演吴文光见面,参加工作场的学员都是些青年摄影工作者,有些已经初露锋芒,有位著名的模特也非常有兴趣一起合作,放弃这件事着实让我犹豫了一阵。)但我想梅兰芳纪念活动也是百年不遇的,讲学还可以再组织,于是我开始积极准备。

在当时北京电影学院的许诚、陈晓玲、孟凡,中国戏曲学院的焦克,中国京剧院的唐经理等人的鼎力支持与合作下,终于顺利开机。因为我对京剧仍是门外汉,我请了著名学者吴同宾老先生为此片做顾问,他研究了一辈子京剧,也推荐了许多名角"友情出演"。拍摄过程中我们还采访了李世济、赵春亮、纽镖、秦雪玲这些著名艺术家,这部片子是关于中国京剧历史与现状的真实纪录,展示这个时代京剧人如何思考,如何生活,提出京剧如何在现代文明冲击下保留与生存。我的重点不光是想把京剧这门古老的艺术介绍给西方,更希望将重点放在京剧人与京剧在中国人生活中的地位上,并希望这门艺术在我们这个日新月异的时代不被铺天盖地而来的新潮艺术所淹没,所以最后定的题目是《世纪末的京剧人》。

这是一部纪录片,我力求真实平静地叙述,让生活本身来说话,并让观众自己体验其中意味。

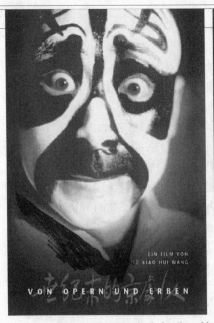

采访著名京剧表演艺术家李世济。

《世纪末的京剧人》海报，图为青年
艺术家王钦

　　整部片子分了三个大部分，第一部分的题目是"余音绕梁
而三日不绝"，讲述京剧这种独特的艺术形式以及长久以来对
中国人文化生活的重要性。有位80岁的京剧老票友说的一句
话引发了我用这段话作为小标题，他说儿时祖父教他唱的段
子，至今难以忘怀，"那余音不光绕了三日，而是绕了一辈子。这
种艺术在世界上少有吧？现在看电影出了场就忘记了，那怎么
行？"这老人执著得非常可爱。

　　第二部分叫做"冰冻三尺非一日之寒"，讲述了学习唱、念、
做、打的辛苦。自陈凯歌电影《霸王别姬》在西方上映后，中国京剧
学生的"苦"使西方人无法置信。我采访的一位青年艺术家王钦告
诉我，每天练功时练功服必会湿透，所以行当里称它为"水衣子"。
他从小到大从"水衣子"里挤出的汗水累积起来说有几浴缸也不
夸张。行当里还有种说法：一天不练自己知道，两天不练同行知
道，三天不练观众知道。对他这样的"武生"来说，模仿一下麦克·
杰克逊一类的歌舞动作并非难事，所以不少同学都纷纷改行去伴
歌伴舞，在歌舞厅每次的出场费甚至比在京剧院的工资还高。

　　改行的歌星、舞星在采访中说，并不只是因为金钱的诱惑，
更因为那完全不同的感觉。演出京戏台下大多是老年人观看，
他们可能为你喝声"好！"，但演出歌舞时"全场年轻人会随着你
唱随着你摆随着你拍手，演完会有人跳到台上抢你的衣服帽

子，让你在他们身上签名"，他认为这是完全不同时代的东西。

许多老艺术家担心这种状况会使得京剧这门传统艺术后继乏人，所以我第三部分的标题是"大千世界何处觅知音"。著名的丑角钮荣亮老先生在采访中说："我在舞台上六十年了，我没有怨恨，只有一点悲哀……"

所幸的是还有很多京剧人说他们实在太热爱这行当了，决计不改行，哪怕是为理想而牺牲。我曾拍摄下一个细节：在采访中我发现一个改行做伴舞的男孩子在衣服里面外面各挂了一条项链，外面是在西方的年轻人中也流行的印着飞行员名字和番号的铁牌子，当我问他为什么里面还要挂另外一条，他拿给我看的是一个碧玉的小佛像，并告诉我说佛代表的是中国文化，他总要把它挂在身上，因为它比外来的东西"更贴心"。这让我很感动，而且觉得这一细节非常具有象征性，无论如何西化，如何摩登，"中国心"是无法轻易失掉的。

实际上，传统艺术在许多国家也受到国家的保护和资助而不让它自生自灭，像西方的古典歌剧、日本的"能"等等。在影片中我只是提出一些问题引起人们思考，我希望中国的京剧能够发扬光大，也高兴看到中国政府重视"振兴京剧"。

这片子也是由慕尼黑电影学院资助的，同样也不是一部商业片而是一部艺术片，至今已经在六个国家的电视台放映。当时上

在天津拍摄时，爸爸的好友、原南开大学古典文学系主任、图书馆馆长鲁德才教授帮我组织了公园清晨上百位票友的聚会，气氛极热烈。德国纪录片的专家十分赞赏这个场景。

海电视台纪录片工作室也准备播放，当时这个工作室的主任、著名的纪录片导演王小平女士只看了不到一半时就当即拍板说要买下这部片子，可惜我一直没时间将德文的配音解说词改为中文，所以至今没有在中国公开发行，令我有些遗憾。1999 年德国国际关系机构举办了很大的关于京剧的展览，我的这部片子也在开幕式上放映。

由德国国际关系机构（IFA）举办的京剧展览开幕式上放映了《世纪末的京剧人》这部片子。中国驻德使馆文化参赞王文博先生为展览开幕致词。

　　在德国也许是"物以稀为贵"吧，我这个中国文化的"半瓶醋"常会被德国人当作中国问题的内行，从最早在一些学校讲有关中国建筑及园林的课程到为电影学院学生拍摄的纪录片《北京四合院里的人家》做指导；然后是为别的作者关于中国的书或电影做顾问，再往后是为一些建筑设计赛或城市规划项目做顾问，比如上海浦东机场或杨浦区环保小区的规划项目。中国国庆五十周年之际，法国著名的用德法双语播放的电视台"Arte"举行两个小时的对中国的专题讨论，在德法两国共请六位中国问题专家做现场直播，也请了我。近两年我正在为德国一个很大的出版集团做中国方面的顾问，我很有兴趣做这些项目，喜欢凡是对祖国有益的各种文化交流活动。

　　1995 年 9 月，世界妇女大会在北京召开，我专程回国采访了不同年龄与职业的中国妇女，后来在此基础上写成的纪实性文学《七个中国女性》一书，最近在费舍尔（Fischer Verlag）出版社出版。这是我写的第一本文学性较强的书，当帮我修改润色文字的女友莫尼卡兴高采烈地告诉我费舍尔要出版这本书时，我问她这出版社能好到什么程度会令她这么激动，她说打个比方吧，在出版界它的地位可能像在体育界拿奥运会金牌，它在文学方面是非常著名的，在这出版社出过书，以后再写什么不愁找不到出版社了。我很庆幸自己又一次交了好运，更高兴的是能有更多的西方人读到我讲的关于中国人的故事。

这些年我还尽可能多地义务帮助我的老家天津做些中德科学、文化、经济交往方面牵线搭桥的事，在吉尔曼博士的帮助下，促成了一些像急救中心、中医药研究以及一些医学学术方面的交流等等合作项目。1994 年 3 月天津市副市长叶迪生先生亲自为我颁发了顾问证书。他不仅是位政治家，也是我非常尊敬的学者与文化人，他曾题诗赠我：

秋瑾东游为救国
慧来西德在图强
情倾艺海求真谛
万里魂牵是故乡

我太喜欢"万里魂牵是故乡"这句诗，因为它道明了我们这些人对故乡念念不忘的原因。只是我很惭愧没能多为家乡做些事，因为实在太忙太忙了。我以为说我们是"海外游子"很贴切，而这些"游子"虽然远走他乡，但作为中国人总想能为祖国尽些心力，就像熊老先生诗中所说，那"故乡就像月亮"，永远是"跟着我走"的。

1997 年 5 月开始，我筹备了许久的京、津、沪巡回摄影回顾展在上海美术馆隆重开幕，这是被媒体称作"她去国十年之后

接受市政府的顾问证书

将慕尼黑吾德市长介绍给叶市长认识，这是在他的办公室里。

秋瑾东游为救国慧
来此法土图强情倾
艺海求真谛万里魂
牵思故乡

题赠王小慧女士

叶迪生 一九九〇年 六月廿日

阿尔卑斯山湖畔

德国前总理科尔的私人医生吉尔曼教授夫妇访华与我父亲合影。他们促成了许多医学方面的合作及研究项目。几年来为这类事我频繁穿梭于两国之间，觉得自己是在做些对祖国有意义的事。

返回故土，馈赠给她的祖国的最珍贵的礼物"。

这次回顾展是我自 1986 年以来摄影创作的综合回顾，分"风景、都市及抽象摄影"（1986—1989）、"人体及艺术摄影"（1989—1993）及"肖像及纪实摄影"（1993—1994）三大部分共二百余幅作品。上海美术馆最好的一层楼面上千平米的展厅给我展用，主办单位是上海海外交流协会。上海市新闻办公室副主任焦扬女士从策划到实施，具体到场地落实、照片挑选、新闻发布会等做了大量组织工作。开幕那天上海市政府的一些领导来参加了开幕剪彩仪式。我母校的女校长吴启迪博士和德国驻沪总领馆文化领事吕安德先生均在开幕式上致词。当天上海的两个电视台的晚间新闻予以报导，展览期间还有其他电视专访和包括《人民日报》、《文汇报》、《解放日报》、《新民晚报》、《中国摄影报》、《人民摄影报》等三十多家报纸做了报导及专题采访，还有德国的《南德意志报》和美国的《远东经济时报》也作了报导。

开幕后两天就有三千余人观看展览，后来几天内每天约有上千人参观，美术馆的人说这是在同类展览中极少见的。我的四大本留言簿写得满满的。

有陌生的观众写"我已经是第三次来看您的展览了，您作品

万里魂牵

209

所讲的故事让我感动,自然而真实的艺术带给我更多思索"。

一个署名"即将毕业的学生"说:"很久没有看到这样的摄影展了,所幸的是我并未错过。尽管有些画面还不能完全理解,但在更多的画面中我能感受您的心情和个性。""偶遇友人聊天,他们亦参观了您的回顾展,均称赞你。"这让我感到观众真的喜欢我的作品。

"我们非常欣赏您的摄影作品,更欣赏您对人生的执著追求"、"如歌如诗,如泣如诉,让人产生很大的心灵震撼"。

"一个充满悲剧性然而美丽的人生"。

"您的作品与精神给人增添了在世界生存的意义"。

"用理解和感悟的第三只眼探索人生世界",展览馆的几位工作人员写道:"我们在美术馆已经工作好多年了,王老师的展览是所有摄影展中最成功的一个,我们非常高兴,希望再来我馆展览。"

留言簿上还有许多溢美之词,有些言过其实,令我感到当之有愧。但中国观众的热情使我感到分外亲切。

当年在俞霖去世后写过一篇题为《小慧,归来归来》的文章的同济建筑学院院长的夫人写道:"小慧,你终于归来了,带着你的梦。"她女儿干脆用英文写"I love you"(我爱你)!我不知这女孩儿有多大了。但这都让我感到那么亲切难忘。我的老院长干脆用我自己那张回顾展画册封面自拍像的题目来勉励我:"往光亮的地方看!"

我生命中相当重要的十年是在上海度过的,不满二十岁时我就开始在上海读大学,后来又读研究生并留校工作,至今我

在上海美术馆举办回顾展开幕剪彩仪式上发言

210

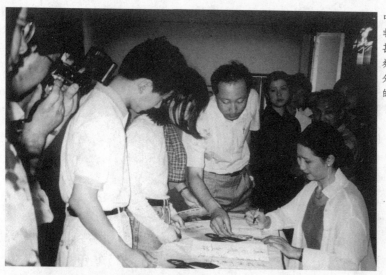

中国的观众总是非常热情，有人甚至要我在入场券上签名，我十分乐意答应他们的请求。

在上海的朋友、老师和同学要比我出生地天津多得多。我总说上海是我的第二故乡，这次回来使我更有"十年还乡"的亲切感。开幕时我看到台下有许许多多熟悉的面孔，有教过我的教授，也有与我同窗多年的老同学。我想这回算是我第一次把我出国留学的学习成绩向母校和家乡父老汇报。

老师和同学十年没见，感慨万千，特别是说到俞霖时，好几位老师和同学都眼里噙着泪花。曾恳切地希望俞霖学成归国做接班人的当年的系主任戴复东院士的太太吴庐生教授见到我一句话都说不出来，只是抓住我的手不放，泪水止不住地流淌，本来我那天一直尽量克制自己情绪不想太过激动，这时也实在

上海美术馆开幕式现场(左图)
女大学生似乎特别喜欢我的作品，她们常常会在展厅里留连忘返。(右图)

万
里
魂
牵

忍不住流泪。后来我又在展厅里看到她,她仍在不断地擦拭那双已经红红的眼睛,这情景让我那么心酸。

我收到一封过去与我住同屋的昭如大姐的信,她比我大好几岁,是当年老三届的学生。记得我上大学第一天看到穿着背带裤的她显得那么好看,给我印象很深,没想到我们同住一室。那时我常常开夜车早上起不来,从不去食堂吃早饭,她常常会帮我带块丝糕摆在寝室桌上并告诫我"早睡早起身体好"。她在信中写道:"我忍不住在你的影展上向隅而泣——当你的肉体在忙忙碌碌地应付着尘世间众多的一切,……你的灵魂却在展厅中徘徊,她离我那么近,又那么远。我无法同她对话,因为她处在天界与凡世之间……上帝的手已经在你头顶上了,你是上帝一手造就的。"

著名艺术史学家岛子先生写道:"……你有很多善缘,四十岁以后都将逐一显相。这就像瀑布一样,在它冲决倾泻、从高崖之上源源不断涌向大地之后,渐渐融渗于一种生态关系中,外部的逻辑很难直观,而内在的化生都潜隐而包容,涵盖了生命的世界。

"为你的才华和勤奋所感动。也为你的奔波和漂泊而担心。这种心情是矛盾又复杂的。我猜忖,这也是你的亲人们的心情。作为朋友,我为你自豪,同时也常常地祈祷——为你。"

还有一些有着与我相似经历的女人来信,她们似乎更能理

这位叫邓萍的女记者采访我的过程中总忍不住要哭泣，我拍下了这样的镜头。

解我的伤痛和情感经历："自从我丈夫辞世以后，我已很久没有这样激动和感动过了。我不能不为您自身成长过程中所经历和所付出的努力以及最终所获得的成功而叹为观止。您真正的是由一位'丑小鸭'变为一只'天鹅'，但在成为'天鹅'的过程中，没有忘记给予您教诲、帮助、支持你的父母和爱人。"

那天在美术馆的休息室接受《南德意志报》的记者马凯（Kai Strittmatter）采访时，有一位陌生女人无论如何也要与我见一面，我们请她进来，她告诉我她从边远省份来上海，马上要乘火车回去，但这几天每天来找我都没碰到，听说今天我会来接受采访，她冒着可能赶不上火车的危险来试一试，而且请我一定在画册上为她写几句话。说到她自己经历时她哭了，她以前是运动员，因事故无法继续运动生涯，看了我的展览她十分感动，决心重新考虑今后的路如何走……

懂汉语的德国记者听了也很感动。他写了长篇报导在德国发表，其中写道："……今年她举办了个人摄影十年回顾展，第一站是中国，接下来是德国和其他国家。展览在上海获得巨大成功（两天内就有三千余人参观）。上海观众的反应使王小慧感到意外，所有她的作品——风景都市、抽象作品和肖像，还有很久以来被视为禁区的人体摄影作品都受到欢迎；另一个也有禁区意味的题目是关于死亡。王小慧本不想展览这部分照片。中国人愿意谈论长寿而不是死亡，在中国比在西方更忌讳谈死

万里魂牵

213

南德意志报记者马凯（Kai Strittmatter）来上海采访我，他在文章中这样描述我："在她面前你会觉得很惭愧，觉得自己至多是个中等水平的人，而且无可救药地懒惰。"

亡。但当有些来访者看到'死亡系列'的照片时，他们甚至在展览会上感动得落泪。其中有王小慧1991年在捷克边境出车祸时的自拍像，车祸中她的丈夫不幸丧生。这些照片拍的是撞坏的面孔和受伤的灵魂。在这个车祸之后，王小慧才学会了珍视生活和'享受'生活，不久之前她告诉我她现在能体会睡觉是件多美的事，不过她在最近几个星期平均每天睡不到4小时——因为她必须对得起她的生命……"

那些天我真的太累了，除赶出了画册，准备展览作品的挑选与制作、布置等等。整个筹备过程中，有几位朋友帮了我大忙，像李顾、赵京堂、高大鹏、于全兴等等，否则我绝对不会在短期内放大出那么多照片并且印出画册来的。除此之外，我还要应接许多记者采访，几乎没有时间留给老朋友、老同学了。有些同学从外地回来看我，也有两位刚好从国外回来，我不得已只能"合并同类项"。我婉言拒绝了一些记者，在离开上海那天，三个女记者都坚持去机场送行，这样我们可以在行李托运后半个多小时里坐到咖啡桌旁聊一聊，有一位女记者一直跟到北京来采访我，那时刚好是我四十岁整的生日。她的文章叫做《为了那心中圆圆的月亮》，好像一个生日礼物。文章的结尾是这样的："为你第四十个'十五的月亮'祝福。其实你早已不惑——悟性、博学、成功。"

最后离沪那天我才与赞助我展览的香港实业家袁琛先生相识，也是匆匆在咖啡厅里见的。我本与他素昧平生，主办单位找他时只拿了一些我的有关资料，我很感激能为我这种没有多少商业性的纯艺术而慷慨解囊的人。

北京的展览是在德国大使馆里办的，北京艺术界许多名人都来参加开幕式和电影招待会，几个电视台的人忙着让这些人谈观感，我也因此认识了许多同道。

德国文化参赞说，"我惊讶您的世界，还有您那四海为家的气魄"，并称赞我是"中德文化的桥梁"。

后来大使先生给我写了亲笔信，说他可惜不在北京，但许多外交官都称赞那展览，他也从画册里看到我的不同寻常的作品，希望我能再一次在他们那里举办活动……

《人民摄影报》用了几个版面刊登我的作品和评论文章，

准备这样一个展览真是太累了，要从几千张照片里精选出二百多幅照片放大出来，还要印制画册，所以我又累病了。

与德国驻华大
使于倍寿(Dr.
Ueberschaer)
博士

《中国摄影报》报道说：王小慧的个人影展"给人以强烈的震撼力，以致人们难以猜测这位摄影家的心灵宇宙究竟有多深。这次有更多的杂志写了较长的人物专访和艺术评论，后来的几个月里好像连锁反应似的被其他报刊杂志转载，有些记者把发表的文章寄到我家来，更多的我不知道，有朋友偶尔看到才告诉我。

有位在五年前我第一次回国曾经采访过我的女记者没能赶上开幕式，留言在本子上说："你的成就令我折服，你的人生令我钦佩，你的身体的柔弱令我心碎。自我见到你的一刻，就弃不掉我心中对你的怜爱。"署名是"爱你、关心你的高大姐"。她留下电话希望能见到我，可惜我又病了，至今没与她联系上，但她的情谊与真诚让我感动。

《人民摄影报》和著名评论家岛子教授主持了有许多评论家和摄影家参加的艺术研讨会，根据他们发言录音的记录稿有两万多字。这种对我摄影专业上的系统的讲评与总结对我还是第一次，通过研讨，我自己似乎更加有意识地去认识自己的创作，更加明确了今后的创作方向。不久后，在我的家乡天津也举办了类似的研讨会，那是由天津《今晚报》文艺部和天津摄影家协会联合主办的。杜仲华先生写了很长的文章发表，主持会议的摄影家协会主席张朝玺先生可惜已经故去，摄影界的一些前辈和同道像夏放、常津生、莫毅、焦永普先生等等后来也成了我的好友。

　　这次回国的经历使我感到无论是我的摄影还是电影还是我个人，在中国能找到更多的知音，从专家到一般观众似乎能更深层次和更全面地理解我，理解我作品想表达的层层含义。在西方很多人只能理解一些表层的或某一部分的意思，专业评论家或是记者可能在采访时通过我的解释能明白一些，而大部分普通观众常常只欣赏我作品中的形式美一类外在的东西，虽然在视觉艺术中对形式的欣赏也很重要，但似乎仍缺少点什么。而在中国因为我们共同的文化背景使这理解来得更便捷、更直接、更透彻。所以我十分理解许多中国的作家、艺术家不愿去西方生活的原因。我把这感受讲给《南德意志报》记者听，他写道"她把自己已经分成两半，一半在慕尼黑，一半在中国。她曾感到一种茫然，有生活在两种文化夹缝中的感觉……"。不

在作品研讨会上向前辈与同行请教意见（中为著名摄影评论家、研究员夏放，左为天津市摄影家协会主席张朝玺先生。）

部分参加"中外摄影家聚焦北京"活动的摄影家们与北京市长刘淇（前左二）合影，为"申奥"我们共同创作了大型画册这种活动是非常好的同行之间交流的机会

万里魂牵

万里魂牵

过，"39 岁的她终于学着享受这种四海为家的感受……"。

可惜我实在太累突发了心肌炎，不得已将天津的展览取消，也许在将来的某一天我会了却在我出生地办一个回顾展的心愿。

每次回国总是忙太多的事，与父母见面的机会反而少。即使回到天津我睡在妈妈这里，和父亲常常也见不到面而只是通通电话。有时夜里醒来看到妈妈坐在床边，会把我吓一跳。她说太想我了，白天看我实在太忙，不忍打扰我，所以要在我睡着的时候好好看看我。其实我何尝不想多陪陪她。母亲已经快 80 岁了，她有三个亲生子女都在抗日战争中不幸丧生，她一辈子饱经磨难，我尽力使她能安度晚年。有时她问我为什么对她那么好？我告诉她，"因为我要替这些哥哥姐姐孝敬您呀"！

1999 年的 6 月，我应歌德学院的邀请在香港艺术中心举办了个展及电影晚会。

歌德学院属于德国半官方的国际文化交流机构，与外交部、使领馆联系非常密切，他们在全世界大多数国家都有常设机构并每五年换一任院长，有点像外交使节。他们的工作重点是宣扬德国文化。通常他们是把德国最重要的艺术家介绍到其他国家去，定期举办各类展览、电影节、文学朗诵会及其他文化交流活动。许多德国著名艺术家都被邀请，比如几年前在北京

已经快 80 高龄的母亲一辈子饱经磨难，在新书《七位中国女性》的朗诵会上，她的故事让许多人感动得落泪。一本德国杂志问我什么事情可以让我放下手中一切毫不犹豫地去做，我说如果有人投资让我拍关于母亲的电影的话。

在香港艺术中心
的展览上与前来
捧场的摄影界老
前辈简庆福先生
（中）和专程从台
北赶来的舅爷爷
张杰先生合影

当年为我翻译《龙的故乡》
的周裕根（Juergen Ritter）
先生（右一）偶然在香港随
搞摄影的朋友来看我的展
览时与我不期而遇，没想
到会这么巧。多年未见，格
外高兴。

举办个展的艺术依门多夫（Immendorf）。被邀请是种荣誉，但他们不仅邀请我在香港，而且还要在台北、澳门和东京举办展览。

在香港艺术中心的展览开幕式上，香港摄影家协会主席曾家杰先生和著名摄影界老前辈简庆福先生均前来捧场。那天我意外地碰到好多年没见的汉学家周裕根先生，他曾为我翻译《龙的故乡》一书，他刚巧在台湾应柏杨先生之邀为他翻译新书。我的舅爷爷张杰先生专程从台北赶来助兴，并为我主持了生日晚会。餐桌上有从德、英、美、瑞典、台湾、香港和大陆来的朋友，虽然来自不同地方，但气氛非常融洽。舅爷爷向大家祝酒

万里魂牵

219

在香港艺术中心展览时我回答记者的问题:"大丈夫四海为家。"

说:"我替外孙女小慧与四海来宾干杯。"

在电影招待会之后我回答记者的问题,有个英国记者问我中国是我的家还是德国是我的家,我是否认为自己能融入德国社会?我开玩笑地说:大丈夫四海为家,但无论走多远,我的"魂"都牵在故乡。我是个到处都能参与的人,很少有我不能参与的地方。在德国我没有被排斥在外的感觉,而我的优势正因为我是中国人。我和德国同行比技术、比工作经验未必能比过他们,但我的财富是我的中国文化,我的经历和我的感受,当然,再加上我的思考。

也有记者问在我的创作中,如何对东西方文化进行比较和表现,我说这个题目太大了,一两句话讲不清楚。只是有一点:"中国人看我的作品很现代,很前卫,很西化;而西方人看我的东西却很含蓄,有意境也有东方味。我的作品既有包容,又有差异;既亦此亦彼,又非此非彼,也就是说它不是很中国的,也不是很西方的,有东方的血脉又有西方的营养,说到底又是我自己的,个人化的东西……"说到这里,大家为我鼓掌,这使我想到当年在学习班练习演讲时说的那一句话:"我是独一无二的。"

我的孩子梦

Dreaming of my own child

When I was back in China, after having been away for so long, my friends shared my joy in the success of my work, but they saw that I was forty now, and still living alone. In my future work, they wanted to see more of the strength of the sun, rather than the broken moon. Some of these friends were aware of all the projects I had been involved in, and all the work I had done, and believed that I was hiding myself in work so as not to be touched by any relationships-especially those who knew the unique character Lin had been.

However, I am not striving for loneliness. I believe destiny will decide where and when you meet a man, and you shouldn't go searching for him. I want to share love, life and work, but I don't want to get involved with anyone for the sake of financial stability or other practical considerations. This is a rather idealistic approach to relationships. Lin and I had agreed to have a child after we got settled in Germany, and I always thought that I would be able to be a good mother while continuing my profession as an artist.

My parents suffered terribly, like many academics during the Cultural Revolution, and their will to live sometimes almost disappeared -but the fact of having a child provided them with the strength to survive. The German film maker, Doris Dorrie, who lost her husband a couple of years ago, said that she was so lucky to have a child, because it helped her so much during the difficult time after his death.

I have met many different men from all kinds of professions, all of whom loved me, but, for me, it isn't enough to be loved by a man if I don't feel the emotion of love very strongly in return. Once I was interviewed by a well-known astrologer, Winfried Noe, for German TV. He came to the conclusion that my man has to be tolerant and flexible. He is closely related to my work but we will not have a regular family life.

Towards the end of 1994, I met a well-known TV presenter and actor who lived in Hong Kong. I felt that fate was smiling upon me and all my expectations had appeared as a lucky star in front of me. He also expressed his strong desire for me, and I immediately moved to Hong Kong, leaving everything behind. I didn't even have time to tell my friends I was going. When I was with him, I spent all my time supporting his movie work, so I didn't touch any of my own projects for a whole year.

To be in love with a person often depends on creating an ideal picture of that person. He created the fata morgana in many ways, including the dream of having a child-but I also felt weightless because I couldn't get on with my work, and I lost myself in being involved only with his work. My head told me to stay away from this man but my heart said otherwise, so I felt very unstable.

One day, in a TV interview, I described the relationship between a couple as an intersection of two circles, where the hope is for ever-greater overlapping while leaving the centre of each circle untouched. Being too close to the centre of someone else can mean losing your own Identity. Finally I decided to leave him, coming back to Munich after having been away for one year. I arrived at Christmas, and I felt terribly lonely.

Love is like wine; you should taste it, but after you get drunk three times, you might not dare to try it again. After I had spent eight months in a depressive mood, a friend of mine, a professional piano player, Monika Leonhard, invited me to her music festival in Naples.

I was impressed by the people of Naples and their good humour, and I began to ask myself why I was so stuck on the dream of having my own child, when perhaps it was an unrealistic hope. Why not see the advantages of being free and without that responsibility?

题图：自拍像"我的孩子梦"之一,黑暗中俯视我的娃娃是残缺的。

　　　　　我对爱情是一个理想主义者，是个认
　　　为爱情可以至高无上的人。我会为爱情而
　　　牺牲一切，只是碰到可以为之牺牲一切的
　　　爱情还太少。"被爱"的感觉不如去爱一个
　　　人，那是两种完全不同的感觉。从小到大，
　　　我太多地被爱，我以为只有爱同时被爱才
　　　是一个最完美的境界。

1997. 6. 15.

　　妈妈曾对我说过："肉体的痛苦容易忍受得多，精神上的痛苦是无边的苦海。"我小时半懂不懂，现在则深有体会。梵高的老师对他说："一颗破碎的心所遭受到的不幸，比美满的幸福对你更有好处，永远不要忘记这一点。"梵高自己也说："没经历过苦难的人没有东西可画，幸福麻痹了人们的感官，艺术家靠痛苦滋养。"爸爸后来改名为枫，他告诉我枫字取意于"红叶是经过风霜的"。

　　我希望从痛苦中解脱出来，这需要时间。虽然这可以使我的艺术创作逐渐成熟，但它的代价非常之大，我不知道如果我能够事先选择的话，是否会宁愿少要些艺术上的成熟，而多要些生活上的幸福呢？

　　我拼命地工作，不让自己有时间感到寂寞，我还甚至自我安慰，说我是能够享受孤独的人，说我孤独但不寂寞，需要自己独处的时间和空间，有太多的事要做要想。而且我并不喜欢凑热闹，许多浮光掠影的欢笑常常并不能使我感到满足，所以我放弃许多晚会或展览开幕式的邀请，因为感觉收获不大，只是"看看别人也被别人看到"而已，这样浪费了整个晚上的时间会令我觉得十分可惜，在这种时候我宁愿一个人在家看点书或做点事情。

　　也有的朋友说我把自己埋在工作堆里，不给自己一点点私人生活时间，是对感情生活的一种逃遁。德国记者曾写过题目

在拉斯维加斯与在美国的几位大学同学聚会。他们几乎全有自己的孩子,我真羡慕他们。

是《王小慧的七个生命》的报导,说我是他见到过的最忙碌的人,"在她面前你会感觉自己很惭愧,觉得自己至多只不过是个中等水平的人,而且无可救药地懒惰"。"因为她要同时过她那七个生命"。

我非常向往幸福的家庭生活,特别是想要有自己的孩子。有个观察仔细的朋友对我说,仅仅从你看一些陌生孩子的眼神,就知道你是非常喜欢孩子的女人。我自信假如我有了孩子,也会成为好妈妈的。我"干女儿"的妈妈雪娅,那个频繁往返于纽约和上海的女强人,不是也能把事业与孩子的关系处理得很好吗?

我和俞霖当年曾计划过,等两个人永久居留全办好能比较安定时要个孩子,也许我怀孕不能到处跑时,会有时间静下心来把博士论文最后阶段的工作完成。但那时好像日子还长得很,许多事还未提到日程上来,可谁能想到,那晴天霹雳使一切成为天上人间。

虽然这几年,我并未有意回避感情生活,只是觉得一切都是缘分注定。能碰到当然好,但我绝不会像我电影里那种"等待男人的女人"那样,好像生活的全部内容是为了等待一个接纳她的男人。我认识几个这样的女人,我觉得她们很可怜,即使找到了她们以为的幸福,也是建立在沙土之上的。我把精力全都投入到工作之中，因为我不想让自己有闲暇时间去多想这些。妈妈总说，人就像自行车，你蹬得越快时它才越不会倒下，一旦停止就会失去重心。但每次一个项目告一段落时又会感到心里空空荡荡，有"笙歌散尽游人去，始觉春空，放下帘栊，双燕归来细雨中"的失落。

因为这种失落，这种空寂之感让人想到要"寻寻觅觅"。我很后悔没能留下一个孩子来，否则，我的生命一定会充实许多。据说邓肯在有了自己的孩子之后说："女人啊，我们有什么必要去当律师、画家或雕塑家呢？我的艺术、任何艺术又在哪里呢？"我以为女人生下自己的孩子后能体验到的那种血肉相连、心灵相应、美满幸福的感觉是没有什么可代替的，没有做过母亲的女人不是一个完全意义上的、完整的和充分的女人。没体验过母爱这种绝对无私、彻底奉献和绝对不求回报的爱的女人是有缺憾的女人。

在我五岁的时候父母因种种外界原因而离异，文化大革命中他们各自都遭到常人难以忍受的非人待遇，爸爸是因为刚烈性格不愿再受屈辱，妈妈则因承受不了精神折磨想一了百了，他们都曾想以自杀结束生命，但为了我，为了他们唯一的共同的孩子，他们的"命根子"，使他们在最后关头没有走上绝路，使他们能够忍辱负重，受尽煎熬地坚持活了下来。爸爸后来不止一次地感叹说，他这辈子只做对了一件事，就是要了个孩子，这个孩子是他最大的欣慰与骄傲，使他的生命有了阳光、欢乐和意义。没有我他早已化为土灰，不在人世了，连《城南旧事》里的那个疯姑娘都会用整个生命去维护女儿小福子。鸟有和鸣之欢，兽有舐犊之情，可我的孩子在哪里呢？

在俞霖过世后不到半年，当我的父母还在德国照顾我的生

朋友们说我把自己埋在工作堆里，不给自己一点点私人生活时间是对感情的一种逃遁。但每次一个项目告一段落后一个人在家多少有点空寂之感。

我的孩子梦

225

"生、死、爱"这人
生三个大题目也
是我艺术创作的
三个重要题目。
在日常生活中我
常会把一些与此
有关的场景拍摄
下来比如碰到人
们"相亲相爱"的
美好场面，这也
许是我无意之中
羡慕之情的流
露吧。

活时，便有位香港阔太太请我父母吃饭，并婉转地提起要介绍
我和她的富豪朋友认识，当时对我们来说这是不可思议的事，
因为俞霖尸骨未寒，我怎么会有这种心情？那位帮助我修改润
色《龙的故乡》的法兰克福作家，我本来非常欣赏他的文才，也
能和他无所不谈。后来他的太太因病去世。他写过一本回忆录，
感人至深。但他在她死后一年内便和一个比他小三十岁的女孩
子再婚，令我有些接受不了，似乎多多少少玷污了他书中所描
写的深厚感情。我和一位朋友谈到"文如其人"的话题，他说他
认识太多的作家，很多人和其文相差甚远。

　　因为我接触的人非常广泛，不单有大学和建筑界的朋友，
也有摄影界和电影界的朋友，加之我做的一些顾问工作，也常
常和一些政界与企业界人士有来往，在这些年中碰到过形形色
色的人。在这些人中，一旦我感觉他们对我的外表比对我这个
人本身、我的精神世界更感兴趣，我便敬而远之。我知道在西方
许多男人喜欢所谓有"异国情调"的女人，对有些男人来说，妻
子像是件漂亮的衣服可以供人欣赏赞美，他们对女人外在的东
西看得很重，实际上我会使他们失望，因为我一定不会是他们
想象中或他们所期待的那种亚洲女人。也有过一些人则是动了
真情，甚至几年都在苦苦等待，虽然我已经明确表示过我的态
度。这里有政治家，也有银行家或保险公司的董事，有成功的企

业家，也有著名的导演和作家。虽然他们真心实意地想与我共同生活，但我并没有感到爱情的火花。我想我一不图钱财，二不为"居留"，我并不需要有人养着我，我只追求一种爱情的理想，那种志同道合、心心相印，一个在感情上能够寄托和信赖的伴侣，当然我也喜欢有浪漫的情怀。朋友和家人总说我要求太高，说我也许是"曾经沧海难为水"。"丈夫宁缺勿滥"，孩子是爱的自然结果，我不会为了要一个孩子而与一个我不爱的人结合，那样的家庭不会幸福，我会害了自己，也会害了爱我的人。

有一位跨国电影公司的总裁请我到他郊外的庄园做客时半开玩笑地对我说："你看这清澈的湖水和那悠悠远山，还有那大片的果树林，一切那么美好，只缺一个女主人了。"我也开玩笑地回敬他："难道你觉得我像是那个可以坐在你这美丽花园的阳光下，每天晚上等你下班回来的女主人吗？"这话说得他也

在巴黎大街上恋爱中的青年男女。那男孩子拥抱得那么投入，好像忘记自己是在熙熙攘攘的大街上。

丈夫在和妻儿吻别，那妻子微笑的脸和丈夫放在孩子头上的手都在告诉我们这家人的亲情与和谐。

我的孩子梦

笑起来。我说我知道可能有许多女人都梦想成为他家花园的女主人，但我绝对不能想象我会去过这样金丝雀式的生活。

还有一次，一位商人站在我身后看着我们面前的大镜子对我说，你看我们俩多般配，假如你肯跟我一起的话，我会放弃在所有地方的生意与你一起周游世界，去旅行，去拍照，随便你想去哪里，想做什么。而且我可以赞助你出书、出画册、拍电影……对这种交易式的许诺我很反感，我从来就不是一个可以被"买下"的人、一个"出卖"自己的人，那我会很看不起自己的。

我对爱情是一个理想主义者，是个认为爱情可以至高无上的人。我会为爱情而牺牲一切，只是碰到可以为之牺牲一切的爱情还太少。"被爱"的感觉不如去爱一个人，那是两种完全不同的感觉。从小到大，我太多地被爱，我以为只有爱并同时被爱才是一个最完美的境界。

我的女作家朋友海拉总说，如果一个女人怕孤独就应当结婚。但很多人只想在异性那里寻找一种男女间轻松的、调情式的关系，他们也怕认认真真的爱情关系。在欧洲有许多男人，她也碰到过不少这样的男人，他们通常会请你共进晚餐，晚饭后总试图与你亲近，如果三次尝试而没有如愿的话，他就不会再请你吃第四次晚饭了。我笑着说我和太多人常常一起共进晚餐，饭后他们总是开车送我回家，在大门外告别。她说这些人未必不想与你有肌肤之亲，但东方人对他们有神秘感，他们不敢贸然而为，而且我大概根本没给他们尝试的机会。这话我想也许有道理，因为在德国朋友圈里，大家戏称我是"北京的紫禁城"，而有些德国女人相对而言则是"汉堡的自由港"。不过她很赞成我这种不轻易发展感情的态度。她说女人无论多强多自立，一旦与男人发生关系就或多或少地有了情感上或心理上的依赖性，而我们这样的艺术家最好不要有对男人的依赖性，可惜女艺术家常常又太重感情，一旦爱了又太过投入。

德国著名的星相学家诺爱（Winfrid Noe）在每个星期天晚上有个一小时的电视节目，每次开头十五分钟，他会邀请一位所谓著名公众人物作为嘉宾免费为其做星相方面的咨询。他的咨询通常极为昂贵而且根本排不上队。我对写得有意思的星相学解释也很感兴趣，常常会买妇女杂志只为看一看他写的专栏。有次我很高兴他把我请去做"嘉宾",他事先问我想要知道哪方面的内容以便做准备,重点在节目里对我讲解。他说我可以在事业、健康、经济和个人生活四个方面任选一项。我说事业和健康我基本心中有数,经济方面我既不关心也不担心,还是讲讲个人生活吧。他当时说我生为双子星座是深夜十一点半,在这星的西边看是颗晨星,而在它的东边看是颗夜星,所以有很强的双面性,有两个灵魂。不要试图把两个变为一个,这正是你的长处。你的想象力和许多感性的东西正因为有了理性思考,这另一个侧面才得以过滤,这使你的创造力更有深度。他预言说按照星相运转,可以看到我在 1999 年 11 月,即我的 42 岁以后有很成功的事业,我的成功不是通过"争取"而来,而是因我的能力,但又与艰苦的、集中精力的工作分不开。我总是同时感兴趣许多事也同时做许多事,机缘也从外部自然而然地到我面前,而我有许多能量,它们像一股动态的、涌不尽的泉水而不是一块沉重的石头。我可以很自由地与一些脑中冒出的想法"玩耍"。我碰到的男人要比我大些,有足够的包容性能接受我这么多的想法、自由与创造力,要经历过更多的生活而且他一定是和我的事业紧密联系的一个人,但我们没有一般人那种日常家庭生活,他甚至可能不在你身边而在另一个城市,另一个国度。当时电视女主持人插话安慰我说:"王女士不要失望,他并不是说您碰不到爱情,只是可能即使有日常生活也不是像一般人那样柴米油盐式的,而是共同的事业而已。"我注意到她说这话时那略带同情怜悯的眼神。诺爱先生补充说,一个艺术家也正需要这种自由空间,这种距离,这种灵活性与独立性,但我的星座是在寻找太阳的。"太阳是发光的,女人总是在找光,包括解放的、独立的女人也如此,只是要有与太阳相对最佳的位置"。最后他送给我一盘 CD,是他为每一种星相的人专门制作的,第一支曲子是贝多芬的"命运交响曲",他说你也会像贝多芬那样,用艺术给这个世界带来光和热。

1994 年的年底我偶然碰到了一位很有名的艺术家,我那希望的火光就像卖火柴的小女孩那样又一次在奄奄一息时被点燃,我几乎相信命运之神又在对我微笑,我当时所有对未来的

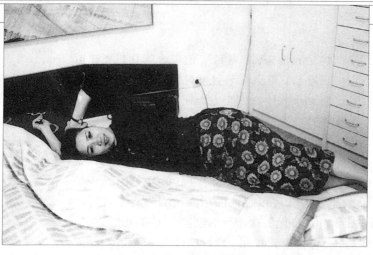

幻想好像海市蜃楼般地呈现在我的眼前。我以为和这样的人在一起我不会做一只被关在笼子里养起来的金丝雀，而是可以与他比翼双飞，而且他的事业也可以是我的事业，为了爱我愿意作出牺牲。

他那么需要我，刻不容缓，我放下了慕尼黑手中的一切工作飞到他那里，帮助他的事业。除了我电影的首映式和另外一件紧急的事情以外，一年中我只回过两次慕尼黑，以至于朋友们以为我失踪了，我忙得没有时间料理自己的事，甚至没时间给他们打电话向大家解释一下。

在和他相处了一段时间之后，我感到陷入情网的人爱的往往不是真正的对方，而是在自己想象中塑造的一个理想的人，时间久了我发现自己就像一首通俗歌曲唱的："爱上你是快乐的事，却也换来痛苦的悲……直到现在我才明白，我为自己上了一把锁。"

无数次他以真诚的感情来告诉我他爱我，他的生命里不能没有我，而且他还勾画出一幅未来共同生活的图景，具体到盖我喜欢的有玻璃天棚的房子，当然还有我的孩子梦。可另一方面我感到了自我的重心在渐渐消失，这"失重"的感觉让我无所适从。理智的声音一再告诉我"离开他，这里不是你的久留之地"，但感情却拉我往相反的方向走，就像我曾经在电影学院时期扮演过的一部影片《进一步，退两步》里的那个优柔寡断的女人。

1997年中央电视台的"半边天"节目曾对我作过一次人物专访，我曾经用两个圆来比喻两个人之间的关系，两个圆各有它自己的圆心和半径，两个圆相切时会有一个共同的部分，这个部分越大，双方的共同之处就越多。可惜许多女人把自己的圆心重叠在男人的圆心上，她就失去了自我，这时她作为个体也就不复存在，至多只是男人的影子。如果一个人只是别人的影子，自己消失了，在光下都不会有自己的投影，该是多么可怕的一件事！我告诫女人们无论你多么爱一个男人，都不要失去你的圆心和半径。这是我后来悟出的道理。可当你身陷迷宫时，你并不知道该往哪儿走。甚至连萨特的终生女友，那个著名的女权主义者波伏娃都相信，"女人陷入情网时，必然忘掉自己的人格"。"女人奉献她自己"，"当女人爱时，男人当知畏惧：因为这时她牺牲一切"，尼采学派如是说。

　　那段时间里，我认识了一位台湾女作家黄宝莲，她是一位纽约的朋友介绍认识的。朋友说我与她非常相像，甚至连说话的声音，无论如何我们应当认识。可是我一直没有时间顾上这件事。等到我见到她以后，才有"相见恨晚"之憾。我真的觉得我们有不少地方相像。我很喜欢她，从举止到谈吐，从她穿的衣服到家里的布置，从生活情趣到她的文学创作，大大小小好像还没有一样东西让我不喜欢的，这样的人真是很难碰到。就像有人写她把家布置出"完全不同的风景"，"以生活为重心的存在状态"。我们之间不同的是对我来说工作永远高于生活，而她似乎是生活高于工作，我似乎真的没有心思消闲，一心只想工作，而她是以一种非常自在的心态和悠闲的方式去生活并创作的，

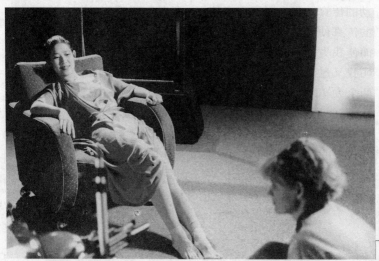

在电影学院时期主演的这部艺术短片名为《进一步，退两步》，主题是讲女人往往在感情问题上优柔寡断，这使她们常常迷失。

我的孩子梦

我的朋友黄宝莲，一位台湾女作家，她以一种非常自在的心态和悠闲的方式去生活并创作。

我也许做不到她那点，但我很羡慕她能做到。她与男友在伦敦买了房子，会兴致勃勃地去养花养草，甚至养猫，这样的闲情逸致我真的没有。

那位艺术家恳求我留下时曾说，如果有你在我便是"如虎添翼"了，可我的朋友们却说，你为别人做翅膀太可惜了，而你自己也需要有一双翅膀来帮你飞呀。所有我的亲人和朋友们都担心我没人照顾，也没个"帮手"，总是孤军奋战。

我对亲人说我是想要爱，那种纯粹的长久的爱，是寻找心灵的归宿和庇护而不是生活上的"帮手"或"管家"，仅仅为此我可以有秘书、助手或保姆。虽然为了爱，我可以牺牲很多，但是没有自己的事业还是像两脚空空，踩不到实处。记得有人曾说过这样的话：一个女人没有爱是寂寞了一点，如果她没有事业便是一片空白。我不能忍受那一片空白，也很难设想在一片空白基础上建立起的海市蜃楼可以给我带来真正的满足。虽然感情上非常矛盾，但我还是决定离开他。

我们曾经分手过一次，但他信誓旦旦，发来那么多令我感动的传真，我也回了很多传真，他甚至说看到长长的拖到地上的传真使他想起了美丽的婚纱……那些词句总是不断打动我，而使我失去判断力，失去冷静，以为一切都会改变，然而事实证明我又过于天真，因为毕竟本性难移呀。从理智上我明知如果两个人不是自然而然地和谐地在一起，而靠一方改变自己的本性，那便是从根本上不合适。只是女人们虽然希望尽善尽美，但也太容易被美丽的语言所迷惑，总是幻想着其实不可能的事情变为可能，因为她们以为爱能改变一切。

我不喜欢感情流于泛滥，而且因为年龄与经历使我没有"爱情像花，不要想着结果"（女诗人黄殿琴的诗句）的轻松与潇洒。我一旦爱就爱得认真而严肃。而这爱结束时会留下很深创伤，使心灵受到冲击。失去了真爱不可能不痛，就好像心中被挖去一块。我轻易不会去爱，要爱就会爱得全身心投入，所以失败的爱会让我觉得被撕成了碎片。

1995年的圣诞前夜，我踏上了返回慕尼黑的归途。在飞机上我没有任何兴趣去碰一次次送到跟前的食物，只是在我的日记本上不停地写着，邻座的一位绅士般的中年男子关注地问我是不是不舒服，是否要一些特别的餐饮？我谢了他并解释说，因为我怕我一个人在德国过圣诞节，特别是怕回到我那个空空的、冰冷的、很久没有人住过的屋子去。对一个友好而陌生的外国人，我只能说这么多了。

到法兰克福转机的时候，我们一起走到候机大厅，他要飞往斯德哥尔摩。当我想要与他告别时，他请我帮他照看一下手提箱，我以为他要去洗手间，便答应了，虽然我觉得那装公文的手提箱并不是那么大，奇怪他为什么不随身拿着。很快，他匆匆赶回来，手里拿着一瓶包装很精美的香水，他说，这是一个小小的圣诞礼物，只是为了给我那么一点节日的感觉。我们虽然萍水相逢，但这细心而友好的表示，在那个寒冷的日子里，的确给了我一丝温暖。

我乘出租车沿着慕尼黑最热闹的商业大街往住所方向开，一路上那霓虹灯光、那欢笑的人群、那繁华的街景和那阵阵圣诞音乐声使我愈加感到自己形影孤单，更怕回到自己的家，我怕进屋那一瞬间会挺不住。我想象那情形可能又会像上次几个月没有回来那样，大门被太多的邮件堵住而推不开，暖气没有人替我打开，屋里空荡荡冷冰冰的。到家后我小心翼翼地推开了门，发现门后并没有什么邮件；打开灯后看到桌子上那整整齐齐按照大小摆好的信和传真，一个打开的圣诞卡被一只红色的圣诞节时才用的蜡烛压着。圣诞卡上写着很大的字：

"欢迎回到家里来"

这是为我照管邮件的周到的朋友写的，但这一句话把我一肚子压抑已久的的情感引发出来，令我失声痛哭。在我记忆里，伤心流泪有过很多次，但像这样痛哭好像还是第一回。可这个家并不给我家的感觉，没有亲人的家似乎不是真正意义上的家。

我想起三毛曾写过"我哭，因为我爱"这样的句子，我去翻她的书，一眼看到如下诗句：

爱情的滋味复杂
绝对值得一试二尝三醉
三次以后
就不大会再有人勇于痛饮了
……

哭过以后，我给安娜打电话，说我不能一个人在这个家里

著名专栏作家安娜（Anne Rose Katz），她为南德意志报写了整整50年，曾获写作的终生成就奖。她的姓意为"猫"，所以家中有各式各样的有关猫的艺术品。

234

呆下去了，她让我尽快过去，这样我们还可以一起吃晚餐。我已经两次在安娜家过圣诞节了。这些年我不去德国人家过圣诞节，因为那种幸福美满的家庭景象，使我有点顾影自怜。安娜家的圣诞节不是那种典型的德国家庭式的，除了她和她的男朋友，她会请上两三个单身的好朋友品尝她男友的烧鹅好手艺。

安娜是非常传奇化的一个人物，不仅因她已故的丈夫是著名演员，而她自己是五十年来在《南德意志报》上每天撰写电影电视戏剧评论专栏的著名作家，更因为她快七十岁时发生的离奇的爱情故事，成为德国公众关心的话题和媒体注意的对象。这个爱情故事太令人感到不可置信而被电视台多次采访播出，从而满足好奇的大众"一睹芳容"的愿望，她在七十岁时还出版过一本爱情诗集，这令大家非常震惊，为此她还得了有很高荣誉的文学奖。给我印象很深的是，她在文学奖发奖仪式上宣布她要把奖金转送给青年文学工作者，因为她并不需要钱。而我们的相识正是因为这本诗集。当时出版社想用我拍摄的抽象人体作品做诗集的封面，从此我们的友谊也开始了。当时安娜的男友还在电影学院读导演系，现在已经是一个脱颖而出的青年导演，当然这也与安娜的帮助分不开。

最初我并没有想到他们有一层爱的关系，第一次见到他是在安娜家每年一次的狂欢节晚会上。安娜不仅是一位记者和作家，也是一位出色的社会活动家。每年，她在市中心很大的住宅里举办两次例行的晚会，这成为一个传统。一次是每年二月的"狂欢节星期五"，另一次是她八月九日的生日。每次这种聚会她会邀请从市长、议员至各种社会名流及演艺界的许多朋友。只是她不大跟"新秀"们打交道，只是请些名导演、名演员，那些能"上南德意志报档次"的人物。她家一本厚厚的签名簿，几十年来专门用来为这两次聚会的客人签到用的，已经快写满了。有一次她对我说，看这签名簿时你不能不感叹时间能改变一切：有些人已经不在人世；有些人当年默默无闻今天却成了显贵；也有些人当年红透半边天而现在一文不名……

那一年晚会上我奇怪有一个学生模样的人在照顾客人进出，帮他们穿脱大衣并拿来签名簿请客人签名。他不像是请来端茶倒水的服务生，多少有点以半个主人的姿态出现。有人说他住在安娜家，我以为他是一个房客，只是奇怪安娜并不缺钱，更不需要增加一点房租的收入。后来听说他们一起出去旅游，我还在想也许安娜年纪大了，需要有人照顾她。很晚我才知道他们的关系，而且这也不是什么秘密，她从未隐瞒，只是我没想到而已。我惊奇安娜这样年纪的人能够对许多事情那么开通、那么解放，甚至有很超前的意识。与她相比，在许多观念上似乎我是个七十老妪，而她是个新潮青年。对有些问题的回答她坦率到令我惊讶的地步。我不知是我过于传统与保守，还是东西方差异竟然那么大。后来我与德国朋友谈论过这个话题，他们说在西方这也是很少见的，所以大家也不大相信他们的爱情关系。只是人们比较尊重个人隐私和自由，并没有人干涉或指责。比如说有一次我问到她男友那么年轻，又是做电影导演工作的，经常接触很多年轻漂亮的女演员，她会不会妒嫉，安娜认为爱不是占有，你爱一个人你就去爱，但这个人不属于你个人。他们认为艺术家更需要自由，需要很多的生活的自由空间和思想的自由空间，你爱一个人就应当给他这种自由空间，爱才能持久。如果你像只夹子紧紧夹住你爱的人，让他喘不过气来，失去自由的感觉，那只能适得其反。

她是有名的女权主义者，她甚至那么多年坚持保留自己少女时的姓，这在当今的德国仍属少见，不要说在她那个年代。她的丈夫是个名演员，但她不靠丈夫的名字来增加自己的知名度，我钦佩她的勇气和真实，但并非所有观点都能苟同。我倒是比较欣赏她男友在一次电视采访中对一个棘手问题的回答，当主持人问他是安娜身体的哪一部分对他最有吸引力时，他平静地回答道："眼睛。"仅凭这句话我就会对他有好感，而且我从来都认为，有思想有智慧的女人才更美，这种美是一种内在的美，心灵的美。我最反感那些把女人的身体看得比她的灵魂更重的男人，身体和灵魂应当是一体的，而"眼睛是心灵的窗户"。

那天晚上她还请来一位正好在慕尼黑演出的意大利女高音歌唱家、一位小提琴家和一位我认识的作曲家，这位作曲家还曾写过一个曲子送给我，他不但给我他作曲的 CD，还送了我乐谱，并在上面写了一句话："幸好你不常在慕尼黑，你是那种让人见到便会爱上的危险女人。"我们一起谈了很多,特别是关于艺术家是否应该有家庭,假如有的话这个家庭应该是什么样的等等话题。我记起刚来德国时曾听说建筑师离婚的很多,我曾傻乎乎地问过门可教授:"那么艺术家呢?"他回答得很干脆:"艺术家根本不结婚。"许多名艺术家有许多性格上的"毛病",比如太自我中心,太个人主义,太固执己见,太虚荣太自负等等,可往往没了这些特性又不像一个典型的"名艺术家"了。

他们主张艺术家最好是单身。艺术家独特的个性使他不愿成为有依赖性的附属品,他更多的是面对社会而不是家庭。艺术家韦尔纳·艾格克曾说:"我是没有家庭的,完全孤立地站在这个世界之中央。"但单身既不意味着没有爱情,也不意味着滥情。艺术家需要爱,爱也能激发灵感。但他们常常什么都想要,安静温暖的巢穴和自由浪漫的游荡,他们是矛盾的。

安娜的名字意为"玫瑰",而姓是"猫",这位"猫女士"家有许多人送给她的各式各样猫的明信片、画片、雕塑、瓷器、首饰等等,她完全可以举办一个关于猫的艺术品收藏的展览会。她曾经有过两只猫,她对我说:虽然她很爱她的猫,但现在很高兴这两只猫都已死掉,她可以完完全全地自由了,不再受任何约束。她和男友的关系也是那样松散而自由,没有强迫,没有责任,更没有义务。那种靠责任和义务的关系来维持的关系是可怜的,爱本身是唯一的真正联系,没有爱这个联系便死掉了,也不必作为空壳存在了。

他们在一起整整九年。直到2000年夏天安娜的生日晚会上,78岁的安娜对我说,"毕竟我们在一起这么久,许多人维持不了那么久就分手了。现在我们还是好朋友。"那年轻男人仍在晚会上像半个主人似地张罗着,后来圣诞节他们又一同去威尼斯小住,他仍常常照顾她帮助她,只是爱情化为友谊。

深夜回到家,我感到轻松了许多,庆幸自己有这么多的好朋友,让我还不觉得太孤单。

虽然我庆幸能有许多好朋友,但是好朋友并不能让你真正摆脱孤独感,特别是爱情失败的感觉。那段时间我又收到他的很多越洋电话和传真,希望我能回心转意,我十分痛苦和矛盾,在感情的旋祸里沉沉浮浮，像一个溺水者看不到岸。我想我的失望更是因为他所为我绘制的未来蓝图变为泡影，而我也不会再实现那"孩子的梦"。我告诫自己一定要坚强，还有那么多事情等着我去做。

那段时间，我创作了一组自拍摄影作品，题为"关于自己孩子的梦"。我用的道具是一个残缺不全的玩具娃娃，它在远处那漆黑的上空向下望着我，我也望着它，但我们之间是一片僵死的、凝固了似的黑色，就像包围着我的那个空间一样。另外几张都是动态的，我抱着孩子的形象是不清楚的，就像一个遥远的梦。

我最喜欢的一幅是我低着头看着怀抱中的"孩子"，在这之上是一个我因为动而模糊的、变形而痛苦的脸，这张不清楚的脸仰望着天空，似乎在询问，但是没有答案……

这样恍恍惚惚地过了几个月，我消瘦了很多，心灰意懒。朋友们都想帮我，但爱莫能助。

我的那位帮我一道写《七位中国女性》一书的好友莫尼卡（Monika Endres—Stamm）是当年车祸后最早来看我、帮助我的朋友之一，她与我母亲也成为好友。多年来她一直像大姐姐一样关心我并希望我重新找到爱。她想帮我介绍一位她认为很合适的男朋友。他与莫尼卡的丈夫都是很成功的企业顾问。她说他事业非常成功，人又很好，只是因为太忙，特别是因工作性质经常要晚上及周末在外面办学习班，接触的又是男人世界，已过了不惑之年还没有结婚。她甚至想好了如何让我们"偶然"地认识：在她丈夫生日时，她会请几个好友一起去餐馆，安排我俩位子在一起……我谢了她的好意，告诉她我没有心情，那天我没有去赴生日晚会。

我一共有四个名叫莫尼卡的女友，所以我得为她们各自加一个定语以分开她们。"钢琴家莫尼卡"在一九九六年夏天邀我去参加意大利"那布勒斯室内音乐节"散散心，在那次旅行后一切都有了转机，虽然我开始并不知道这次旅行对我的意义。

莫尼卡是非常优秀的钢琴家，她所在的斯图加特室内乐团是国际著名的乐团，而她又是这个乐团中最重要的人物。每年

"自己孩子的梦"
组照之一。在这幅
自拍作品中,我模
糊而变形的脸似
乎在询问……

这个在意大利南部海边的音乐节是由她发起的,至今已经十年
之久。室内乐的爱好者们从欧洲许多国家,甚至从美国专程飞
来,听他们演奏,当地还每年为这个日子特别印一张"首日封"
以资纪念。每年她以艺术节的名义邀请两三位嘉宾,这一年她
想请我去。我开始很犹豫,告诉她我没有心情去什么艺术节,何
况这又不是和摄影有关的,对我来说似乎只是消遣和放松。而

钢琴家莫尼卡（Monika Leonhard）和她的斯图加特室内乐团。舞台上的她看到的只是鲜花和掌声。（左图）

那布勒斯海边，这是我几年旅行生涯的起点。（右图）

她觉得这种消遣和放松太重要了，我得换换脑子，而且那个地方一定会让我喜欢的。不容分说她为我订了机票。

我和莫尼卡认识是在安娜的生日晚会上。安娜每年的生日都要有一个特别节目，是由一个女高音歌唱家唱德沃夏克《水仙女》里那首著名的咏叹调"月亮颂"。她太喜欢这首歌了，这也是每次她生日晚会的高潮。所有的客人会静下来，有些仍留在那大露台上，也有些会围到钢琴旁来听，莫尼卡总是为歌唱家伴奏。莫尼卡对我非常热情友好，但是她的有些做法在我眼里似乎有些超出常规，所以我迟迟没敢接受这种友谊。

比如有次她请我在慕尼黑国王府音乐厅听她的音乐会时，我为这个隆重的场合穿了件晚礼服，那晚她对我的外表赞不绝口，说是像莫奈画的一朵睡莲……我有过不少女朋友，但我觉得她说的有些话似乎不太像一个女人对我说的话。当她得知我在找工作室做摄影棚时，她提出让我搬到她在郊外的房子里去，她说她那里有非常大的地方。我并不想到郊外找房子，她这种明显的热情反使我起了戒备心，我下意识地自我保护起来。因为通常德国人是君子之交淡如水的。更让我奇怪的是她不久把家搬到我附近，相距只有几百米，有时她事先没有通知我便按门铃，看我在不在家，说"随便问个好"。这时我不够客气地对她说，请她今后一定打电话事先通知我。她还一再说让我用她楼下那一层的空房间做工作室，她非常乐意为我整理那些幻灯片或者为照片编号，她说"凡是与钢琴无关的事我都愿做"。她不愿意一个人总在家里练琴，或者在弹琴的时候希望知道有人在房子里，她不想要孤独。她甚至提出如果我没有时间的话，她可以做好饭后给我打电话，我只需过去吃顿饭，然后马上回家继续工作，她会做我爱吃的那种带馅的烤酥饼。在她家还有个很大的可以四个人一起洗澡的带喷水按摩器的大浴缸和桑拿浴室，我们可以一边洗澡一边聊天……这些过于亲近的话使我觉得这似乎超出一般女友之间的友谊，我甚至怀疑她会不会是同性恋者，这让我更加本能地回避疏远她，好像惧怕一种说不出的潜在的危险，我对她尽可能地敬而远之，保持距离。直到有一次她和一位男朋友一起来看我时，这种疑虑才慢慢缓解。

交往久了才了解到她的苦恼和她需要有人能倾诉的愿望。她其实是像《红色激情》电影里的女大提琴家一样，事业非常辉煌，但感情生活既孤独又迷乱。她从小是个"神童"，她妈妈一再告诫她要好好弹琴，一旦出人头地，"所有的男人都会拜倒在你的石榴裙下"。她有过很多的鲜花，很多的掌声，很多的崇拜者，用她自己的话来说，"我既有名也有钱，但我宁愿这两样都不要而换来一个真正的爱人"。她曾有过几次爱情经历，但都以失败告终。在舞台上她可以漂亮得像一个公主，仅仅那音乐也足可以使她变得美丽，穿着晚礼服站在舞台灯光下的她和在厨房里戴着围裙为我烤酥馅饼的她看上去判若两人。而她在舞台上和在日常生活中也的的确确完全是两个人，也许这些让那

参加莫尼卡的音乐会

些崇拜过她的男人们失望，因为那个让他们着迷和发狂的偶像在生活中不复存在。为了避免孤单，她常常"降格以求"，和一些我眼里看来根本配不上她的男人在一起，而那些配得上她的"好男人"也可能因为骄傲和自尊不会主动向她示爱。

在意大利艺术节上，我又重新看到那个在众人心中的偶像莫尼卡，她不如在厨房为我烤酥饼的那个莫尼卡来得真实和亲切，她离你似乎很遥远，让你触摸不到……在音乐会后的露天餐厅里，还有为 CD 和"首日封"的签名仪式上，依然处处可以看到那些男人倾慕的目光，依然是她那矜持而高傲的微笑，但我知道那只是一个假面，在这个假面后是那个孤独的渴望爱的灵魂。

幼时，在我学钢琴的谱子里有一段让我很喜欢的小曲子叫做《那布勒斯舞曲》，它非常欢快，也很有节奏感。当时我并不知道那布勒斯在哪里，没想到现在站在这意大利南部那布勒斯的大海边，后面是高高的椰树在风中摇曳。虽然我来过意大利许多次，但这么靠南的地方我还没有来过。

那布勒斯也译为拿波里，是南部的一个半岛。意大利的南部和北部经济发展相差甚远，据说很大程度是因为南北方人的性格造成的。这里的人非常爽朗，非常无拘无束，很会享受生活，但也非常懒散。在大街小巷到处可看到许多人悠闲地喝着葡萄酒聊天，不论是青年人还是老年人，好像他们都无所事事，都那么"休闲"。每天中午，家家户户将厚重的木质百叶窗关起来午睡，直至三四点钟，这时间所有的商店也都关闭，他们不会为多挣一点钱而牺牲他们的休息时间。虽然他们的经济并不很好，有许多人失业，生活并不富裕，但你看不到焦虑的、浮躁的、怨艾的和愁苦的面孔，你感受到的是那种悠哉悠哉，那生活之"轻"，那种对生活的满足感。他们只是用习惯了的方式去享受那简单的日常生活的乐趣。许多人以为快乐是由钱的多少决定的，所以他们一辈子忙于挣钱而忘记享受生活，等他们有足够的钱时，已经过了能够享受的年龄了。许多基本的人生享受并不需要很多金钱，比如爱情、友谊、欣赏大自然。我想起老舍说的"年轻的时候爱吃花生米但没有钱，现在有了钱了但没有牙了"的寓言式的笑话。这些人真应当到那里亲身体会一下

那感觉。

　　我曾问过当地人为什么他们总显得那么轻松愉快，他们回答我说，那么多年来他们一直生活在火山口旁（曾被火山吞没的古庞贝城就在附近），对他们来说，每一天都可能是最后一天，可能不再会有明天，为了要对得起这"最后一天"，就要快快活活开开心心地过，永远"积极地去想事情"。

　　这种生活中的"轻"使我一下子意识到我自己的沉重。为什么我会这么沉重地生活？中国人本来就活得太累，而这种负担常常是自己给自己加上的，就像我拍摄过的一幅人体摄影作品，题为"为自己所累"。画面上那个男人正艰难地背着一面镜子里自己的身影，这影子可以有多层含义。实际上我们的痛苦常常是在自己的脑子里，是我们自己加给自己的。我想起一张漫画：一个愁眉苦脸的人在阳光下打着一把伞，这把伞的里面在下雨而周围的人则在享受阳光，这漫画的题目是"我们都为自己创造一个自己的真实"。这漫画给我的印象很深，我想我大概也像这样一个人，为自己一种不现实的希求的破灭而失望，因而拒绝享受生活，就像漫画上那个拒绝阳光的人，这是多么愚蠢的一件事。

　　艺术节后，我又沿着海边去了许多南部的小渔村，那里人的微笑与热情，特别是那份悠闲轻松劲儿给了我强烈感染。我

这里的人们虽然不富有，但你看不到焦虑的、浮躁的和愁苦的面孔，你感受到的是生活之"轻"，坐在小酒馆里与熟人聊天可以使他们对一天的日子感到满足。他们用习惯了的方式去享受那简单的日常生活的乐趣，而这未必需要许多金钱。

感觉到了从未有过的轻松与快乐，我问自己为什么要去苦苦追求那空洞的孩子的梦？在这种虚幻里悲喜沉浮？虽然我很羡慕我的老同学们和朋友们都有了自己的孩子，能享受那天伦之乐，但他们不会有像我这样的自由，可以将全部精力投入我喜欢做的事，也可以随心所欲地去旅行。这就像有时人不知道自己的潜能一样，我并不知道自己占有了那么多的财富，这便是自由。为什么不去充分享受自己所占有的，而去梦想那不切实际的东西呢？

从此我便开始了那频繁的有意识而无特别目的的旅行，没想到这些旅行又为我的创作打开了新天地。

一年以后，我与一位老同学在巴黎蓬皮杜文化中心的广场上像其他游人一样仰卧在地上休息，有个小男孩走到我跟前，看着我笑，他手中拿着画着图案的色彩鲜艳的汽球。

回想一年前这时候我还在那黑色旋涡里苦苦挣扎，我真高兴终于得以解脱了。今天的我就像这飘在天空上的气球，多么轻松、多么快乐、多么舒畅。

这感觉真好。

躺在彭皮杜广场上看巴黎的天空，像许许多多在这里晒太阳的游人一样，无拘无束，轻松舒畅。看着那天上的浮云，那小孩子的微笑，那气球的色彩，我问自己为什么要那么沉重？

我的孩子梦

推迟七年的书

Images of women

Naples changed my attitude to life, and I started to travel intensively without aim or cause.

I fell in love with travelling, and the happiness of just going out and about compensated for a lot. Travelling also stimulated my photographic work. My friend Monika had shown me a way of achieving happiness in Naples, but she tragically passed away from cancer. Her death again reminded me how precious even a second of life is, and how you should enjoy and value every minute.

After the death of a well-known US photographer, 4000 rolls of undeveloped film were found in his fridge. The question was, why had he taken the photos if he did not want to see the results? It is a similar process with me as well, as I have lots of photos which I have not seen, although they are developed. The moment of shooting, for a few seconds, gives you the highest degree of satisfaction, and that is much more important to me than having the finished result.

I love travelling so much, but I don't like walking. However, when I am travelling with my camera, I don't mind being on my feet for the whole day. The excitement of taking pictures, letting loose my feelings with the camera, makes me slip away and forget about eating or sleeping.

One of the best publishers for photography is Guenter Braus. Together with Lin, I visited his stall at the Frankfurt book fair in 1991 and, having reviewed my work, he said he would like to visit my studio in Munich. However, after Lin's death I didn't keep in touch, and it wasn't until my trip to Naples, where I met him again, that we finally decided to meet each other in Munich.

We spent a lot of time going through my work, looking at self-portraits and nude photography. At first, I didn't know quite what he was looking for, but as he went through the process of selecting pictures, it became clear that he wanted to produce a book on women. He asked me to pick the shots I liked best for the first and last photos in the book. When I placed the pictures in front of him, he said he already knew how to order the different sections of the book. My choice for the first picture was the parting gift to my husband -the kisses on the paper-and the final one was a nude photograph of a couple moving together.

He suggested dividing the book into five sections: self-portraits, portraits of women, nude photography, pictures of prostitution, and images of self-release and dream impressions. I added the text to it, and within three months the book Frauenbilder (Images of Women) was completed.

This collection was nominated for the European Publishers Award for photography. I didn't receive the award, but for me the fact that my book was accepted was more important.

题图:《女人》画册封面。这张照片题为"平面的和立体的女人",也被译为"二维与三维的女人体"。

　　　　　我把"耕耘"本身看得更重些，从耕耘
　　　　中获得的满足与乐趣也更大，这并不是说
　　　　收获对我不重要，只是那过程似乎比结果
　　　　更重要。"自由地创作"比"成就感"更能替
　　　　代不能做母亲的缺憾，它已经成为我的一
　　　　种生活方式，一种生命方式了。

1997. 8. 2.

　　莫尼卡帮助我走出了孤独，而她自己留在那混乱而空虚的
灰色空间里；当我开始了那不间断的旅行时，她却开始与病魔
抗争；我走向轻松与快乐，她却走向忧虑与恐怖。

　　我曾对她说让她跟我来中国看看中医，因为我认识最权威
的中医院士，中医常能治好许多疑难病症。当我从一次长途旅
行回来时，听到她在我电话录音上的声音留言，那声音显得那
么绝望，她说的最后一句话是："救救我吧，小慧！"我当时就有
种不祥的预感，马上拨通了她的电话。接电话的是她姐姐。她
告诉我莫尼卡已经去世，她得的是癌症。我真的不能相信怎么
会这么快，我走了只不过一个多月的时间！她沉重地告诉我，当
她得知自己患了不治之症后要求医生给她注射了可以致命的
药剂。我能想象她最后的日子里的无望，她甚至不想再与命运
抗争，或者说已与命运抗争过了，她对命运说：我要少一点痛
苦。所以她选择"安乐死"这条路。

　　人是自由的，可以自己选择死亡的方式。她无牵无挂，来
也空空去也空空，那些名誉、地位、金钱并没有随她而去，更没
能挽留住她。或许爱能做到这一点，而她唯独没有爱。

　　在她最后的日子里，她问了许多医生都听到同样可怕的回
答后，她不再挣扎，不再企求，不再尝试，她变得安静。她平静
地写了遗嘱，做了公证。所有一切属于她的东西全归她的姐
姐，包括许多尚未得到的版税。她就那样平静地看着医生为她
注射那不会令人疼痛的白色液体。她弥留时还能听到那美丽

的莫扎特变奏曲吗？也许她看到的仍然仅仅是那无边无际的
"灰空间"……

莫尼卡的死令我很悲恸，我后悔没早些为她联系中国的医院。她的死再一次让我想了很多很多，关于人生的意义、生命的价值以及如何生活等等。它再一次提醒我"过好你生活中的每一分钟吧，充分享受你的生命"。

对我来说享受的意义不局限于肉体的、官能的、物质上的，更是广义的享受，对我来说最大的享受莫过于从艺术创作中获得喜悦了，那是无法比拟的享受。一位女记者采访我后写道：今天的王小慧已经不再为没有自己的孩子而烦恼，"她虽然体会不到许多女人做母亲的温馨，但许多女人也体会不到她的成就感……"

我觉得许多"局外人"其实并不太明白，对我来说"成就感"并不那么重要了，这与我发生车祸之前完全不同。现在的我把"耕耘"本身看得更重些，从耕耘中获得的满足与乐趣也更大，这并不是说收获对我不重要，只是那过程似乎比结果更重要，"自由地创作"比"成就感"更能替代不能做母亲的缺憾，它已经成为我的一种生活方式，一种生命方式了。当你喜欢一件事时，你可以从中得到无限的乐趣，就像你喜欢一个人。热恋中的一个男人恐怕不会抱怨花很多时间将女友送回家而要来回多走许多路；一个母亲也不会抱怨她为孩子夜间起来喂奶太辛苦，因为从那里所得到的欢乐大大超过了辛苦的程度。拍照片常常也是很"辛苦"的一件事，要背沉重的行囊，只能步行而不能乘车，有时为等一个光线要很长时间，但我会愿意为它少吃一顿饭，晚睡一会儿觉或多走几公里路，因为这件"辛苦的事"让我着迷，给我比吃饭睡觉大得多的乐趣。每年我拍的照片常常会有几百卷，其中许多至今冲出来没有顾上印放，幻灯片更没有时间去看过一遍。我总把时间给了下面要做的一些事情。

一位与我很要好的导演克里斯多夫（Christoph Huebner）准备拍一部纪录片，是关于一位著名的美国摄影家 Gery Vinograd 的生平。引起克里斯多夫兴趣的是在他死后，人们发现他有四千卷拍过的胶卷甚至没有冲过！胶卷是会过期的，拍过的胶卷若不很快冲洗更容易变质而报废。那么这个摄影家拍照片的目的是什么？难道仅仅是为那个过程？仅仅是那按动快门一瞬间的快感？在筹拍过程中，克里斯多夫又听说有位加拿大摄影家，他人还活着，但据说已经有五千卷拍过而未冲的胶卷了，他百思不得其解，常常来电话与我讨论很长时间。

我曾在休斯顿碰到老同学，他们常常招待客人一起去实弹射击，因为在许多国家不允许使用"实弹"，所以要到他们那里过过真枪的瘾。当时我曾开玩笑说我拍照就像在射击，按快门真的有快感。这些摄影家用胶片拍照而不用摄像机大概也算是装了"实弹"，至于照片以后的命运似乎对他们已经不那么重要了。假如发表或展览、或出书、或被收藏，使这些照片的价值得以实现，当然也好，但这已经不是他们最关心的事了，对他们来说恐怕追求艺术的过程比结果更重要，这拍照的过程好像就是它的目的。他们都属于那种"生活在瞬间的人"，这些瞬间使他们活得更真实、更充满活力。

我当然没有他们那么极端，但常常实在因工作量太大又没时间，从 1992 年到现在无数次旅行的"纪录性的"幻灯片堆积得像小山似的，还没等我下决心着手整理，又有更吸引我的事在等着我去投入，我也就"债多人不愁"了。有朋友翻看过那些成堆的我没兴趣整理的老幻灯片后说，你真不该再跑出去拍新片子了，只要把过去几年的东西好好整理就有那么多好作品。他甚至愿意协助我，因为"看那些幻灯片是种享受"。当然他无法独立进行，而我又无时间做这事，只好作罢。不过如果有人愿把其中一个题材出一本书或办一个展览，我也许又会满怀乐趣地投入这个在我看来是"新的"项目中了。

我相信一件事如果仅仅把它当作职业或工作往往失去其魅力，当它是你真正喜欢的事情时，你就会用全部激情去做，就像去爱一个人。如果爱的关系变为习惯，变为义务，变为无可奈何的应酬和例行公事，那爱便已经进入坟墓。这是不可以勉强的，爱便是爱，不爱便是不爱，所以我很反对没有创作激情和灵感的"死用功"，用功和努力不是一个艺术家的基本素质。

跟着感觉走才是一种遵循自然法则的做法。但这并不意味着艺术家可以懒散，我不喜欢懒散的人。而且喜欢的事未必就轻而易举，当然要付出许多辛劳，只是这种劳作应当是有感觉带灵性的，而且是自然而然的，不是硬逼着自己去做。没有一个大艺术家是只有天分没有勤奋造就的，但光有勤奋永远成不了大艺术家。可我这个人有时太"随缘"，太随心所欲，太凭兴趣，所以也常常错过许多机会。

　　1991年10月我曾与俞霖一起去法兰克福国际图书博览会，这是出版界最重要的一个展览定货会。那时他是唯一督促我去做一些我应该做而我自己又可能因为忙而向后拖拉的人。我们去了三家德国最重要的艺术和摄影出版社。其中一个是跨国出版社帕莱斯特（Prestel Verlag），他们历史很悠久，在伦敦、纽约也有分社，主要出绘画、摄影、建筑方面的书；另一个是伯劳斯（Edition Braus）出版社，他们更侧重于摄影，在欧洲摄影界非常有权威性，出版商伯劳斯本人任过几届法国阿尔国际摄影节主席。阿尔摄影节在摄影界的地位也许可以和坎城（戛纳）或威尼斯电影节对电影界的意义相比，每年夏天来自全世界的摄影家及摄影爱好者都会云集在那风光宜人的法国南部小城。

　　我和伯劳斯有过一面之交，那是在1990年我为"HQ"杂志（High Quality 即"高质量"的缩写）拍摄以"左与右"为主题的照片时认识的。这杂志印刷极其精美，是用著名的海德堡印刷机印制的，"HQ"用缩写也因为它的第二层隐含的意义是 Heidelberg Quality 即"海德堡质量"，是厂家赞助的一家高品质艺术

在接受"HQ"杂志约稿之前，我从未接触过人体摄影，至多只拍过一些橱窗模特之类的"假人体"。

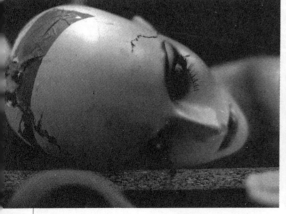

杂志,这艺术杂志同时又无形中为厂家做了最好的广告。这杂志没有任何其他广告页,只是在封底用极小的字把"海德堡质量"一行字印在中间,这比许多用太多图片和文字做的广告高雅得多也高明得多。伯劳斯先生当年还兼印刷厂经理。

这杂志很特别,每期有一个很抽象的主题,邀请国际上三四位艺术家就此进行创作,其中有画家、摄影家、设计家或雕塑家等,那一期邀请了我。他们都是极有名的艺术家,单看后面每个艺术家的生平简介就足以让人望而生畏,而且他们都已经不年轻了。那时的我只是初出茅庐的人,我很怕自己胜任不了。俞霖极力鼓动我去尝试,我有大约几周时间准备和构思。但这么抽象的一个题目,用摄影来表现实在困难。我想了很久,忽然想到中国"男左女右"的说法,刚好当时我准备的博士论文和在建筑学院教书的题目都是关于中国古典建筑的精神背景的内容,于是我查阅了一些资料和中国传统文化中"男左女右"的引申意义及其文化背景。我觉得用人体摄影表现这一抽象概念单纯而有意思。于是,我找到了一名白人男模特和一名黑人女模特进行创作,这些作品还引发了我关于中国道家学说的一些议论和一组"阴阳系列"照片。我的这些照片和与记者的谈话发表在那期"HQ"杂志上,很受舆论界赞赏。因为在西方很少有人想到人体摄影能有那么深的文化背景和内涵。这也是我人体摄影创作的开端。当时伯劳斯先生通过主编提出要与我见面并要购买我的一张"阴阳"作品收藏,我带了与俞霖一起制作的、放大水准很高的照片去见了他。他对我的摄影很鼓励并让我书展时多带些作品去找他。

"阴阳系列"之九——"男左女右"(左图)
"阴阳系列"之十一——"男左女右",这幅作品1990年被出版商伯劳斯(Guenter Braus)收藏,一直挂在他出版社的走廊里。(右图)

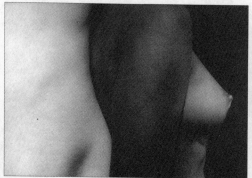
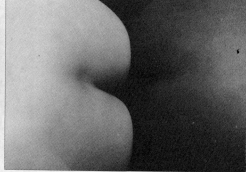

推迟七年的书

当我 1991 年在法兰克福书展上拿了更多的作品去他那里时，他说他想参观我慕尼黑的工作室，也许我们可以合作出一本书。那时我对自己的摄影水平还不够自信，答应他准备好作品后给他打电话。俞霖一再说这是一个绝好的机会，我们要好好准备，没想到十天后便出了那意外的车祸。这件事一搁便是七年。这七年中因为种种原因我没有再去法兰克福书展，最早是因为受伤，然后是因为忙，因为没情绪……

1996 年 10 月我从那布勒斯之旅重新获得能量后，我又一次去了书展。伯劳斯先生见到我极为惊讶，说以为我回中国再也不回来了，他还把要到我工作室参观照片的事记得很清楚，他说我那张"阴阳"作品挂在出版社走廊里，那里全是他多年的收藏。那天，我们约好在他下一次来慕尼黑时见面。

12 月的一个傍晚，他到了我这里，很认真地看了我拍的不同题材的照片，并让我把它们摆满一地。他只是在认真地看，什么也没说。当我们准备与另外两位他的作者去吃晚饭时，我打算收起这些照片。他说："不，先别收。"饭后已经是十点多了，他说："我们再去看看那些照片吧。"

回来的路上他冷不丁地问我一句，你能不能一个月之内写好文字，他需要我较多的文字来说明我的照片。我说我是喜欢写的，只是不知道写什么，因为我还没看出哪些照片可以成为一本书。我给他看的照片有肖像、人体、自拍像还有妓女等等。他仍然什么也没说。

回来后，在一地照片前他站了足足有十分钟。然后他说，这本书叫作《女人的照片》。这时我才恍然大悟，所有这照片的

伯劳斯先生还记得七年前我答应他来参观工作室的事。他先认真地看了许多幻灯，然后将许多照片挑出摆满一地，几个小时后这本书的构思和编排甚至书名全出来了。

共同点当然是女人！德文的原词还包含双重意义，有点像他想出的"HQ"一样，既可理解为是有关女人的照片，也可理解为是由女人拍的照片，真的很妙。可我仍然觉得内容太多，不知如何排列。

伯劳斯先生对我说，你只要说出想用哪一张做第一张，哪一张做最后一张便可以了。于是我选出我拍下的为俞霖做的最后的"礼物"，那印满吻痕的宣纸作为第一张，而最后一张是那一男一女往一起跑的动态的人体摄影作品。那是一组叫作"合二而一"的很抽象的人体照片里的最后一张，表现相爱的男女融合到一起的感觉。

他说："很好。"他已经知道这书的排列了：自拍系列——我拍摄的女人们——"阴阳"系列——情感系列——自我解脱系列——人际关系系列。"你把每一章的文字写出来，我把照片带走，下次来我们就签合同。"就这么简单！一本书的构思居然在几小时里出来了，而且照片也已经挑出来。那时是凌晨两点钟。

书的最后是一组以动态人体表现相爱男女融合到一起的"合二而一"系列，这也是个很中国化的名字。

推迟七年的书

253

这张自拍像用多次曝光合成,表现了那时的迷乱与怅惘

自拍像"带着疑惑的希望",也是我当时心境的真实写照。

　　不久他再次来慕尼黑时在火车站的咖啡厅里与我签了合同。这么快决定一本书和他那种工作方法与作风后来在同行里传为佳话。

　　这本书的第一章讲述的是我自己的故事,用的全是自拍像,包括车祸后的。其中有一张是 1994 年在香港拍的,人与海波重叠在一起,用多次曝光拍摄而成,表现了我那时的迷乱与怅惘。另外一张拍得稍晚,也是镜中自拍:我站在画面的右角,

中间是一大片空白,左面是深色的有图案的窗帘。虽然这只是我旅途中在旅馆里随意拍出的一张纪录性照片,但评论界对此评价很高,说我经历过沉重而混乱的过去(由左边的部分暗示出来),又经历过很长时间的彷徨(中间的空白及小阴影),"现在的我"非常严肃地看着未来(向着画面外,眼睛看着远方)。评论家常会讲出你自己拍摄时根本没想到过的东西,或许是一些无意识流露出的东西。在这书中我给这张照片题名为"带着疑惑的希望"。这非常恰当地表达了我当时的状态和心境。

第二章是讲我拍女人的有关故事。我有意识地去拍女人是1993年为坎普斯出版社拍摄德国成功女性人物时开始的。

当年为了拍这些"名女人",我跑了不少地方,也觉得与她们结识、交谈很有意思,她们是生活的幸运儿。但她们并不都那么让我有拍摄的欲望,我觉得在日常生活中能碰到许许多多更有意思的脸孔。而且这些公众人物有时有她们惯于面对相机的"公众姿态",你似乎要很费力气才能表现出她真实的自我。

我想,在我一见面就有拍摄欲望的一些普普通通的(以及那些不幸的、有各种各样痛苦的)女人脸上,我看到的是更活生生,更实实在在的人,不论她们是美的或丑的,只要在这瞬间是真实的。我所感兴趣的是这些脸上表现出的人性,并记录这些人生存的状态。我也愿与她们交谈,谈她们的生活和命运,她们的忧愁和希望。我在这一章里也写了几个关于她们的故事,

255

"女人的两个面孔"，与另外六幅照片被收录到沈阳出版社出版的《二十世纪中国文艺图志·摄影卷》中。

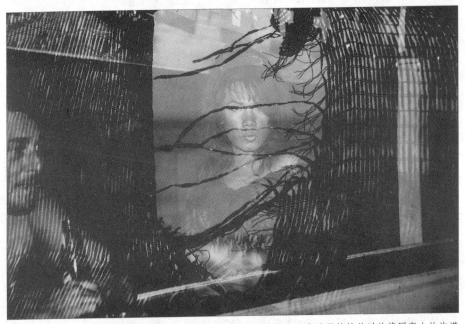

"一个梦想嫁到德国的泰国女人"拍的是那个总在盼望她接待过的德国客人的许诺
兑现的可怜的女人。碎了的网在风中飘舞，她似乎视而不见。

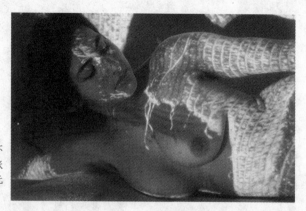

那时期还做过不少试验，比如这张彩色的"女人与无形的网"（1990）。

比如那个出身贫寒，要卖身挣钱寄回农村老家的泰国妓女，她接待过许多德国客人，最大的愿望是像他们许诺过的那样"接她去德国"。但他们没有任何一个人再来找她，至多她会收到一张从德国寄来的明信片。这些人就像流浪者、"外来客"等都属于评论家所说的所谓"社会边缘人"，他们认为我的镜头更关注边缘人的命运。伯劳斯认为妓女是特殊的女人，所以应该放到《女人》这本书中。

"阴阳"系列便是我 1990 年为"HQ"创作时开始的人体摄影。在此之前我从未接触过这个题材，至多只拍些展示服装用的橱窗模特，过去看过的也少，所以对此很感到陌生。当我第一次约了模特在一个剧场里拍摄时，我迟迟没有打开那些投射灯，因为我的心理准备还不足。我的模特们因为冷而催问我"好了没有"，我才一狠心打开了投射灯。当时的两男两女四个模特，都表现出完全无所谓的样子。对西方人来说，人体是很天然的、自然的东西，没有什么可避讳的，而我却感到

曾有德国美术设计公司请俞霖为他们的挂历照孙子兵法的计谋写十二幅书法，我拍了一些以头发为视觉重点的人体作品，因为头发常有书法的韵味。

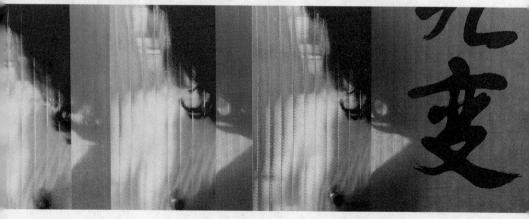

女画家莎伦

"隔着薄膜的男人和女人"，就像生活中的许多男女一样，他们看似很近，但永远无法真正交流，无法相互理解与倾听，这是多么可悲的事情。但许多人自己并没意识到，习惯已经代替了一切。

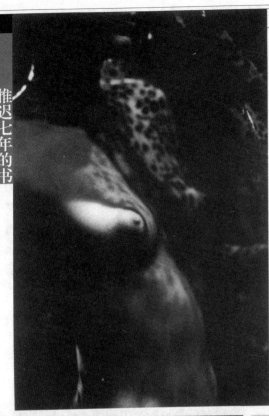

我早期的人体摄影作品是较重形式美的，非常注重光影效果和肌理微妙质感的表现，这张"纱影"（1990）被德国摄影杂志"Fotografie"人体摄影特辑选为封面。

"部分被解放的女人"，这女人的双手是解脱了，身上仍被重重束缚着，没有真正的解放。我们每个人都被很多东西限制着，有形的或无形的，除了外在的原因，也有许多是自己加给自己的，又使自己深陷其中，无以自拔，如蚕蛹作茧自缚。

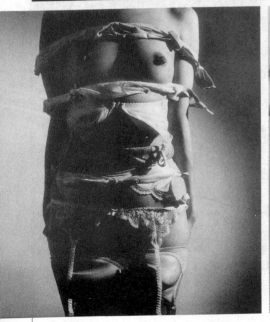

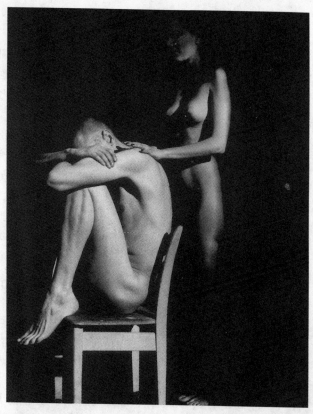

"人际关系系列"
之"安慰"(1990)

不好意思。

　　我最早拍的许多人体作品是人体的局部,是比较抽象和观念性的,比如像书法线条似地沾在身体上的长发,或是我把它称做"软"与"硬"的在女人胸前的花影及被玻璃压迫后的样子(这也属于"阴阳"系列)。"试图带走珍贵的东西"一组则是由模特手持蜡烛,那光在她胸前划出直的、圆的、平稳的或混乱的光的痕迹,那烛光象征着你无法带走的"珍贵的东西"。

　　虽然早期也拍过一些纯形式的人体摄影,评论家说很像摄影大师门雷(Man Ray)的作品,多有记者在采访中问我是否受他影响,他是从美国去了巴黎在西方摄影史上极重要的人物。他的一个代表作是那个像大提琴似的丰腴女人的背。可我在拍摄初期并不知道他。我不想停留在拍摄"人体美"这种初级阶段,我想艺术更应当表现观念、表现艺术家的人生理念和对生活的种种思考,哪怕仅仅是提出问题。纯美的阶段已不能满足这些要求。我的摄影也应当从过去的自由自发的"用心来看世界"阶段发展,加入理性的内容,不光是用镜头去观察,也用"镜头去思考"。当然这使摄影变得更辛苦。由自发地随意的阶段发展到有意识的阶段,"摄影家承担着哲学家、文化学家和社会学家的使命",有人在一篇评论中这样写过。

关于"人的情感"和"人际关系"系列则重点表现了我对许多情感的体验与感受,比如渴望、绝望、焦虑、恐惧等等,还有我对人与人之间关系的一些思考。比如像那"隔着薄膜的男人和女人",就像生活中的许多男女一样,他们看似很近,但永远无法真正交流,他们也许天天在一起,但不能相互理解相互倾听。拍摄这类人际关系系列我也大都用了人体摄影来表现,我在香港艺术中心展览时曾经回答记者,为什么我用"人体"这种媒介。人没有衣服使视觉要素得以简化,变得比较纯粹,比较抽象,从而可以将某些不必要的东西(如社会身份等)抛开,更突出地、明了地表达我想要表达的理念。

那"自我解脱"系列是表现人常常受许多东西的束缚,比如说名利的诱惑、感情的困扰、人性的误区、传统的偏见等等,这个"人"是泛指的人而并不仅局限为女人。我有一个系列作品叫作:"部分被解放的女人",那女人的双手是解脱了,身上仍被重重束缚着,没有真正的解放。每个人都会被很多东西限制着,有形的或无形的,这些东西往往是自己加给自己的,而又使自己深深陷入其中无法自拔,好像蚕蛹作茧自缚。

我自己不就是好不容易才从幻想的破灭中挣脱出来得以解放的吗?解放了的感觉就像那动感照片系列的最后两张,像一团可以飞起来的火,充满能量。

后来,我常被邀请去一些大专院校讲学,学生们喜欢问及我的基本创作方式,因为我的作品看上去题材和手法相当广泛,让他们觉得有点眼花缭乱。我解释说其实很简单,就像电影分故事片和纪录片两大类一样,故事片总是先有了事先构思的非常具体的故事情节、人物、发展线索、戏剧冲突、对话、细节、低潮、高潮的处理,还有事先想好的场景等等,拍摄时只要

这类照片的拍摄
要有事先较为理
性的构想，从主
题立意到各种技
术细节都要考虑
到，有点像拍故
事片与纪录片的
区别。(此图也是
人际关系系列之
一，"分离")

尽可能忠实地把构思再现，当然这种再现也是一种再创造的过程。拍摄纪录片则大不相同，你虽然有脚本或大纲，但你不可能事先把每个场景与对话都设计得非常细致清楚，许多是现场的临时发挥，你只知道一个大致方向，许多细节处理都是很随机的。所以拍摄中要有应变能力并常要抓住一些意想不到的瞬间，这些可能是有火花的东西，经过后期加工可能成为艺术性很强的作品。

我拍那些"艺术类"的作品就是事先有具体的较为理性的构思与设想，先有了主题立意，再选择合适的模特，细到服装、发型、化妆等都要考虑。在技术处理上，要从构图到布光、影调的把握、用什么样的背景、什么镜头、胶卷及辅助手段……都要一一事先考虑好，然后再拍摄。实拍中也会出现这样或那样的问题，也有不少即兴发挥的地方。而"纪实类"的作品在准备方面要简单多了，比较随意而感性，例如我知道我的主题是要拍摄女性人物，那么我的注意力常常自然而然地转到女人的脸孔上去，碰到了让我有感觉的便马上拍下来。因为常常要抢拍一些场景，比如那些泰国妓女在露天酒吧的照片，所以相机是每日必不可少伴你左右的。它可以是另一种类型的艺术表达手段，也可以是一种时间见证，或者仅仅作为我的"视觉日记"，记下也许只对我个人有意义的东西，就像这本书中许多呈现给读

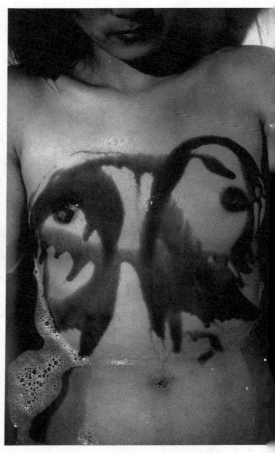

（选自"洗去血迹"系列） 摄影如果不只是停留在观察与记录层面上，而是去思考和表现，那么这当然会使摄影变得辛苦，拍摄也进入了有意识阶段。

推迟七年的书

在法国阿尔国际摄影节，向闻名世界的摄影老前辈请教。

者的纪录性照片，包括自拍像这类作品。摄影已经成为我生活的一部分，与我无法分离。

伯劳斯先生非常喜欢《女人的照片》这本书，用红色中文"女人"两个字在封面上作为装饰图案，还亲自在书的前面写了关于我的简介，这通常是文字编辑的工作。他那么急地要把书赶在三个月内印出，是因为想参加 1997 年的"欧洲年度最佳摄影画册大奖"评选，他觉得这本书极有希望。大奖一共会有六本画册入围，其中一本得奖，得奖的书将用各种欧洲的语言同时出版并在法国阿尔国际摄影节闭幕式上有隆重的颁奖仪式，并赠送非常贵重的莱卡相机。我虽然入围了前六名，但可惜没能得奖。

这是慕尼黑帕拉特因瑟(Prater In-sel)美术馆刚刚布置好的展厅,所有这些展览都有非常好的公众与媒体效应。

　　摄影节闭幕那天晚上在那古老的圆形露天剧场里聚集了几千观众,全部投射灯都照在舞台上,我没想到颁奖人竟是伯劳斯本人。他们在那巨型银幕上放映了入围的几位候选人的作品,最后介绍得奖人。我并没有觉得沮丧,我为自己这本这么急着赶制的书能入围已经很高兴,因为德国人总爱说这样一个比喻:"像马拉松赛跑一样,重要的不是拿金牌,而是你跑完了全程。"我想这也许又是一个典型的"过程比结果更重要"的例子。

　　第二天是每年一次的由各大杂志社主编和出版社社长观摩摄影作品的活动。许许多多来自世界各地的搞摄影的人(无论是专业的还是业余的)都可以把他的作品给这些权威们看,这常常可能对他们是一次机会,出版社和杂志社也可能会发现新人。所有这些主编们一人一个桌子坐在背阴处,那些等待评审的人排着长队,拿着自己的夹子在烈日下等候着。晚上吃饭时,我碰到一个熟识的杂志主编,他与伯劳斯白天邻桌。他告诉我伯劳斯今天对他说,看了一整天很累,但没有一个人的作品可以比得上我那本《女人的照片》,他一直不明白为什么我那本书没能得奖,为此有点耿耿于怀。我一直相信人在背后讲的话通常是真话,仅这句话给我的鼓励比那奖似乎还多。而他们的评比非常民主,他并未因自己是评委会主席而将自己的意见强加给他人。

想想这书晚出了整整七年！假如没有车祸，假如没有我后来经历过的许许多多波折，那书可能会早几年出来。而假如早几年能在伯劳斯出版社出书会有什么样的发展可能？也许会更早"成名"？也许会更早为世界所承认？也许会在商业上更成功？但艺术上一定没有现在成熟，而且人生不能说"假如"。

这些女人的照片后来有过一系列展览，获得很大成功和媒体效应。仅在达姆斯塔特市立美术馆便有十一家电视台和电台以及四十多家报纸杂志做了采访或报导。

许多媒体称我为"在东西方文化之间的人"，有评论说我的作品"明确显示了女性与民族双重身份的差异性。镜头充满了悲天悯人般的情愫"。"以第三世界的女性来审视边缘人特殊生活，因此迅速介入国际摄影界并产生影响……"

评论界对我的人像摄影评论说是"注重人在社会中的真实处境的表现"，"一反以女性性征的魅态为表现内容的滥情照片"，"拍摄记录那些刻在她们面孔上的社会历史之痕，使人性的内容敞现在批判的敏锐眼光中。这正是一个有主义的女性艺术家最真实也最有价值的思考基点……"

达市美术馆的馆长是个女权主义者。她常常在接受记者采访时为我解释我的摄影作品。常有记者问我是否有女权主

推迟七年的书

这类作品常被一些记者误认为我是女权主义者，真正了解我的评论家会知道我是一个常有女性意识和批评眼光的女人而非女权主义者。

义倾向，比如看到那张被巨大的男人的手抓住的扭曲的女人面孔这样的照片。她很肯定地说我不是女权主义者，但我是一个有自觉意识的女性主义摄影家，作品常有强烈的女性角色的感觉触角、思维方式和心理倾向，即带有女性意识，所以与一般的女摄影家纯感觉的作品相比更加冷静，多出几分理性因素，她认为这和我学过建筑学这门工科课程的思维训练有关。

达姆施塔特距法兰克福不过半个多小时车程，在那里展览常常会吸引许多法兰克福、美因兹等附近几个城市的人来观看。这城市不仅因为有那个著名的大学，也因有几个一流的美术馆和历史上非常重要的"青年风格派"建筑而吸引了不少来访者。达市的日报有个著名的"3W"专栏，即"Wer? Wann? Was?"（意为"谁？什么时间？什么？"），十几年来每日不断。在1989年的9月，俞霖在那里读博士时，我曾在"皇宫花园"画廊办过一个展览并接受过这个专栏记者的采访，他的幽默给我印象很深。他当时写道："王小慧给她美丽的名字带来声誉。这位聪明智慧的小女王是位全才……，她像蜜蜂一样辛勤地劳动。"这么多年以后，我又回到了这个俞霖生活过的有许多老朋友的城市来办展览。这时他的专栏更有名了，他增大到整版的篇幅，而且不得不专门用一个录音电话录下每天24小时不断由四面八方来的各种新鲜的信息并由助手帮助整理筛选，他

展览开幕式前，我身旁的是达市艺术家协会主席和美术馆的女馆长。这次展览有十一家电视台、电台和四十余家报刊做了采访及报导。

在慕尼黑的巴伐利亚州电视台的记者专程来达市拍摄了两天展览开幕式的前前后后，并采访了有关人物。俞霖的博士导师贝歇尔（Max Baecher）教授正在向记者讲述他对我的电影《破碎的月亮》的观感。

只挑那些他认为最有意思、最值得报导的来写。当他听说我又回来时,特地在雨天赶来采访并为我带了一枝玫瑰花。他仍然是那老样子,永远戴着帽子,手里拿个小本子,在记录时嘴里叼着笔帽,时而非常严肃地思索什么,时而又调侃地微笑。他惊异我的作品在这几年中从内容到形式"不可思议"的变化,并感叹它的艺术"震撼力",特别是那些车祸后的自拍像,他不能相信一个女人能够这样"真实而坦诚地"将自己面部伤成这样的照片公开展览出来,"这是需要勇气的"。他的评注与著名的艺术评论家夏放先生所写的不谋而合:"女孩多爱慕虚荣。她把自己车祸后伤残的自拍像拿给人看,能有此举,需有一种'无求'的心态。'无求'是心情坦坦然,言行无拘束的精神解放。'无求'才能'自如','自如'之境就是'随心所欲'之境,'无为而无不为'之境。王小慧说:'我只是做我想做的事情。'能如此,当已是'无求'。无求品自高。"

我想我还远远没达到夏老所说的,但这"无求之境"不正是我所追求的境界吗?

曾在十年前采访过我的达姆施塔特日报著名"3W"专栏记者(Bert Hensel)像个侦探片里的神秘人物,带着他的名片和一枝玫瑰来采访我。他仍像十年前那么幽默,仍戴着一顶礼帽,这礼帽成为他的特征,所以以名片上没印他的照片,只印了他的帽子。

关于死亡的联想

Thoughts associated with death

I came back from a trip and found an invitation to go to Cologne, for the 90th birthday celebrations of the photo collector and editor Fritz Gruder. He was the main reason why Cologne became a major centre for photography in Germany. As a present, I took with me a photo of blue rose leaves made into a carpet of flowers. 90 photographers from all over the world contributed to a photo book made for the occasion.

There I met a woman who showed me an unusual piece of work called Modelle Gehen (walking model) showing the poses she had chosen as a model for various painters. It was a method whereby pen and camera together expressed feelings about human relationships. I think all artists have their own different ways of expressing their feelings.

When I watched Doris Dorrie's movie Bin ich. ach (I am beautiful) I saw how she included within it her own personal destiny in the world of human relationships. What is great about her is her ability to go beyond the simple truth of facts. She has a way with humour which enables her to present the seriousness of life on a higher level.

She taught me how much it is possible to write within a ten minute time-frame. I wondered how it works. Many of my friends, like the writer Yuhui Chen or the photographer Siegrid Neubert, are restrictive with their use of time. Professor Baecher is always short of time, but available for the essential things in life.

In China, people also talk about the limitations on their time but never mention pleasure. In Germany, time and pleasure are often combined. For me, pleasure is very important, as I can only do my work with passion if pleasure exists-even when I am confronted with a high workload and the time available is limited.

For many years, I had no time to celebrate my birthday, but when I was 43, I decided to have a birthday party with my friends. Normally, because of my intensive travelling, I hardly have time to see my friends. At the party. Juergen Tesch painted in the guest book a red balloon, which flew far away from Munich but was still attached by a piece of string. This was meant to symbolize me, though some of my friends said I was more like the wind; the balloon was at least reachable, while I wasn't even seeable. A journalist then added that the wind does make an impression on the sandy beaches or deserts where it passes.

In 1997, Joachim Nierens, the chairman of the International Photo Festival in Herten, came to me and asked me to give a speech at the opening of the photo event. He wanted a two-hour presentation, with a screening of the movie "Broken Moon". He also asked me to exhibit my work alongside the photographs of Eva Siao. We chose the title associations with Death, since death had been a major element in all my thinking since Lin passed away.

In China, people like to avoid this subject and talk about a long life. My exhibition included the photos from my accident, my self-portraits in hospital, and many other subjects associated with death. The exhibition was not a documentation, but a truly concentrated view of my own interpretation of death. The work I presented showed thing like rotten plants, or vanishing traces or trails in the dust, which symbolize the indefinite world of death. When I made those photos. I remembered the dark days of the past.

If I had never been through those experiences of suffering I would not be the Wang Xiao Hui you see today.

题图：虽然公墓的上空布满乌云,但阳光终会照到这片土地上。

　　　　　　回想这些年，我的确时时不断地把
　　　　"死亡"这一主题藏在心中，时时不断地反
　　　　思并将凡是看到的能引起我"关于死亡的
　　　　联想"的景物全用相机记录下来，虽然每
　　　　一次都可能引起痛苦的回忆。尼伦斯先生
　　　　说这是一个真正的艺术家把人生变为艺
　　　　术，又把艺术作为人生的最好的例子。他
　　　　十分肯定地对我说："你能做好的。"

1997.10.25.

　　我一直喜欢"独往独来"，这几年也常常受邀请参加一些国际性的集体活动，如果我有时间并且题目吸引我，我便会应邀前去。三年前我在一次旅行后回家看到一份邀请，上面一行大字："格卢布先生要过90岁生日了！"

　　格卢布（Fritz Gruber）先生是德国摄影界享有盛名的老前辈，他不仅对摄影教育极具贡献，也由于他的努力使科隆成为摄影艺术的一个中心，每两年一次的国际摄影博览会和每年一次的摄影艺术博览会都在科隆举行，吸引了全世界无数专业的和业余的摄影爱好者。他还是一个摄影大收藏家。他90岁生日时将多年的收藏赠给那在大教堂旁的科隆最著名的路德维希博物馆，博物馆为他办了纪念晚会及展览。为了给他一个意外惊喜，我同全世界其他89位摄影家一起被邀请，每人赠送他一幅摄影作品，一式三份：一张为展览，一张为画册的印刷，另一张是给他本人的生日礼物。

　　当我看到这份请柬时，已经只差两天就到截稿日期了。于是我在已有的照片里翻找，看到一张我以为很合适为他做生日礼物的照片，这是一个铺满干枯玫瑰的画面，由于我的后期加工，花和底色"反转"着，就像看照片的底版，变为一种迷人的蓝色调。我把它取名为"花的地毯"。我曾说过我一直喜欢玫瑰，它是那种在它生命的每一阶段都美的花，包括老了、死了，甚

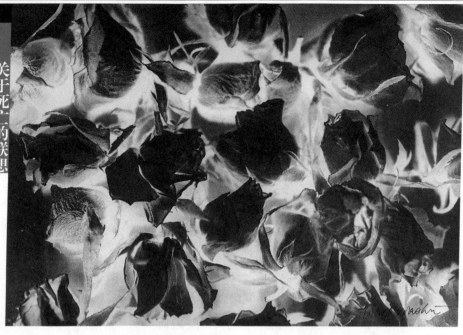

送给格卢布(Fritz Gruber)先生90岁生日的照片"花的地毯"。原照我做成一种迷人的暗蓝色调，将图与底"反转"起来而产生另类的视觉效果。

至枯干很久已经失去色彩之后仍是美的。而"花的地毯"又象征着他一生的辉煌以及他的学生"桃李遍天下"。格卢布先生很喜欢这幅作品的含义。

不久后我去科隆参加这个盛会，据说后来更多的摄影家听说这个消息都想参加，而他们只想保留"90"这个数字没将这些人收入画册，但他们可以赠送照片并且参加聚会。开幕式上我认识了许多来自世界各地的摄影同行，聊得非常尽兴。这90位摄影家相互让对方在画册上签名，有些还交换原作，热闹非凡。

在聚会上，有一位《法兰克福汇报》派到巴黎的常驻记者见到我，问我是不是那个一年多没有给他们拍照的中国女人。我想到一年前他们的主编和艺术总监曾向我约稿并且极称赞我拍曼谷妓女的"纪实摄影"，我因为太忙而把这件事搁到一边没去做。他说这简直是"天方夜谭"，他指着到场的那些被邀请的摄影家说，恐怕他们中没有一个会把法兰克福汇报杂志的稿约"晾到一边"而自己到处去做无目的的旅行。因为在权威杂志上发表作品不光有很多的读者，而且在专业圈里也是极被看重。他劝我不应等闲视之。可我常记得一位女友对我说的一句话，凡做一件事前先问自己，这件事是我自己真的想做的还是别人想让我做，如果是别人想让你做的，你就要掂量一下是否值得去做和你是否有条件去做(包括时间、精力、兴趣等等)，条件不够就不要做。我对他这样讲了，他很赞同，而且说今后他也要这样先问问自己再决定是否去做一件别人希望他做的事。

在聚会上我还碰到一个北德的女摄影家塔斯特(Brigitte Tast)，她是来与我交换作品的，我们谈得那么投机，结果干脆两个人跑到一个咖啡馆去单独聊天。我对她谈起日本现代建筑的"灰空间——暧昧空间"的理论，她很感兴趣。我们又讨论引用摄影表现人的情感的"灰空间"。她给我看了她的画册，有一本叫作《行走的模特》的她自己也撰文的书，让我很喜欢。她讲述的是她自己的故事。

她的先生是她大学同学，也学摄影，现在搞出版并编杂志。几年前她偶然发现一些他拍的人体摄影作品，那女模特也是她的一个女友。本来他拍人体并不足以大惊小怪，但她从那些照片里看到了更多的内容，那场景、姿态、脱了一半的衣服和那床上的皱褶、渴望的带着情欲的眼神、微笑中的温情以及单凭敏感女人的第六感觉所能猜测和想象到的一切，像个无形的网缠住了她。她去问女友，女友坦然地告诉她，"她爱他"。

她极度痛苦和失落。在那个寒冷的冬天。她拍了许多冰天雪地的景象，那被雪压得弯下的松枝，那脆弱得不堪一击的挂在屋檐下的冰柱……她没有争吵，甚至没有询问，她要自己"加工"这段情感，用她的艺术，或者确切地说是用她的"艺术行为"。

女摄影家塔斯特
(Brigitte Tast)

关于死亡的联想

273

　　我也在用艺术"加工"我的过去，我的痛苦。"你想忘记过去，可过去不想忘记你"。你必须去加工，去消化，才能慢慢超越过去。只是每个艺术家都用与别人不同的，他自己特定的方式去"加工"和"消化"。虽然这过程往往像海虾脱壳那样历经痛苦，用尽全身力量去挣扎才能脱出，但海虾这样才能长大。我相信这一切也都使我成长，让我更加成熟，无论从人格上还是艺术上。

　　塔斯特在艺术杂志上登了广告，自荐做人体模特，她想体验那种生活，那种模特与艺术家在特定状态下的微妙关系，那个暧昧的灰色空间，而且，她想出走，她需要距离，与这个家、这张睡过别的女人的床，还有这片让人痛得彻骨的冰冷的土地……

　　居然在很短的时间里她收到许许多多回答，她选择了其中27 个人，开始她那"行走的模特"之旅。

　　整整一年她在外面"行走"。她的丈夫知道并且理解她。他不阻拦她，只让她小心珍重。我其实没见到过比他更关心体贴女人的丈夫了。他们有时通信，很传统的那种，好像平安家书，她告诉他又走到了新的一"站"……她一直在拍照片，记录下许多情景，她不断写下记录文字，并拍摄自拍相。她在"加工"她的情感，观察情感的变化，并体验着新的角色和新的人生阶段。

　　在这个阶段，她对三个男人特别有感觉，他们是画家，还有摄影家。他们后来也成为朋友……

　　一年后她把这段经历与体验加工成一本画册，第一章是她丈夫拍的那些女模特的照片。她的丈夫帮助她出版，并且还在许多城市美术馆里做巡回幻灯讲座，她为那些画面自己现场"配音"，而她的丈夫则帮她放幻灯。那以后我认识的这两个人似乎非常和谐，非常恩爱，他甚至放弃了自己的摄影而全心帮助她搞她的展览、她的书和那种"巡回幻灯讲座"。

　　我对她说我也在"加工"我的故事，我几年来一直在拍各种对我来说与死亡有关的景与物，准备一个题为"关于死亡的联想"的展览。她那时正在拍摄另一个系列准备出书，题目是《在我身边》。那全是在摄影棚里拍的，她永远站在一个地方，那支在

塔斯特为新书《在我身边》在她的工作室里拍摄几十位年龄、身份各不相同的女人，她永远站在三角架后，旁边的女人则可以有自己的独特方式。我有点像京剧演员"吊眼睛"那样做了个怪相，被她选用。

三脚架上的相机背后，在她身旁是各种她邀来的女人。她本来已经完成这本书，但她说如果我愿意她可以等我，她想把我收入书中，我答应她去那里拍摄，我们在一起工作了很久。她的这个系列里各种各样年龄身分完全不同的女人以各自独特的姿态站在她旁边。由这系列派生出的另一组照片，一个年轻母亲从怀孕到分娩全过程的不同阶段里全裸地站在她身旁的照片给我印象很深。当我看到临产前夜她由于重心不稳几乎站不直还来拍照的样子，想想这些人真有为艺术献身的精神。而她们做模特并不是为了钱。那系列从她刚刚得知怀孕开始，一直到怀抱新生儿告终，让我非常喜欢。

后来，我又认识了以完全不同的方式"加工"自己的过去的女导演兼作家多伊斯。多伊斯是个四十多岁的女人，在德国电影界可以说是首屈一指的女导演，她的电影总由她自己的小说改编，比如著名的电影《男人》或《我美吗？》等，所以她的小说也极畅销，因为电影的成功使大家总十分好奇原著是什么样的，总想买一本来看看。甚至连我这个不大有时间去看德文原版小说的人居然也津津有味地读过一本她写的关于男人女人的小说，其实她写的故事都是在讲男人女人，只是好像不是典型的女人视角，更像是男人拍的片子，虽然里面有不少女性化的东西。她既有很深刻的、智慧的、有思想的一面，也有很感性的、优美的、细腻的一面。也许好像伍尔芙所说"伟大的脑子是半雌半雄的"。我更欣赏她的是那种幽默。

关于死亡的联想

多伊斯的电影
《我美吗?》剧照

幽默是一种重要品质。在西方假如你说一个男人丑或一个男人没有幽默感,后者被看成是严重得多的缺憾。但如果能用幽默的方式去表现人生悲剧,我以为是更高一个层次的艺术创作,因为人首先需要超脱,才能用幽默来表现那种悲剧性。

多伊斯的丈夫是一个有名的电影摄影师,也是她电影最好的搭档。几年前她在西班牙拍电影时,他带病与她一起去拍片,虽然不能亲自"掌机",但他作为摄影顾问一直在现场监督,最后病死在那里。他的死无疑也是对她人生和事业极大的双重打击,那时她的女儿还很小,大概四五岁的样子。她说假如没有那可爱的小女儿,她更不知应当如何度过那艰难了。从女儿身上她得到的远远比付出大得多。我相信她的话。文化大革命时,当我只能偷偷在周末去探望妈妈时,她也对我说过类似的话。她把自己当时的处境比喻成薄薄的窗户纸,从外面一捅就会破。但窗户纸虽然薄,假如你里面也用一只手指顶住就不会破了,而我的存在就像是这只小小的指头。

和多伊斯认识也被我这个过于"随缘"的个性拖晚了整整五年。那时一位柏林的朋友推荐我无论如何要认识她,不光因为她也失去了爱人并试图用艺术将它"加工",而且因为我们住得非常近,只相距二百米的距离。他给了我她的电话地址,我却五年也没给她打过电话。当我看到她的电影《我美吗?》

时，我真觉得她的这部作品简直可以算是大师作品，特别是她也在"加工"人的情感、人际关系，特别是死亡这个禁忌的题目，只是她的叙述与表达的方式不是直接的而是间接的，而且富有幽默感。

故事是讲一对夫妇和他们几个女儿的故事，有初恋、有离异、有婚外恋情，也有寻找旧情人等等小故事穿插其中，她讲的故事常常让你能笑出声，但笑过之后又能让你流泪。我又想到安斯佳讲的，一个伟大的丑角总是用一只眼睛笑而用另一只眼睛哭的。真正好的喜剧都有悲剧性的一面。

电影里有这样一个小插曲：那个打算去举行婚礼的小女儿并不那么爱她的未婚夫，很不情愿地开车去教堂。路上下着倾盆大雨，天又黑了，她一走神与一辆车撞上，那车被撞坏。车主人也是个年轻姑娘，她气冲冲地找她来"算账"，为了躲雨钻进她的车中。当她看到她那漂亮的婚纱礼服，一定要试一下，然后跑出去找镜子照，小女儿不得不在后面追，试图拉住礼服下摆，怕那一地泥水会把它弄脏。到此为止所有情节及表演都是喜剧性的，包括穿婚纱的姑娘因镜子太高而站在厕所的凳子上去照那婚纱的下半部以及坐在马桶上与那女孩子交谈，头发和满脸化妆被雨水浇得很滑稽的样子等等。这时她开始讲述她为什么那么梦想有一天能穿上婚纱，因为她的未婚夫在他们婚礼前夕因事故死去了。她为了听他的声音而不断往自己家里打电话，因为他在录音电话上有留言，这方式使她有那么短的错觉，好像他还活着……这使我想到我自己当年在电话录音里寻找俞霖留言声音的情景，我能想像多伊斯在丈夫死后也是有过这样亲身经历和切肤之痛的。但她又马上换一个镜头，继续那看似人生"喜剧"的悲欢离合的故事。母亲下决心去找多年前的老情人，她几十年为了维持这个表面上完整而幸福的家而没去试过，直到丈夫有了外遇。那老情人是她一辈子最大的爱，当年她几乎为此打算离婚，而当她好不容易去国外找到过去的情人时，他回答的第一句话是："我想不起来了。"这话虽然让电影院的观众哄堂大笑，可笑过之后想想这情景有多悲哀！

看完电影我一时冲动给她写了一张明信片，丢到她的信箱里，因为那比邮筒还近些，她也很快给我回了一张明信片，约我一起在我们两家之间的小咖啡馆里见面,咖啡馆对面是她女儿学画的一个画室,她只要一有时间也会去画上几笔。在明信片里她写道:"真巧极了,好像上帝要送你给我:我刚好在写一个关于一个中国人在德国的好玩的故事。"她把这些称做"好玩",让我更觉得她的"加工"能力高出我一筹。

她看上去比在杂志上的照片年轻活泼些,她是个公众人物,常常有一些妇女杂志对她有专访。她喜欢穿日本名设计师三宅一生(Issey Miyake)的那种用压成很多皱褶的、有弹性的很前卫的服装。这也是我很喜欢的一个牌子,有个性,不俗气,而且旅行时很方便,因为不怕压皱。我们见面时的她穿得没那么典雅,但也很别出心裁:红的短皮茄克和一只大耳环。后来每次总看到她穿戴些与众不同的服装和饰品,比如五彩的珠子手镯,或是羽毛的"项链"。在一本杂志上记者问她对服饰的看法,她说可以穿得很随便,但一定要有个性而且绝不"小市民气"。她被聘在电影学院做剧本创作的教授,她把办公室里的沙发统统搬掉,只在地板上放了印度的大坐垫,学生和她都席地而坐;在学院的走廊上她用日本的纸张装饰起来,直至她办公室的门口,让人觉得这儿是与众不同的。她上课不固定每周课时,她也没那么多时间总守在慕尼黑。她得到特殊许可集中一段时间给学生上课,而她充分利用这一自由,干脆带学生一起去度假,去滑雪,一边玩一边讲课。度假时他们一起观察人与景物,并练习把它们写成故事。

后来那个小咖啡馆成了我们常常临时决定碰面的"联络点"了,因为对我俩都方便,而我们又都是大忙人。她不喜欢像大部分"市民气"的德国人那样提前很久约见,那样太正规,而且"提前那么多时间怎么能知道今天是不是想见人"?如果写东西正写到妙处她不愿被打断。所以我们约定有一小时时间便打个电话,假如对方刚好可以喝杯咖啡休息一下的话,就一起去喝杯咖啡,反正步行只要两分钟。她女儿如果没上学,就可以去画画或与别的学画的小朋友玩。我们都属于那种把时间用分钟计算的人,她比我可能有过之而无不及。最近她忽然给我寄了张明信片,说看了我的新书《七位中国女性》,想和我聊聊,第一句话就是"你有没

瑞士有名的画家泰德·斯卡帕也是一位公众人物，他主持过二十年的电视专题节目《跟斯卡帕学画》。他给我发来的传真常常是简单几笔勾出的漫画，虽然极简单却生动而形象。我的脑袋是一只巨大的时钟，路牌指着我要去的国家，闲人在说："这不是小慧吗！"

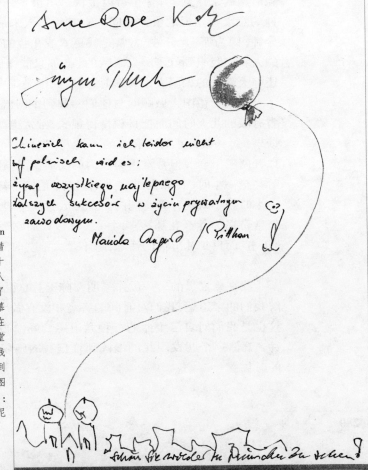

出版商尤根（Juergen Tesch）先生向我借口红用一下，令我十分奇怪。事后在客人留言簿上我看到了这幅图：下面是慕尼黑城市风景线，在那高高的圣母教堂双塔之间一根细线将一只红气球拴到了慕尼黑的上空。图下面写了一行小字："真好，又能在慕尼黑看到她！"

关于死亡的联想

有一分钟时间……"她教我没时间又想写作的方法：买一个烧鸡蛋的闹钟，这种钟通常很简单而且只能定时最多一小时，"你只要拧上十分钟就够了，十分钟的时间你总是有的"。铺开纸拿好笔，当钟开始走时你便开始写，随便写什么，想不出时就写："我想起那时……，""总会想出来的"，她说。你会惊异地发现十分钟你真坐下来全神贯注地去写作能写多少出来，而且常常会很好。她在电影学院教学生写剧本时，让所有学生都试过，没有写不出的，而且都挺精彩，令他们自己都难以置信。不少学生把这方法当作日常写作的方法，如果写得顺利而到了十分钟时，你就"再拧它十分钟"，如此以往。

那天谈话后我也马上买了个钟回来试，可惜那滴嗒声令我太心慌意乱，反而无法集中，只好放弃这个奇妙的方法。现在我是一个小时一个小时来计算我的写作时间的，我也必须在间隙时站起来休息，好像也可以很快写出很多，因为在我眼前的钟的意义与她说的蛋钟相同。有时约了人来最怕人家提前几分钟，因为那"几分钟"常常是我更衣或化妆的时间，如果早来的人看到我只画好了一只眼睛的妆，那只能怪他"不守时"了，还好大部分的德国人极为守时，这对我倒是很合适。

当我为德国人做顾问与他们一起到中国出差时，也为了节省有限的几天时间而把日程排得很紧，常常也是请人到宾馆来谈事，每一或两小时会有新的一批人，这样一个上午或下午可以开两三个会。但常常因为国内的交通情况，客人会晚到半小时甚至一小时，结果两批客人同时到，他们不知道我们是这样一小时一小时地计算时间的。德国人喜欢中国人的热情好客，但常奇怪为什么花那么多时间去吃饭，而吃饭的时候又不谈"正事"而只是礼节性的话题，那不是太浪费时间了吗？

我在慕尼黑的另一位作家朋友陈玉慧总说，一般人无法理解我们的紧迫感，我们对时间的吝啬和没有做出事来的焦虑。这也是我们对自己生命的一种紧迫感，好像心里装了一个时钟，就像一个朋友画我的漫画那样把我的脑袋画成一个巨大的时钟。

　　不论对生活享乐还是工作都要"浓缩"才有意义,这不仅是对时间的吝啬,也是对自己生命的负责。这点我的朋友们也都深有同感。大家都很忙,相互也不会计较别人没有时间,见面次数少不见得使质量变差而只会相反,那些为此而计较的人我觉得缺少一种作为"朋友"起码的理解,那么这种朋友应打个问号了。

　　我的大部分朋友也都十分吝惜时间,像齐格丽特、门可、贝歇尔教授等等,贝歇尔75岁生日时报上有篇文章说:"他这个年龄了还全世界飞来飞去,忙于讲学,并为许多重要建筑竞赛做评委,应接不暇。他总是太忙而无法接受所有的邀请,但'凑巧'还能给特别重要的约会挤出一点点时间。"所以他每次来慕尼黑时总要想法和我见上一面并开玩笑说,他"凑巧"有一点点时间,也高兴我"凑巧"有点空给他。

　　我很欣赏德国人常放在一起说的两个词"时间和兴趣",当这二者全有时,便会做一件事。中国人常常没兴趣也逼自己做一件事,当然礼貌也是中国人的美德,只是这样就委屈了自己,而他们可以很直接了当地说,对不起我"不想去"或我"有兴趣但没时间"。问的人也总是先问你有没有"兴趣和时间"?

在德国驻华使馆内举办摄影展览时,摄影家叶华(Eva Siao)来看展览,她是已故诗人萧三的妻子。我很高兴在摄影节上我们两个人的展览安排在楼上楼下相邻。

在科隆附近的一个小城市赫尔滕,每两年举办一次德国国际摄影节,德文的原意是"摄影日",当然不是一天而是为时一周。摄影节期间全城有许多地方都同时有几十个摄影展览。这些展览时间还更长,通常要一两个月。这摄影节也是德国摄影界的一次盛会,而且具有国际性,有许许多多各国的来访者和几乎所有摄影报刊杂志社和出版社都来参加,有点像法国阿尔摄影节那样。

1997 年的 4 月,摄影节主席尼伦斯(Juachim Nierentz)专程到慕尼黑来与我见面并邀请我在 10 月举办的摄影节上办一个展览并在开幕式上作为摄影节"主打"摄影家做幻灯讲座并放映我那部《破碎的月亮》。因为那电影似乎与我的摄影风格以及我对人生经历的艺术"加工"方式非常统一,好像属于一个完整的整体。我的展览将安排在与叶华(Eva Siao)一起,每人有整整一层楼面的展厅。叶华是已故诗人萧三的德国妻子,当年也曾随丈夫去了延安,她除了拍摄过中国风土人情外,还拍过一些有历史价值的纪实照片。如今已经 80 岁的老摄影家仍生活在北京,我在德国驻华大使馆办的摄影电影展上认识了这位瘦小但眼睛里时时闪着亲和而智慧的光芒的老艺术家。我早拜读过她的回忆录:《中国——我的生命,我的爱》(中译本名为《世纪之恋——我与萧三》),她讲述了那异国恋情,她对中国的爱和她那么多年的坎坷遭遇。一年前伯劳斯出版社还出版了她几十年前拍摄的老照片,题为《中国》。能与这样的摄影家在同一处办展览,我当然很高兴,可做"主打星"我心中实在没底,

摄影节安排一些大学生帮助布展,这是他们正帮我的照片装框,工作非常细致,也很专业。同时也玩笑声不断。与他们一起工作我觉得自己也年轻了几岁。

摄影节开幕式上，主席尼伦斯（Joachim Nierentz）向与会者介绍我和我讲座的主题。

虽然这是一个很大的荣誉，也是第一次正式走上国际舞台"亮相"的好机会。

尼伦斯先生在我那里仔仔细细看了许多作品，最后共同商定展览和讲座的主题都是我的"关于死亡的联想"。他说他曾看过我的《女人》摄影集，也对第一章的自拍相，特别是车祸后的那一组自拍作品印象极为深刻，包括我用在第一页的那张"让我无边的爱伴你度过长夜"。他在摄影圈那么多年还从未见过有这么真实、坦诚、"独一无二"的自拍作品，而对"死亡"这个题目的"加工"既很少见又似乎有点犯忌，大家很少去谈论它，更不要说用摄影这个手段了。有人说死亡与性是两大禁忌，大家不去谈论它，但又都不能不去想它。而我的作品又不是那种新闻纪实性的（如关于战争等题目）对死亡本身的"记录"，而是一种诗化了的个人情感的抒发，一种更深层次的对生命意义的挖掘，一种真正意义的"艺术加工"。

回想这些年我的确时时不断地把"死亡"这一主题藏在心中，时时不断地反思并将凡是看到的能引起我"关于死亡的联想"的景物全用相机记录下来，虽然每一次都可能引起痛苦的回忆。尼伦斯先生说这是一个真正的艺术家把人生变为艺术，又把艺术作为人生的最好的例子。他十分肯定地对我说："你能做好的。"我常常奇怪这些并不认识更不了解我的人怎么可以对我的能力那么信任？是为了鼓励我还是我给了他们自信的感觉？

日子一天天临近，许多最重要的摄影杂志如《摄影》、《国际摄影》等全做了我的专访并用图文大篇幅地做了介绍。我想我现在是箭在弦上不发不行了，于是认认真真地做了准备。

"死去的树"、
"逝去的波"和
"痕迹"——对我
来说，生命的意
义不在于长短，
而在于它是否留
下了它生命过的
痕迹。

我把这张照片叫作"世界后的世界",因为那只是一个我们还不熟悉、不知道、不认识的世界,它是陌生的,但陌生的地方不都是可怕的。

看到公墓里这"带光的房子",我想这和我想象的那么吻合,死亡不应该只是一片黑暗,也许天堂只有白天?

开幕式上,尼伦斯先生做主持人,有部长、市长讲话和作为主要赞助商的"爱克发公司"、"莱卡公司"祝词,主要活动是我的讲座,给我的时间是两个小时。我有多年的教学经验,思忖着去掉十五分钟的电影和十五分钟的回答记者及观众提问,一个半小时是个不短的时间,整个晚上又没有休息间隙,如果讲座不够精彩观众可能会中途退场。我问他是否可以缩短些,他又说:"不用担心,你能胜任的,放心大胆地做吧。"

那天晚上,我带着装得满满的六条幻灯片,总共三百张照片去了会场。看着那巨大的圆形大厅黑压压地坐满了观众,楼上几层回廊也挤满站着观看的人。尼伦斯先生向大家做了关于我的介绍,我打开小录音机准备记下自己讲座的内容以便为以后的讲座整理资料。我开始想尽量快一点放幻灯,因为数量太多,时间久了的话眼睛可能疲倦,而且速度慢的讲座搞不好会让人打瞌睡,因为会场上全部灯都关了,只有我讲台上一盏小台灯。但放了几张幻灯后大家要求我放慢速度,我想这是好兆头,他们喜欢我的照片才想看得仔细些。没想到两小时竟那么快地过去了,结束时许多人提问题,工作人员得将麦克风传来传去,因为厅实在太大不用麦克风听不清楚。提问时间大大超过了原定的十五分钟,恐怕半小时也不止,最后大会主席不得不一再说"下面是最后一个提问了","下面真的是最后一个提问了"……

结束时许多人把我团团围住,他们告诉我讲座让他们多么感动和震惊。我直面人生的真实和勇气,以及我的"个人化"的表现以及对感情的"毫无保留",他们认为德国人是做不到的。德国是理性的民族,他们很少谈及感情问题而且即使谈论也很能克制。很难想象一个德国艺术家可以这样敞开心扉,面对那么多陌生人吐露心声。但他们不谈感情不是没有感情,只是深藏不露,这感情被我的讲座触发引起极强的共鸣。我那没关闭的小录音机一直在走着,将这些观众发自肺腑的"观后语"全录了下来。

那晚,我也认识了那个拍纪录片很有名的导演克里斯多夫,他对摄影界一直很关注。我们谈到日本著名摄影家荒木经惟(Nobuyoshi Araki),他也拍十分真实的日记性的照片和关于

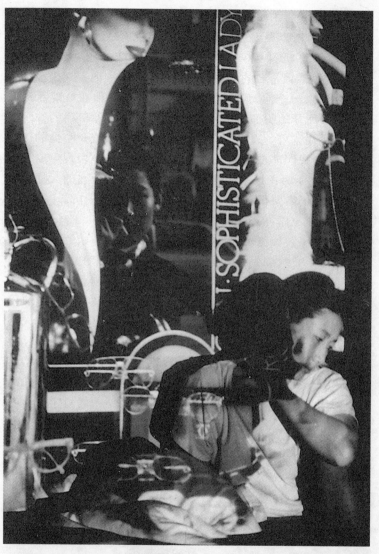

俞霖拍的"两个小慧",也许其中一个已随他而去,去了那个只有白天没有黑夜的地方……

死亡的题材。我拍的"关于死亡的联想"除了比较直接的像燃烧的血衣、公墓、乌云下的十字架和墓地等,也有许许多多有象征和隐喻性的画面,像那"逝去的波","断了的路",沙滩和残雪上的痕迹,结着霜被踩得凌乱不堪的一层层落叶,雾与灯光中带有"此路不通"标志的路牌以及许多死掉的生命,有死去的鸽子、鱼的残骸、老树的根、枯萎的花……等等。我还拍过一些如

关于死亡的联想

287

"洗去血迹系列"中的人体作品，那又是死亡主题的另一层面的引申。克里斯多夫说这些照片很有韵味，令人遐想与深思。与荒木经惟那"赤裸裸的真实"相比更有回味，更含蓄，更女性化。荒木经惟很著名的一组日记式的照片是：他去探望医院中病重的太太——他太太的葬礼上的棺椁——他在妓院看到妓女用手指掰开的阴部。每张照片上全有拍摄的日期，而妓院与太太的葬礼竟只一天之隔！后来有许多评论家把我与他的作品对比，因为我们都是十分罕见的用摄影这个媒体表现生离死别这个题材，而两者相差又很远！他是一个世界著名的大师级人物，我也许还需要很多时间才能理解和消化他的作品。

尼伦斯主席在摄影节结束后对我说，许多人专门来对他说，我的讲座和展览是那一届摄影节最精彩的节目。

夜深了，我回到下榻的酒店静静地躺在床上，虽然很累但仍十分兴奋，无法入睡。我记得一句话说亲人或好友是"在你忧愁时能将你的痛苦分担一半，而在你幸福时能将这快乐加成双倍"的人。我给家里父母打了电话，让他们分享我成功的喜悦，因为他们也为我捏一把汗。妈妈说我小时在家练手风琴总是出错，而一上台反而从容镇定，可以一点不出错地拉出全曲。她也总笑我把标尺为自己定得太高，以至于像跳高运动员一样，落到沙坑里时还抬头看那晃动的竹竿，担心它会落下来。

天已经微微发亮，微蓝的天光照到旅馆空空的房间，照到那偌大的床上，我心里忽然一阵悲哀，我想不出那么晚除了父母还有哪个朋友可以深夜把他叫醒，只为让他分享我成功的喜悦？我想想除了父母再没有任何人了。

从眼睛到眼睛

Xiao Hui Wang

Von Auge zu Auge

Fotografien und Erinnerungen von Reisen
zwischen Ost und West

Prestel

Close to the eyes

Munich had become a sort of refilling station where my clothes and film gear were deposited.

My regular journeys to different countries brought me back frequently to Munich, but only for short stop-overs, as if it were a hotel. My father says the only personal belongings you should have are a key around your neck and a suitcase in your hand. To these I add a pen and a camera.

When I travel, the first impression is often the most intense one for me, and I rarely go back twice to the same place. I could not imagine going on holiday to the same place for ten years, as many people do. The tourist highlights of a trip are far less important to me than the memories which come from personal experiences, and the feelings generated by certain people and places. Going to an unknown spot always inspires me and makes me feel a high degree of awareness and sensibility.

When I arrived in Munich I made a photo book for Sueddeutscher Verlag with the title observation and experience. After ten years Juergen Tesch asked me whether I would be prepared to produce a photo book about Munich. Becuase my impressions were no longer fresh, I was afraid I wouldn't be able to produce satisfying results for him. Once, when we were having lunch at an Italian restaurant, I showed him the portrait photos I had made on my travels. We started talking about different kinds of eyes with the restaurant owner, and we discussed different sayings about the expression of the eyes. The publisher took a piece of paper and drew a face, and then added some possible titles for a book. We arrived at the idea of using the title "Close to the eyes".

Many people who see my portrait photos remark on my closeness to the subject, and their direct gaze into the camera. Like many photographers I used to hide behind a long lens, but, when I did that, there was no intense connection with the subject because often they didn't even realize that I was taking a photo.

Once I started using a standard lens I had to go very close to a person, which wasn't easy for me in the beginning, because it meant I had to talk to them and almost touch them through the lens. But face to face with your subject like that, you get their full expressiveness, and being close to the eyes opens a way to the soul.

题图:《从眼睛到眼睛——从东方到西方旅途中的摄影及随想》画册的封面设计稿

"所有的人物都直接面对照相机镜头，每一次对话可能都是毫无准备的，但快门声响起的那一瞬间，拍摄者和被摄者同时处于一种最为自然的状态中。""她扔开长焦距镜头，寻求面对面的对话和交流"，而这种面对面的"直接冲撞"，获得的是"人们的内心世界"。美国摄影家彻斯特说他用了二十年时间才扔掉了长焦距镜头，不再把自己"隐蔽"在镜头后面，这使我想到我的这一过程也并非一件易事。

1998. 9. 17.

　　自从我发现旅行可以给我那么多的幸福和快乐，足以弥补没有孩子的缺憾时，我便开始了那极频繁的旅行。那是从1996年8月开始的，那次那布勒斯之行是我后来旅行生活的第一站。也许也像著名法国摄影家侯蒙·德巴东那样，是试图在旅行中寻找自我，寻找自己心灵的家园？他似乎在为我解释我的旅行："那里有你以前从未看到的东西，照片充满着生机，而且你也开始复活了。那些光线，那些人，那些声音，这是一种真正的旅行，除此之外的旅行可能只是一个词汇。我是一个在第一次旅行，第一次访问中追求第一感觉的信徒……你永远会有些精彩的东西去发现。"

　　我的旅行是很随机的，多种多样的，既有与工作结合的展览、讲学、签名售书或商谈书稿等，也有访友、游览或带一些探险意味的旅行。我强调"旅行"而不是"旅游"，因为我实实在在是个旅行者而不是"到此一游"的观光客，那意义是完全不同的。

　　这几年我跑了四大洲的许许多多城市和乡村，好像要将出国前三十年的缺憾都补回来似的。每次回到慕尼黑住上几天，稍事调整，又开始新的旅程。所以朋友们开玩笑说我比航空小姐飞得还多，在旅途中的时间比在家里还多，慕尼黑的家更像

我也像法国著名摄影家德巴东所说，"我是一个在第一次旅行中追求第一感觉的信徒，你永远有些精彩的东西去发现"，在旅行中"照片充满着生机，而且你也开始复活了"。

旅馆而不像家。爸爸则说我"脖子上一把钥匙，手里一只皮箱"，这便是我的家。其实他还忘记了，我的"家当"中最重要的，也是我旅途中最不能缺少的两样东西是相机和钢笔，我用它们记录下我的所见所闻，所思所想。

一位我喜欢的作家说过这样的话，世上有两种人，一种人有往事，另一种人没有往事，有往事的人爱生命，对时光流逝无比痛惜，怀着特别的爱意"把自己所经历的一切珍藏在心灵的谷仓里"。而我们所看到、听到、经历到的一切，无不转瞬即逝，成为往事，"由于这爱，一个人才会真正用心在看，在听，在生活"，"他们才真正生活"。我喜欢他用的"心灵的谷仓"这个词，多么富有灵气。我想我是这种有往事也爱往事的人。

旅行总是很随机的，多种多样的，有意识而无明确目标的，但每次旅行都使我感到愉快，而且每次旅行，无论多辛苦都使我有新的收获，新的感受。每次旅行结束回到家时我总会迫不及待地数那些拍好的胶卷，我觉得自己这种时候像巴尔扎克笔下高利贷主数钱时那样心满意足。

旅行中对我重要的并不是那些名胜古迹，而是感受每一个地方独特的文化，是一种寻找与发现的过程，也是一种受诱惑和询问的过程，所以常常一个没有任何名胜古迹可寻的小村给我的印象更深，一片荒芜的沙漠或没有人烟的海滩使我更加难忘。主观的情绪常常影响着我所看到的景色，就像气候常常也使这些景色显得变幻无穷一样。

为帕莱斯特出版社的书，我准备了一份这几年的旅行略记，记录了我的行踪，有人采访我时又从中"浓缩"成像1998年这样的线路：

法国的渔港(左图)
希腊的小岛(右图)

甚至在西班牙参加朋友的婚礼无法背那笨重的大相机包时，我也要带上袖珍相机，随时拍下可能碰到的有意思的景物与人。

1 月：悉尼，伦敦，北京，上海，天津；

2 月：北京，慕尼黑；

3 月：达姆施塔特；

4 月：纽约，慕尼黑，路卡诺，洛桑，柯瑞波，洛采恩；

5 月：马德里，多莱多，慕尼黑，苏黎世，米兰，马赛，尼斯，戛纳；

6 月：慕尼黑，科隆，上海，北京，天津；

7 月：慕尼黑，威尼斯；

8 月：慕尼黑，巴塞罗那；

9 月：慕尼黑；

10 月：马拉嘎，赛维亚，庞达，塔里番，慕尼黑；

11 月：北京，上海，天津，慕尼黑；

12 月：华盛顿，拉斯维加斯，丹佛，休斯顿，大峡谷，洛杉矶，圣地亚哥，夏威夷，旧金山……

很难说清楚我最喜欢的地方，因为有太多地方让我留恋，每个地方又那么不同，那么富有个性，给我完全不同的感受，就像我拍摄柬埔寨的那些穷孩子，各有各的可爱之处，我真想假

澳大利亚的荒漠

如可能的话，都把他们带走。十几年前第一次出国整理行装时我曾想过，你有那么多东西想带走而不可能都带走，那只能将珍贵的东西保留在你的记忆中。而这记忆我必须借助我的相机或钢笔。曾经有人说拍照片会影响你的知觉与感受，而对我来说正相反，它使我更加有意识地去知觉与感受所去的地方，凡是我拍过照的东西，总会比没拍过的记忆清晰得多，好像它能帮助我那已经有太多贮存的大脑记下更多更多的印象，然后借助钢笔我慢慢把它们消化、整理，并加入一些理性的色彩。

　　记得 1998 年底在夏威夷的旅行，几乎所有的游客都聚集在大岛上，在那挤满游人的海滩和一个接一个的名牌精品店里我找不到感觉，甚至连在那高级酒店的游泳池里，听着那些专门为游客准备的、穿着大花衬衣的人的歌和吉它演奏，同时去看那落日景色，似乎都染上了太多人工的味道，显得轻飘飘。躺在躺椅上，我在设想，假如这海岸边没有这么多现代建筑群，那落日该有多么庄严静穆……

　　我决定去火山岛，那里有活的也有死的火山，几乎没有游客，方圆几十里有时竟看不到一个人，也没有一棵树。那是我见到过的最壮观的、最令人叹为观止的景色。那一眼望不到边的凝固的黑色的岩浆，那让人感到自己十分渺小的距离感，那让你觉得可以与上天对话的超现实的意境……

　　我包了一辆车在那里整整转了三天，烈日几乎能把皮肤烤

这是梵高生活过的地方，每年夏天向日葵成熟的时候，成片的金黄色在阳光下格外夺目，给人强烈的视觉冲击。我想我也像梵高一样无法抗拒它们的诱惑吧。

大西洋的海岸

焦。结成的一块块的岩浆石那么巨大，你不得不像一个无助的小动物一样选择你能继续走下去的方式。我跳来跳去，斜背着我的相机包。在这看似没有什么生命的地方，偶尔可以看到一汪清水在石缝之中，里面竟游着小鱼，我真不明白这怎么可能，难道鱼是从天上掉下来的？自然的生命力真的那么强，那么不可摧毁？我似乎无休止地在拍照，虽然它们看上去大同小异。岩浆的裂纹让我想起我曾经拍过的老人手上的皱纹，这岩浆不也像大地的巨手吗？

这手将大地那么紧紧地搂抱着、呵护着。岩浆鲜红炽热的时候，蕴藏了多少热情与能量？这里已经没有冒着青烟的活的火山口，没有那隐隐的令人恐惧的灾难性的威胁，没有了硫磺的气味，但留下的却是沉寂和永恒。

沿着这条路一直开下去，迎面有一座灯塔，从这里开始火山岩浆分成两路流入大海。传说是火山之神化装成一个乞丐，在城里乞讨，没有一个人施舍于他，只有灯塔的守护人慈悲善良，于是神用他的怒火将全城燃成一片废墟而只有这座灯塔奇迹般地保留下来，继续护佑远航的人们。编出这故事的人是向善的。

车开出几公里后到了海边，依然是一眼望不到头的黑色熔岩，没有人烟，大海显得荒凉而沉默，海水在那纯黑色的衬托下显得更蓝更亮，这空旷和沉寂不像人间，可你也说不清它像什么地方。远远地我看到一辆破旧的面包车，孤零零地停在海边，

夏威夷的火山岛，方圆几十里看不到一个人，全是这无边无际的凝固了的黑色岩浆，也没有一棵树木、一所房子，惟有站在高处时可以看到远处的海，那蔚蓝色与这被太阳晒得发亮的黑色形成鲜明对比。我一向喜欢苍凉的风景，但这是我所见过的最苍凉、最令人难忘的风景。

住在这里是在真正的天涯海角，是真正的远离人群远离社会文明，因而也是真正的孤独。

拥挤的列车上没有了座位，坐在行李上我一路与几位新兵交谈，说到科索沃战争，说到他们有可能会被派到前线……

这是我旅途中经常的午餐：三明治和一杯冷饮。

走近一看竟有人住在那里，那是位老人，独自坐在椅子上，面对大海，一条狗拦住了我的路。我在想这才是真正的孤寂，真正的独处，与这纯粹得不能再纯粹的天与地，与这美得无以复加但又单调与沉闷的景色相依为命，或许这就是真正理解海的人？这样靠成箱的罐头和饮料度日，每天只面对大海沉思冥想，我是做不到的，也不想做，我想我仍然只是一个凡夫俗子，偶尔要来感受一下这大自然的震撼力，却一天也离不开人群和城市。

我碰到过许多记者和评论家。许多人的评论只是剪剪贴贴式地将别人的观点综合到一起，缺少个人的东西。好的记者或评论家要有足够的敏感性和理解力去感受艺术家和他的作品，并挖掘出许多甚至创作者本人都没有意识到、没能认真思考过的东西。真正好的评论家往往不用交谈就能从你的作品里读出你想说的意思，加以哲学的观照及历史的比较，写出让你读后更明白自己的文章。

在中国我碰到的好评论家和记者有岛子、夏放、杜仲华、刘武、顾铮等人，还有林路。林路在上海师范大学教摄影理论，同时也是中国摄影界很权威的评论家。我跟他见了不过三面，一次是我在上海美术馆展览前一天的新闻发布会上，他迟到了，我们交谈了不过十分钟，而他却为《人民摄影报》写出几千字充满激情的稿子，而且不光有激情，还有洞察力和极深的专业素养，令我对他刮目相看。然后是在我的电影晚会上，第三次我

从眼睛到眼睛

在瑞士有许多巨石风景和用石头造的房子的山区，我拍摄了这位山村老妪后与她攀谈起来，她给我讲述他小儿子骑摩托车遇难的情景，讲她一个人还仍住在这山区不跟大儿子搬到城里去……

在西班牙小城马拉嘎有许多这样的内院，地上铺着马赛克，中间有个小喷水池。那天我被音乐声吸引，新郎还教我跳西班牙佛拉门戈舞。

们能比较安静地两个人见面，在我住的酒店里，我拿给他看我在旅途中拍的人像作品，他后来为《艺术世界》杂志写了很长的一篇文章谈到我的旅行和这些照片，在他的两部关于摄影理论的专著《她的视角》和《跳出镜头的局限》中，他甚至辟出专门章节分析我的这些作品，他把这叫做"解读王小慧及她所钟爱的生活方式"。

他说他不仅为我"传奇般的经历"所感动，更在我的摄影中读出一种"生命的激情"——"旅途上的足迹走得艰难，走得充实，走得执著，走得富有灵性"。"从本质的意义上来说，她的旅途就是一次次与芸芸众生的对话的过程，通过她对生命意义的敏感……你读着这些照片就会产生一种欲罢不能的感动。作为女人作为摄影家的经历使照片产生了巨大的穿透力，让人一下子读出艺术对于人性塑造的可能达到的高度……""王小慧逐渐摆脱了生命中那些不可承受的苦难和压力，一步步走得越来越完善，越来越自信，走向一位中国女性所难以想象的成功的高度。

他翻看这些由齐格丽特和托马斯帮我从上千张肖像中挑出的作品，我惊奇他的眼光与我的德国同行那么不谋而合，凡是他长久注视的照片往往都是我比较好的作品。不过其实没什么可奇怪的，艺术家的心是相通的。

我对他讲述了这些照片将要出版一本画册的前前后后。

帕莱斯特出版社在国际艺术界是个高品质的代名词，许多美术馆只要听说是他们出的书，便已经知道你作品的定位，根本不需要看你的全部作品，甚至不需要看原作，只拿到五张复印件的便会认可。他们出版的一本重要的摄影史书《150年大师摄影作品集》收入了我的作品，这是为摄影史150年而编写的。书中收入自发明摄影起全世界62位不同时期的著名摄影家的一张代表作品，一篇评论文章和关于他们的介绍，我是其中唯一的中国人。日本是那位拍过他太太葬礼等题材的荒木经惟（Nobuyoshi Araki）先生，其他有许多像门雷（Man Ray）、布列松（Cartier·Bresson）、牛顿（Helmut Newten）、亚当斯（Ansel Adams）等等大师。所有人物是按照出生年代排列的，我被排到了极靠后的位置。这种荣誉令我感到当之有愧。我和这本书的作者并不认识，他是一位研究摄影史的学者，也是一位优秀的评论家。他曾收集过我的书及电视报刊的评论，一次次以书信的形式与我对话，并从许多作品中挑出那张从内容到形式都比较独特的作品——《试图带走珍贵的东西》。

旅途中我也常拍些流浪者、乞丐等"边缘人"，那天在旧金山的一个僻静街角看到这样一位和善的无家可归的人，她的全部家当是这个纸箱搭的"床"和一个超市购物车，但她却在读一本小说，这令我对她顿时生出好感。

　　我与帕莱斯特出版社的老板尤根（Juergen Tesch）先生十几年前便认识，他就是那位在我生日时，在客人留言簿上画红气球的出版商。多年来他一直关注着我摄影方面的发展，因为他们也是建筑、绘画、设计方面综合性的艺术出版社，早年他还开过玩笑说不知我是在他们那里出建筑理论还是摄影作品的书好。这几年我们曾几次探讨过出一本书的计划，他提议我拍摄一本黑白的慕尼黑城市画册，或者在欧共体成为人们谈话中心时出一本欧洲城市印象之类的画册。这种书会有商业效益，但我很坦白地告诉他，我已经对拍摄城市一类客观性很强的照片没有很大兴趣，更没有那种激情了。这些城市，特别是慕尼黑我已经太熟悉，太熟悉的东西也许就像人们所说初恋者与老夫老妻之间的区别，前者是跳跃闪动的火花，后者则是暖融融的火炉了，没有火花的状态我似乎很难抓到感觉去拍摄，这也是我为什么总选择没去过的地方去旅行，去拍摄，因为不光视觉，全身的所有感官与神经都会处于一种兴奋状态，你会特别敏感地发现许多东西，而这些东西对那些在那里久住而变得麻木的人来说是司空见惯的景物。总去拍摄新的地方有点像不停地谈恋爱，使人感到年轻而有活力，你会不断产生新的灵感。所以有人说外出旅行是对麻木生活的逃遁，空间距离上双脚的延伸，似乎能减少精神的凝滞。而且，我不愿做重复性的工作，尽管可能有很好的宣传或商业的效果，由帕莱斯特出版的《一个中国女人眼里的欧洲城市》一定会引起人们的兴趣，而这类画册常常是企业送给来访的顾客最好的礼物，会被企业成箱成箱地购买，当然还有游客，仅仅慕尼黑啤酒节便会有八百万来宾！

　　我告诉他我最初来德国时是凭着一种朦胧的激情去面对十分陌生而又新鲜的城市，但对现在的我来说这种"纯美的注视"已经不能够表达我的观念，我更关注的是人，是生命，是他们存在的状态。拍摄城市风光很难超越别人，也很难超越自己，那就意味着在艺术创作上自我重复，这是我要避免的。但我非常珍视在他们出版社出书的机会，因为人们常开玩笑说，活着的摄影家很难得到在他那里单独出一本书的殊荣，他们或是出多位艺术家的合集，或为那些已经去世的大师们出专集。

正因为如此,我更宁愿等待有更成熟的题材和更成熟的作品。他说我这么执著令他钦佩,因为很少有艺术家会拒绝他,这反而让他觉得对我更了解了。

尤根先生要照顾他在伦敦和纽约的生意,常常飞来飞去,十分繁忙,我们难得见上一面。这样一晃又过去了两三年。1999年圣诞前,他约我在二十世纪再见上一面。他从纽约刚刚飞回来,带着一点时差,但毫无倦意。他送我一片在纽约中央公园里捡的银杏树叶,据说广岛被原子弹炸过后,这是唯一存留下来的植物。这在美国被作为重要科研项目,已经有了许多药物制品;在德国,银杏树是被作为阴阳合一的植物来看,它不需要交配便可繁殖,生命力很强。歌德非常喜欢它而且常常写到它,它的叶子也好像是两片叶子长在一起的,很奇特。后来我把这片叶子用多次曝光的方法拍成像富士山那样的抽象风景作为2000年的贺卡,他一眼没认出那竟是这小小的银杏叶,他把我称作"用相机变魔术"的人。

他在那个有名的意大利餐馆订了位,因为那里总是宾客满堂,特别是圣诞前许多公司的老板为慰劳下属会把有功之臣请到餐馆酬劳一番,这似乎是个很有人情味的传统,我想这会比单纯"发红包"更能赢得人心。餐馆老板跑前跑后地招待客人,那天重要的客人出奇地多。尤根先生是他三十年来的老顾客。这位老板虽然在德国那么多年但仍然一眼就能从他的举止和

北非的一个年轻女人,我发现曾经在不同场合拍过她而没认出来。她是那种美得恰到好处,美得不张扬的女人。我又一次被这不期而遇的沉静目光所吸引。(左图)
在西班牙朋友的婚礼上我看到了她,她的眼睛似会说话,那么温存,一看就是善良的人。(右图)

这个印度女孩的
眼睛纯静如水
(左图)
意大利的男人常
会用这样的眼神
直视陌生的女人
(右图)

眼神上看出是个意大利人，也许就是那种意大利式的坦诚与热情，他们不像德国人那么收敛克制自己的情感不轻易外露。我奇怪他身为餐馆老板，每天被美味佳肴包围却那么瘦，我向他询问"减肥秘诀"，他告诉我他得过胃癌，几乎死去，现在胃差不多全被切光，一天要吃十次饭——但每顿饭只可以吃一小勺半流质食物，他从此与所有美食绝缘，但他不愿放弃他苦心经营三十年的餐馆。他说他的钱这辈子是用不完的，这一点他在病中想过，人只为挣钱而工作没意思，他实在是舍不得离开这个被他称作"大舞台"的餐馆。在这里有不少著名的人物是他的常客。他指着奔驰公司的董事长说，他每次来慕尼黑都到他这里吃饭。他要看这舞台上人们的表演，他喜欢他这个社交场所，这对他已经不是"工作"的意义了，更是一种"人生享受"。他总是说几句话又跑开去照应别的客人。

我对尤根先生讲我这几年的旅行，讲到许多旅行中的小故事和插曲，讲到我当作一个"系统工程"来拍的不同国家的人，并拿了一些照片给他看，那些不同民族、不同肤色、不同年龄、不同阶层、不同生活背景的肖像……他翻看着，并说我们要为这些照片找一个共同的题目。这时那餐馆老板又跑过来，为我们讲了一个笑话，我们正在吃饭，在西方吃饭时说笑是不礼貌的举动，但我又为他那笑话忍俊不住，用手掩住脸笑了起来。

那笑话的内容我早已忘记，只记得他忽然指着我说："你看她那双眼睛讲了多少话！眼睛是最好的名片。"我说中国俗话说"眼睛是心灵的窗户"，他说意大利民歌里唱"从眼睛到心怀"，如果我这样再笑下去会把他的心怀打开……

尤根先生忽然拍案叫绝，说德国俗话是"从眼睛到眼睛"，这不就是我们的书名?！的确，所有这些照片的共同点都是那些直视镜头的会说话的眼睛，我们一拍即合，这书名很有灵性，让我喜欢。他马上向老板要来了纸笔，当即画出书的封面设计，并让我们用中文和意大利文在旁边写上那三句不同语言的俗语，然后请老板复印了三份，说待到书出版时我们会到他那里开庆祝会的。

我还给他讲过几个旅行中的小故事，比如在那布勒斯我曾向两个陌生人问路，他们大约三十多岁，坐在海边石栏杆上抽着烟聊天。因为那路不太好找，他们也无法用英语描述清楚，于是陪我乘了公共汽车去了我要找的地方。他们非常推荐我去一个"城里最漂亮的景点"，走路大约十几分钟，我有点犹豫。一来天将黑，我既不熟悉这个地方，也不熟悉这里的语言，

那布勒斯这两个陌生人陪我乘有轨电车去我想找的地方，他们的眼睛使我无法设想他们是"坏人"。

这个俄罗斯女孩凭着美貌与青春想到西方寻找做模特的机会，但失望而归。

路上行人稀少，万一他们是两个坏人，是很危险的事。意大利南部是以小偷多而著称的，所以他们说要帮我背那沉重的相机包我绝对不肯；再说我还要乘火车去我住的地方，我不想太晚回去，但他们那真诚的样子让我无法设想这是两个"坏人"。在他们热情友好的怂恿下，我将信将疑地跟着他们走。忽然眼前一亮，我们站在一个高地的广场上，整个那布勒斯城在晚霞衬托下像画一样尽收眼底。有些人像的灯已经亮起来，星星点点与落日相辉映。我拍了不少照片，他们开始催促我赶往火车站，否则赶不上又要多等两三个小时。急急忙忙地我们跑到车站，等我踏上列车那一瞬，车已徐徐开动。他俩久久地站在站台上向我挥手……我对尤根先生说，为什么我会冒这种险？为什么我会对素昧平生的人有这样的信任？唯一的理由是他们的眼睛告诉了我一切。

后来他看到一篇对我在香港艺术中心展览的评论中有这样的句子："从东方到西方，从绚丽到平凡，集智慧、美丽、能量于一身，由广与深造就出如此不凡的女人。"便又为画册加上了副标题："东方到西方旅途中的肖像摄影和随想"。这是个很好的副标题，但同时也是为我跳高的横杆又向上加了一个刻度，因为这"随想"听听容易，写好却很难，又要用我不熟悉的语言去写。有时越是看上去简单的事做起来越难用平平淡淡的语言说出不同凡响的见解，这对我又是一个挑战，但也锻炼了我不光去感受，也去思想。

有年春天，我被贝歇尔夫妇请到他们在意大利嘎达湖边的别墅做客，那是最有名的小提琴产地，据说湖的平面形状也与小提琴极为相像。没想到那天是贝歇尔教授的生日，其实我不该想不起来，因为这个日子与俞霖清明节生日只相差一天，过去他俩常常合并到同一天庆祝的。他现在已经不在达姆施塔特任教了，但全世界有很多地方请他去讲学，加上不少重要建筑设计竞赛他要做评委或主持，所以显得比以前更为忙碌，不停地飞来飞去。他还要为一些杂志专栏写稿，有位专业建筑学杂志主编曾告诉我，有贝歇尔文章的那一期杂志总会销光，好像他的文章是畅销的保证，所以许多杂志高薪抢他。他写作时最喜欢到意大利这个别墅来，这里气候温暖，他特别喜欢在花园里工作，虽然室外不如室内那么容易集中精神，"太美好的阳光使人懒散"，他说。他还说自我要求越来越高，所以写文章越来越多地花时间动脑筋，想好了开头结尾他才动笔。他还喜欢用手写，他写一手极漂亮的钢笔字。他也很强调感觉的重要性，他说写作更重要的是用感觉而不是用"思想"，就像诗的生命在于语言词汇传达给你的情感，仅仅是让人"懂得"了也不能算好诗。建筑设计也同理，在他的课上做过一个游戏，我们试着用纸板搭一座桥，我第一次明白了许多力学道理，那是我上了几年结构课没能搞懂的。

贝歇尔教授也是个"工作狂"，有许多人劝说他都七十多岁了，应当少工作些，"理智一点生活"，即多考虑健康长寿这些问题。他说："不，我不要理智"，正如他绝不像许多人那样，为了保养身体而放弃吸烟喝酒的嗜好，放弃一些美味佳肴。这样，在当时最有名的酒店里我们一起吃了精美的生日晚餐。据说这个酒店当年是墨索里尼送给他情妇的，他每天来这里与她幽会，也死于这条路上。晚饭后我们去了一家咖啡馆，我很喜欢的那位奥地利艺术家安德烈·海勒（Andrè Heller），常常会坐在这家咖啡馆里写作。

贝歇尔教授在教学中常反对书本知识，他总说"词典式的知识"不重要，人应知道得广，在广的基础上求深，而且不同领域之间的关联最重要。触类旁通的天才是真正的天才，这也是我为什么尤其喜欢海勒的原因之一。

最早我以为海勒只是一位歌唱家，我知道他总是自己作词、作曲并演唱。

安德列·海勒（Andrè Heller）和他的自画像。

在法国南部小城安提甫那座一百多公顷的富豪庄园，儒勒·凡尔纳故居就在这里。许多好莱坞明星在戛那电影节时全住这附近。

后来我才知道海勒是真正多才多艺、跨领域而每个领域又都颇为成功的艺术家，他的想象力似乎是无限的，而且总试图把这些想法实现。比如他1984年在西柏林帝国大厦前举行的焰火音乐会，一百多万人观看（超过了当时西柏林人口的一半），而柏林墙的东面还有另外二十五万人在倾听，他把这音乐会称为"火的戏剧"。他的才能不光在演唱、作曲和导演方面，他还从事写作、绘画、雕塑、行为艺术……几乎所有艺术门类他都涉猎过，每次他的或大或小的作品总那样别出心裁，那么独一无二。1992年他去香港时发现竹子能搭那么高的脚手架，于是他搭了一尊差不多有二十层楼高的竹人雕塑，将它立到船头，在香港与九龙之间的海上风光了一番。

还有一次我被朋友请去一个大富豪的庄园度假，那是在法国海边，离坎城（戛纳）不远叫做安堤普，主人常常不在，一年只有几次来此小住，也会请些客人，比如里根、戴安娜，还有全世界都一起听过的在戴安娜葬礼上唱"最后一朵玫瑰"的Elten John都曾是他们的客人。我在电影里制造出的那些神话般的豪宅里也没见过这样的豪华，十几位保镖不分昼夜地值班。在暴雨中他们穿着雨衣佩着手枪到处巡走，即使主人不在，也要为家里那些像毕加索原作那样价值连城的画而站岗。你可以在那加过温的有人工波浪的游泳池里尽情游泳，而近在咫尺的就是蔚蓝的大海和那成群的海鸥。主人让我特别当心别走到刚孵化出的小海鸥近前，因为它的母亲很有攻击性和侵略性，它俯冲时力气很大，十分危险，当然它们只是为了怕小海鸥受到伤害，无法分清来者有无恶意。

这庄园里有一座宫殿，从前是比利时一个王子的夏宫，它的对面是儒勒·凡尔纳的故居，其实他当年是住在这所大房子里的一个小公寓里，如今几番被人用高价卖来卖去。他在那小屋里写出的幻想小说曾让儿时的我那么着迷，他写的《八十天环绕地球》第一次为我展现了周游世界的梦想般的画卷。没想到现在我也开始这世界之旅。隔壁是家世界闻名的大酒店，每次坎城影展，很多巨星都住在这里而不住坎城。我在那里的几天据说被称为"最性感的女星"莎朗·史东也住在那里，所以常看到那些颈上挂着长焦镜相机的记者在周围打转。

庄园的主人很有品味，他有自己的设计班子为他遍布世界各地的办公室和别墅做建筑设计，当然这些设计要按照他们自己的口味。夫妇俩有三个已成年的孩子，他们酷爱电影，所以修了一个小型的极现代化的电影院，只有几个座位，但可以用电脑遥控挑选出他们想要看的影碟或录像带，处处见到的是高雅和文化。

他是一个人文学科的博士，据说世界上很少有人一代便创造出这么多家产的，他的致富完全是一个偶然的善有善报的故事，听上去有点像神话传说。他父亲是希腊人，曾有过一条船，但在战争中毁掉了，他必须白手起家。他太爱船了，于是先在别人的船上打工，那船在欧洲和中东往返。一次在利物浦港他看到一条漂亮的货船，他问船主是否可以卖给他，那时他才不

安堤普城里毕加索博物馆的大理石雕塑

过二十岁,主人说他根本不想卖,而且他猜想这个年轻人不会有那么多钱买得起船。他说他可以先付一笔定金,然后每三个月还一部分款,两年后会还清。船主不相信他能做到,他拿出详细的有说服力的航海货运计划讲给他听,那船主被他的执著感动而且好奇地想看看是否真有奇迹,不到两年,他还清了全部款项,拥有了自己的第一条船。

据说阿拉伯人有一种迷信,飘泊海外的人一定要回乡朝拜一次,将来死后才能平安。许多流落欧洲的中东人没有钱回去,他行了善事,让这些人睡在他的船上,每天还分发面包和汤,没有任何目的与功利,他只想那些地方空着也空着,面包他是买得起的。没想到战后一位流亡海外没能回国的阿拉伯国王听说了他,将他留在国内的产业送给了他,他一下子由一个普通的希腊船王变成一个拥有两个油厂的巨富,后来他们又发展了许多产业,甚至拥有自己的银行。最让我喜欢的是他又去读书,得到了博士学位,这样的富豪恐怕更为少见。

这个地方也是毕加索早年生活过的地方,城里有一个毕加索博物馆。博物馆直接靠海,有极大的平台,上面有许多巨大的热带植物,穿插其间的是些没完成的白色大理石雕,有的只雕了一只眼睛,有些还只是雏形,我想起门可先生说的不完整的艺术品反而"能够呼吸"的话。我试着去呼吸它们,感受它们所传出的"气场"。这阳光,这海,这空气那么美,海天一色,真的让人心旷神怡。只是这种词用在这样的地方似乎都嫌太俗气了,可我想不出更好的词来形容那里给我的感受。

毕加索那时也只是住在其中的几个房间里,他那时期的画都是许多变了形的裸女,有时是一个女人,有时是许许多多在一起,有着夸张的腿、唇、乳与臀。那时的他并不富有,但他过的是何等浪漫的生活。也许这些女人中有激发他创作灵感的缪斯女神?我说在这样的地方没有天才的人也可以有许多灵感,也会创造出许多艺术品来。当地的法国人则解释说他们那里有最美的东西,不光是阳光和海,还有美酒和漂亮女人。他们没什么理由去抱怨而不去享受生活,这也许是造就他们浪漫情调和懒散性格的因素之一吧。

这美丽的风景令人陶醉,但所有这些美景都不如人更吸

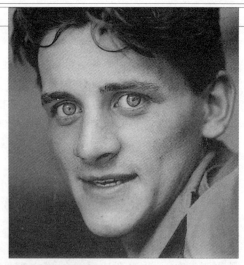

这是一张典型的东欧人的脸。
我总让被拍者直视镜头，这
时他们心灵的窗子是向你敞
开的。

女画家赵秀茳，她
是妈妈最好的朋
友。我不在家时她
经常来看妈妈，她
们愿远离世俗的
一切，与书本笔墨
为伍，还为自己的
书斋取名为"二痴
堂"，我高兴妈妈
有这样的知己。

引我想要拍照的欲望，所以我拍了大量的人像照片，虽然我
不懂法语，法国人通常也不爱讲外语，但好像用镜头能与他
们交谈。

我强调让他们注视着我，这些照片都是在和被摄者至多两
米的距离内拍摄的。林路在评论中说："所有的人物都直接面
对照相机镜头，每一次对话可能都是毫无准备的，但快门声响
起的那一瞬间，拍摄者和被拍摄者同时处于一种最为自然的状
态中。""她扔开长焦距镜头，寻求面对面的对话和交流"，而这
种面对面的"直接冲撞"，获得的是"人们的内心世界"。美国摄
影家马克·彻斯特说他用了二十年时间才扔掉了长焦距镜头，
不再把自己"隐蔽"在镜头后面，这使我想到我的这一过程也并
非一件易事。

在瑞典你常可以看到这样的孩子，他们金黄色头发淡到几近白色，眼睛却蓝得透明，如果没有额头上的疤痕，他和一个玩具娃娃的样子并无二致。

这个斯里兰卡女人眼中似乎总带有悲哀，甚至在她笑的时候。她的眼睛让我想起小时学国画画葡萄时老师让用水墨勾出一个圆圈，但要留出亮点。

　　所谓用长焦镜拍摄，是可以躲得很远"偷拍"，我以前曾经没少做过这类事情，非常轻松，毫不费力，你可以像在歌剧院的包厢里用望远镜去对那些歌唱演员随意地浏览，只是在你想保留一个画面时轻轻按一下快门，就这么简单！但拍出的照片只是一种瞬间的状态，一个过程性的东西，有太多的随意性，缺少紧张度。而面对面地拍摄则要困难得多，你首先要有勇气走近你拍摄的对象，征得他许可，并让他按照你的意愿面对镜头，我还要告诉他们不要像拍留念照那样做出"拍照"的样子，很多人感到不太习惯不太自在，对他们来说自自然然地面对镜头并不容易，常可能拍很多张才有一张好的。所以我想远程"偷拍"的照片好像是那随意在水龙头里接来的自来水，而近距拍摄便像是一杯"功夫茶"了，它有浓度和味道，值得品尝与回味。而且偷拍照片总有点那么不光明正大，我最反感那些围在名人住宅或下榻的宾馆周围，脖子上挂着长焦镜相机，百无聊赖地等上几小时为了"抢"拍或"偷"拍到一张可以卖给三流小报的照片，这些人没有资格称为记者，戴安娜之意外事故有一半责任可以归于这些人的无赖追踪，他们的"作案工具"便是长焦镜。

十几年前，俞霖就劝我不用长焦镜拍摄，还包括风景摄影，因为长焦镜光圈较小，成像率也较差，除了特别的用途，应尽可能少用。而我那时很懒，即便是拍风景，也不愿跑很多路到近前去拍摄，那多费力。另外一位摄影朋友也总对我说，"走到人们近前去拍，跟他们说话，别怕"。可人总是很难走出他不熟悉的第一步的。

后来俞霖为我买了一个中型的相机（即用 120 胶卷的相机），它有个固定的广角镜头，只能很近距离地拍摄，因为图像大而成像清晰，我非常喜欢用它，从此开始慢慢走近人群。可惜这相机在车祸中完全挤毁，成了一个纪念品，但这却使我迈出近摄的那难走的"第一步"。

有个用广角镜近摄的很好的例子，是那位世界著名的美国女摄影家南·戈丁（Nan Goldin）。她的真实和勇敢甚至令我也吃惊。20 世纪 70 年代她生活在纽约艺术家圈子里，深受性解放思潮影响，吸毒、滥交，她的许多好友都死于爱滋病，她自己也很久无法从对死亡的恐惧和戒毒的痛苦中自拔出来。她拍

我也愿用相机去"触摸"我想触摸的人，以至他的灵魂。我不愿"冷眼看世界"，更欣赏美国女摄影家南·戈丁（Nan Goldin）所说"拍摄是对人的抚摸，是一种温柔"。由于这种温柔你赢得了被摄者真实情感的流露。

了许多在戒毒所里的自拍像和那些她所爱的、亲密的甚至有些已临近死亡的朋友们。给我印象最深的是那爱滋病女孩的婚礼和她临终前的葬礼,那是多么悲惨而又感人的一幕!她拍摄的人像虽然是用十分冷静而极为写实的彩色胶片,用很夸张的色彩(甚至闪光灯)和极为随意的构图来拍摄,你看不出任何摆布的痕迹。她作品中总有种温暖洋溢其中,这温暖又与她所拍摄的冷峻而残酷的现实形成强烈对比,而使作品更具有强烈的震撼力。她自己说:"我用暖的而不是冷的眼睛去看,"对她来说"拍摄是对人的抚摸,是一种温柔"。这话说得多好!抚摸当然要很近,与人温柔也是一种肌肤之亲,用相机作为你的眼睛和手,你的感觉器官的延伸来接触你想"触摸"的人,以至他的灵魂,这绝不是站在远处用长焦镜头能达到的。虽然她作品的风格与我完全不同,但这感觉多么相近!也许这是女性艺术家的共性?与她相比,荒木经惟则是用非常男性的、冷静得近乎冷酷的眼睛去看世界以及他周围的人。

我是在拍过车祸后的自拍像和"视觉日记"后很久才看到他们的东西。那时南·戈丁在慕尼黑有个展览,几年后有朋友送给我她的画册,最初看展览时我似乎觉得这些照片太生活化,"不够艺术",而且有些太直接、太露骨,以至于令我感到可怕或恶心,不能像一本随便翻翻的好看的"咖啡桌画册"那样给人美感。但随着我对艺术的理解加深,随着我自己人生阅历的增加,细细体味她画册里的图与文,我越来越觉得她作为艺术家值得钦佩,她做了一件常人做不到或不去做的事。她的这本画册并不是拍那些每个搞摄影的人都能拍出的旅游风光画册,所以她这样的人才能被称为"真正意义的艺术家",而不仅仅是一个"制造美的人"。人们把她称作"真正意义上的艺术家",是因为她属于那样的人,是把人生变为艺术,又把艺术作为人生的,他们的人生与他们所创造的艺术是一体,是不可分离的。

这一点我过去不理解,我一直以为艺术首先要美,现在才明白,那些只会用一些技巧来"制造美的人"被误认为艺术家,这种观念可能是倒退若干年时人们对艺术的理解与解释。我自己也花了很多年时间才悟出这个道理,艺术中的"真"是最重要的,而艺术中的"美"可能是生活中的"丑"。

有一次在西班牙小城赛维亚(就是歌剧《赛维亚理发师》的那个小城),我看到了一个年轻的女乞丐。她用破麻毯紧紧将自己裹起来,好像很冷的样子。我与她打招呼她毫无反应,我试着拍了一张照片,她无动于衷,于是我再走近拍了第二张、第三张。这时我已经离她近在咫尺,她似乎没看见我,她那空空的目光让我在那炎热的夏日也忽然感到有一股冷气迎面袭来。我想到一位作家写过,一个死去了丈夫的孤独老妇人的最后的日子:"她活着为了等待死亡。"而这女人还那么年轻,这对比令我震惊,甚至感到一种恐怖。我无法再拍下去,我无法用徒劳的方式送给她我含有谢意与歉意的微笑,因为她什么也不会看见,虽然她睁着双眼,一眨也不眨……我摸出几枚硬币,遵照爷爷教导过的方式蹲下身来轻轻放入她面前的钱罐中。爷爷曾说过,哪怕是个盲人,你施舍时也绝不要居高临下,因为他也是人,你要尊重他,要弯下腰来"放"——而不"扔"钱。我以为说的非常在理,非常人道,一直记在心里,这种做人的方式当然不仅限于对乞丐。

我拍的大部分肖像突出的是他们的眼睛,我惊叹普通人的眼睛里能放出那么不普通的光。于是,我似乎养成了一种下意识的习惯,注意别人的眼睛。虽然有时候当我过多看一个陌生人时会造成一点误解,但我总是马上解释,我只是想拍一张他的照片。

有一次,在一个晚会上我看到一个肤色黝黑的苗条的年轻女人,她一身鲜蓝色的紧身衣裤挺引人注目,像是个混血儿。她不是最漂亮,但有优雅的气质、生动的表情与动作,最吸引我注意的是她那双眼睛。我去问她是否允许我拍她的照片,她很爽快地答应了。后来我们交谈后才知道,她是那个大名鼎鼎的网球明星贝克的夫人芭芭拉·贝克(Barbara Becker),她自己也是个常常上画报封面的公众人物。我说我几乎不看电视,不看小报,所以不知道她,向她致歉,她听后反而十分高兴,惊讶说慕尼黑居然还有不知道芭芭拉·贝克的人!而我只是因为她的眼睛而不是因为她是名人才想拍她更使她感到是对她美的一种真心赞赏。

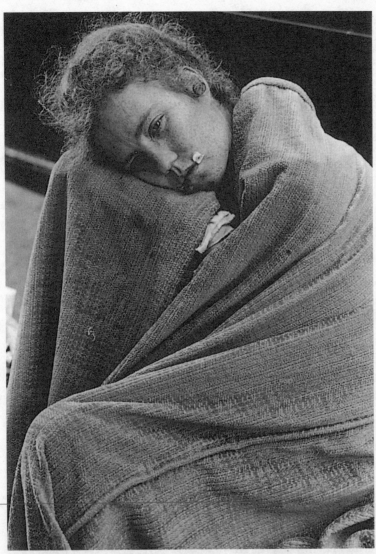

拍"赛维亚的女乞丐"的经历使我久久难以忘怀，我们近在咫尺，她对我视而不见，那空空的目光让我甚至在那炎热的夏日也感到冷气逼人。令我想到一位作家写到过一位孤独的老妪时的一句话："她活着为了等待死亡。"而她还那么年轻！

最近贝克夫妇的离婚案闹得纷纷扬扬，几个月来，有些报纸几乎每天会发一条头版新闻，几乎德国所有的重要杂志封面都要刊登他或她的头像作为头条消息，没想到他们那么迅速地办了离婚手续。九年前当被视为民族英雄的贝克打算与她这个深肤色的美国人结婚时也曾引起众多的社会舆论，他甚至宣称为了爱他要去美国，假如排外的德国不能容他妻子的话，他希

从眼睛到眼睛

315

从眼睛到眼睛

俞霖抄录的老子
这段话常会使来
我家的朋友们大
笑,这似乎是对我
足不着家的旅行
生活的绝大讽刺。

望自己的孩子在一个被欢迎的地方成长。对保守的德国人来说这简直是个壮举。后来德国公众接纳了她,她也因为慈善事业做的许多事而赢得了公众的好感。九年来他们几乎成为模范夫妻。所以有人说他们的婚变对德国大众打击之大,令那么多把他们看为理想婚姻与道德偶像的人失望至极,这事件不比克林顿桃色事件对德国大众的影响小。

后来当我与出版商尤根先生商量是否用她的照片时,他一直在犹豫。他说我这些照片最显著的特点是因为全是普通人而没有名人。那些靠名人照片出名的画册或展览常常更是因为大家要看"名人照片"而不是看"摄影作品",因而成功的意义未必纯粹。拍名人肖像似乎意味着一定畅销,这种书也已经有过不少,他更想做一个别人没有的东西。我很赞同他的观点,更不想借拍名人来炒作自己,因为没有这个必要,虽然我并不反对拍摄名人。于是,我们在书中没有选用芭芭拉·贝克的照片。

理想主义傻瓜

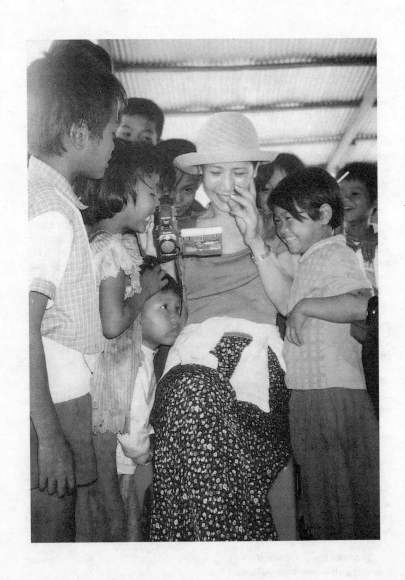

Children's faces

For nearly thirty years I was not allowed to travel abroad. The highest level of freedom for me has always been to travel far away. Once I was allowed to travel freely, I wanted to go to places that were very different from my own country and the environment I was familiar with. Because of that, I rarely visited Asia.

In early 2000, the professor of photography Jaroslav Poncar, based in Cologne, invited me to go to Cambodia. Together with some other professors, he has been involved for fifteen years in the conservation of certain temples around Angkor Wat. He has made some stunning photos of the temple complex, using a special panorama technique.

A colourful group of us-consisting of various archaeologists, an architect, a chemist, Peter the banker, the professor of photography and myself-entered the country in a pick-up truck from Bangkok. We drove to Bantechmar, a remote village where hardly a tourist ever goes; only archaeologists or photographers, like ourselves. It took eight hours to drive 200 kilometers on bumpy, dusty roads. After a trip like that, covered with sand and dirt, we didn't know who was who, beaucse we were wearing the same scarves that the locals wear to cover themselves.

I had never seen roads in such bad condition, nor so many poor people and thin, sickly children. They were everywhere. Many families had five or more children, but when you looked into their huts, there was nothing inside. Also, only a small minority of the children were in a position to go to school regularly.

My friends supported the foundation of a school which we visited. There were many children around me constantly and I always wanted to hug them and take them with me. I was so fond of them that I took many photos. Peter suggested that I should use the pictures to make a book dedicated to children-the plan being that all the money made would go to funds for the school.

A few days later we met Krousar Thmey, a French organization which provides education for the children, and supports their aspirations for the future. We regarded them as perfect partners for the book idea, because we saw so much idealism from the people in charge. Peter put all his effort into writing the text and ensuring that the book project was completed. When confronted with such poverty, it is essential for all of us go give something rather than just take.

Thanks to this experience, I now have so many children that, in a way, my dreams of having a child have been fulfilled.

题图：和这群可爱的孩子们一起看我为他们录的相,这对他们几乎是不可思议的事。

《联合时报》的女记者看了我展览中
"关于自己孩子的梦"一组照片后很有感
触,她在叫做《生命的意义》的文章结尾写
道:"'六一',当这个孩子们的节日到来时,
那些父亲与母亲应该告诉他们王小慧阿姨
的故事……让我们一起来祝福她快乐!"是
的,我不是有过关于自己孩子的梦吗?孩子
们的祝福令我感到欣慰,我也高兴能为那
么多的孩子做一点事,在某种意义上我也
有了许许多多可爱的无家可归的孩子。我
欣赏齐格丽特那种宽大而博爱的心怀,她
曾对我说过,她绝不孤独,因为她觉得自己
是在拥抱整个世界。

2000. 6. 3.

　　2000 年 2 月,我应一位研究摄影技术的教授邀请,随一个
小组去了柬埔寨。我给这位教授起了一个很文静的中国名字,
叫作"雅柔"(Jaro Poncar)。这是一次很有点探险意味的旅行。一
行八个人,六男二女,都是些古建筑保护专家,除了我和这位
教授是搞摄影的。

　　雅柔十几年来为德国政府的一个援助第三世界国家文物
保护的项目工作,帮助柬埔寨修复举世闻名的吴哥窟。他将把
每一阶段的修复状况拍摄下来,用他发明的带轨道的巨型摄影
机,像我们拍电影那样由几个人推着机器长时间曝光,拍出与
原物同大的长轴画幅式的成卷的照片。据说敦煌也想用他这种
机器拍摄所有的洞窟,我想这是他对人类文物保护的一个重要
奉献。

　　因为我们要沿途考察许多几乎坍塌的洞窟遗址,所以不能
像许多旅游者那样舒舒服服地乘飞机到吴哥,再乘出租车顺着
那修得笔直的大道去参观。我们租了一辆人货两用的卡车,这

理想主义傻瓜

是当时能找到的唯一的越野车，一般车是开不了那种路的。我们一行人从曼谷出发，步行过了混乱不堪的边境（行李是临时找的挑伕），又换了车一路开过去，看过去。

由于战争的破坏，一路上满目疮痍，公路上都是一个个巨大的弹坑，许多桥梁被炸毁，还好雨季尚未来临，我们可以部分地走河床。土地已经很久没有人耕种了，还有许多地雷埋在下面有待清理。不仅路面极颠簸，也因那车太破旧简陋，常常颠得

我们沿途考察的一些重点文物保护区是无法对一般旅游者开放的破坏太严重但又特别珍贵的一些佛窟。在这种地方游览拍照，是要经过特殊许可的，所以有警卫与值勤人员陪同我背着大包小包在乱石中跳上跳下拍照。

虽然破旧不堪，但每年仍有全世界无数旅游者和佛教徒到此游览或朝拜。

320

人头撞到车顶，头和屁股撞得生疼，一天下来全身骨头像要散架。除了教授和我们两位女人，其他人轮班站到车顶，因为位子有限，而且车里极热。车顶上虽然有风，但在那浓烟般的尘土中所有人都成了泥猴，大家用高棉人那种当围巾的格子棉布缠住头脸，只露出双眼，看上去和那些随便跳上车顶搭车的当地人没什么两样，头发颜色是看不出来了。等我们到达目的地时，大家看着车顶上堆的大包小包的行李都笑了，哪里还能认得出是谁的旅行包，完全是个泥袋堆成的小土坡了。

理想主义傻瓜

我们要绕过一个个的弹坑，许多坑比我们的车还大还深，有时一二百公里的路居然能"颠"上七八小时。

晚上，我们住宿在五个美金一晚的有许多蚊虫的小旅馆。浴室墙上爬满蚂蚁。楼下厅里当地人在看那些印度的廉价的爱情题材"肥皂剧"，那像是劣质卡拉OK带子式的卿卿我我的场面，再配上缠绵的爱情歌曲，放得声音很响，更让你在这炎热的夜里不得安眠。看着天花板上那破旧的、一摇一响的电风扇，我在想这些人大概需要这种绵软情调以平衡那被战争困扰过的惊魂吧。

我的录像机没法充电，因为当地人根本没有国际通用的电插头，而且语言不通。但很热情的高棉人把电线的包皮剥开，露

路上很多桥被炸坏，被人搭上木板，自行车和摩托车还可勉强过去，汽车过桥就非常危险。

这种地方的路不会"堵车"，但常常一二百公里的路要"颠"上七八个小时，一天下来好像挨过打，全身都在疼，头顶上也撞出包来，人完全像泥猴。

322

出两头的铜丝，教我插到电插座内——虽然很危险，但那几天实在是帮了我的大忙，使我能够继续拍我的录像了。我通常是两三个照相机和一个录像机同时带在身边，相机是黑白、彩色幻灯片各用一台，有时也带一个装彩色负片的小相机，这样可以随时决定什么场合和景物用什么来拍照了。

同行的人里还有专门搞古建筑保护的两位研究员，汉斯教授和他太太，一位建设师和一位化学家（他要试验出可以去污渍又不伤及雕塑的清洗材料），一位铜版画家，也是墨尔本艺术学院的教授，另外还有一位大银行的亚洲总裁彼得，非常喜欢亚洲文化，也是我和雅柔的好朋友。跟他们这样完全不同职业的人一起聊天很长知识，常会听到一些你从没关心过的新鲜事。他们都有相当高的社会地位和行业内的名望，物质生活自然也算优越，但没人抱怨一句食宿条件差。常常我们在马路边的面条摊上一人买一碗面，或是在市场上让人煎荷包蛋吃，大家吃得挺开心，不敢乱吃别的，主要是怕有些食品不卫生。

到了吴哥，大家好好泡了澡，穿上干净的衣服，坐在有空调和钢琴伴奏的豪华酒店大堂里喝着用热带水果汁调制成的鸡尾酒。我喜欢这些人能上能下，有弹性和宽容度。宽容度是摄影的一个专业名词，指胶卷相纸等感光材料能适应的光的区域，但用在人身上我倒觉得挺恰当的。好多人宽容度太低，所以他只能在一个很小的幅度内活动，要么登不了大雅之堂，要么吃

我们一行八人加上当地的司机，虽辛苦但一路上欢声笑语不停。最右边的是雅柔（Dr. Jaro Poncar），他旁边用当地人包头布把自己包得严严实实的是那个版画教授，站在车前的是银行家彼得（Peter von Guretzky），这本书《孩子的面孔》就是他的创意。他旁边是汉斯教授，他和他的夫人（Hans and Esthe）都是古文物保护专家。

不了苦，超出这个幅度他便不能自如，因此在生活中他的局限性就大。

在吴哥，许多重要古建筑由不同国家帮助他们修复，中国也有修复小组在那里工作，每个国家包一个建筑。德国包的是那最重要的类似皇宫的那组巨大的主建筑群，需要花费的人力物力也极大。雅柔每年寒暑假自愿去那里工作，像做一个很大的工程那样把那建筑群一点点拍摄下来做成档案。在那里，他们的生活也朴素而艰苦，暑假期也正是那里最炎热的季节，他们在四十多度的骄阳下带着巨大的仪器爬到高处去拍照，然后一张张冲印放大编号整理……全部照相材料和化学药品都从德国带去。这样任劳任怨，已经前后有十五年之久。他也学习一些当地语言并教那里的工作人员一些德语。平时他们同吃同住同劳动，几个人一起炒上两个菜像个家庭那样围在一起吃。他把这工作当成一份事业，满怀热情去做。我觉得这些人是理想主义者，可惜这样的人在当今物欲横流的社会里越来越稀少。

雅柔常对我说，他最喜欢的是这里人的微笑，这微笑那么朴实，那么善良，你也可以报以微笑，不用多说什么话。"在科隆，你对陌生人笑人家会以为你精神不正常，对陌生女性笑搞不好人家以为你要调情。在德国几个月你见到的笑脸还不如在这里一天见到的多，你想你的心情会有什么样的变化？"的确，在德国甚至欧洲大部分国家（除了靠南部的意大利、西班牙），人们比较严肃冷漠，在大街上不大会与陌生人微笑。我也很喜欢这里很多女孩子，她们的微笑几乎可以和那些佛窟里人情化的古雕像艺术品相媲美。许多西方人也说过喜欢看我微笑，并问我是不是中国人都这样。我说中国人比西方人更多微笑，而且人脸像面镜子，你微笑时得到的"反馈"也会是微笑，你给的多得到的也多。你见到的笑脸多了会感到人人都喜欢你，自然会很愉快。我欣赏非洲人在欧洲大街上走路时会相互说"你好"，而他们可能来自相隔很远的国度。我是在一次与一个黑人学生一起走路时发现的，当我奇怪他怎么会认识那么多人时，他说凡是见到黑人他们都互相打招呼，"别人越是歧视我们，我们便越要自己给自己一份相互的尊重"。

一路上我随团考察了许多古老的佛窟，有些已经几乎全部正午时分，太阳实在太烈，虽然很热也不得不套上长袖衣服以免皮肤晒得脱皮。当我走到这个洞窟时，忽然感到背后一阵凉风，回头一看，是这男孩子不声不响地帮我扇风。

坍塌，看上去是一片石海，走过去也很费力，常常要跳要爬。很多珍贵文物早已散落海外，在欧美许多大博物馆或私人收藏家手中珍藏。大英博物馆的人声称，在他们那里会比在当地保存得好得多，可惜这也是事实。那建筑师对我说，他们的雕塑真的是非常精到，但建筑结构概念却一塌糊涂，不像中国人那样把木结构建筑的受力、构造处理发展到了极致，几乎臻于完美。他们的石建筑是将石头先修整成平平整整大小一致的石块，再堆积起来，然后再在上面雕刻出立体性很强的图案和人兽，而不在石头原产地事先雕好再运输，在那交通不发达的年代，造成很多不必要的人力物力的浪费。石头与石头之间没有技术性的构造处理，所以很容易倒塌。石头本是一种受压性能极好的材料，与木头相反，不能承受拉力，而他们的建筑结构都模仿中国古代木结构设了梁，甚至有斜梁这样需要承受拉力的构件，所以完全不能起什么力学作用，也因此许多建筑群已经坍塌，很难将那些雕塑与石块照原来位置复原，也有些正濒临坍塌的危险,所以修复加固已迫在眉睫。

我们到处看到许多穷孩子,因为不限制人口,所以很多家庭有六七个小孩,有些大的抱着小的去庙门口要饭,一坐就是几小时,而他们自己其实还是孩子。他们住的那些简陋的棚户,通常地上只有一领席子,没有任何家具,只有些锅碗瓢盆之类生活必需品。小孩子穿着很破旧的衣服,或者只用一块布围住下身。离旅游区越近越能看到成堆的孩子围着旅行者兜售一些小旅游纪念品,比如一个美元可以买十只竹编的小手镯或一块包头布之类。这样一个月下来对他们家庭是很不小的收入。我买了太多根本不需要的东西,只因为实在看着他们在烈日下站一天不容易。有些孩子只是默默地拿把扇子跟在你后面扇着风,搞得你一阵心软给他一点零钱,因为他毕竟是在用自己的劳动挣钱,比要饭甚至偷窃要值得鼓励。大部分孩子都不去上学,因为上学要交学费,而这样有几个孩子挣钱的家庭倒可过得比较宽松。听说那里小学教师一个月的工资也不过18美元,

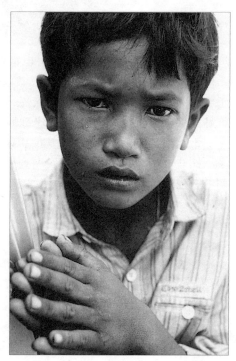

乞讨的孩子

这么小的孩子就要上街抱着更小的弟妹要饭，一坐就是一整天。当你看到这样的脸孔时怎么忍心没有任何表示就从她们身边走过？我们在宾馆里喝一杯咖啡的钱足以养活他们全家老小好几天。

这些孩子不读书的月收入大大超过老师。那些家里实在太穷被送到庙里做和尚的孩子，拼命地学点英语，然后用一些简单的词汇去给旅游者讲解，最后他会告诉你他的父母很穷，家里弟妹都小等等，使你不忍心不多给他些小费。

人说在西方发达社会里，"自由"这个概念包含有许多社会责任感在其中。在西方生活久了，我对此体会也加深。许多人讲的"自由"是一种社会性的而非个人化的自由，也有许多"自由人"自觉地做些非常社会化的公益事业。

雅柔教授多年来还热衷一件事，是在德国为柬埔寨的孩子募捐，帮助他们建造和修复学校。他的儿子在德国也帮助他做此事。我曾随他去了他们集资盖的学校，那天他很生气地看到好不容易通过海关免税从德国运来的课桌被偷梁换柱，运来的只是些简陋的当地产品。听着那些课堂里的孩子朗朗的读书声，我萌发了一个念头，一定要想法帮助这些孩子。

彼得总说他是我的摄影作品的爱好者，经常会几个小时翻看我拍的照片而赞叹不已。他曾买过几幅我的作品挂在家中，如果有客人来问及这些照片，他会不厌其烦地拿出我的画册讲给他们听。他很喜欢我拍的那些"从眼睛到眼睛"的人像，又看到我每到一处拍那么多孩子的面孔，有一天他忽然说你为什么不把这些孩子的面孔办成展览、印出画册，让更多的西方人看到并了解这里的情况，让他们捐款或购买画册，我们可以将全部款项捐赠给这些孩子们？这画册和展览的名字就可以叫"孩子的脸孔"，他可以来做组织工作并写文字，雅柔他们几个人也

理想主义傻瓜

都说这是好主意，用艺术来感染人，赢得人应当比单纯宣传效果好得多，而西方人对柬埔寨的了解实在太少了。

为了避免被人偷换了桌椅之类的事情，雅柔建议不要去找那些大组织，不如直接找到当地的办学校的人。于是彼得通过因特网联系到了一个专门为那里流浪儿童办学校及宿营地的组织，他们已经收留了七千多流浪儿童，其中许多是残疾人，虽然许多基础设施是由国外捐助的，平时他们还靠自给自足方式

彼得总说他是我摄影作品的爱好者，他积极组织、联系，安排许多繁琐而又必不可少的事务，我觉得他是个很好的搭档。他很爱这些孩子，也更是个理想主义者。

(© Krousar Thmey) 这个在柬埔寨最早创建的命名为"新家庭"（New Family）的儿童基金会已创建十年之久，如今在整个柬埔寨有六个学校共七千余孩子，他们大都是无家可归的甚至是残疾儿童。

"孩子的面孔"

生活。那些孩子不仅学习，也做一些有组织的工作，对他们来说，更重要的是有一种大家庭式的温暖，因为他们全是被家庭抛弃的受过心灵伤害的孩子。

几个月后，这个组织的负责人来慕尼黑与我们见面，在此之前我们都是通过电子邮件联络的。我们发现了又一个极端的理想主义者。

他是一个法国人，本来被派往吴哥做一个五星级酒店的大堂经理，他自愿放弃那薪水不菲的职位而从零开始办这些学校营地，至今已有整整十年了。这十年来他遭受过许多困难挫折，但终于搞到如此规模。他也赢得了许多的志愿者，不少也是法国人，去那里做一两年的辅导老师。

他从巴黎乘夜车赶过来，早上见面时看上去有点倦意，他说不想花太多钱买飞机票，因为他要为他们的学校节约钱，一张机票的费用够孩子们吃好久呢。这让我挺感动，他是这个组织的总负责人，完全可以为自己"报销"这笔路费而用不那么辛苦，他完完全全是为了工作而来的。

让我惊奇的还有一个他讲给我们听的一张照片上的故事，那照片上有些穿着民族服装的孩子在跳舞，后面是些伴奏的盲童。他告诉我这些漂亮的孩子是聋哑儿童!"这怎么可能?"我惊讶地问道。他说这些民族舞通常是赤脚在像"榻榻米"那样的草席上跳的，舞蹈者能感觉到地上乐器（特别是打击乐器）的振动，这样他们可以根据节奏来跳舞。本来聋哑人手势模仿能力就很强，对他们来说，只要有了节奏，跳舞不是困难的事；而盲童的听力特别好，弹奏乐器或唱歌又是他们的强项，所以这种

理想主义傻瓜

结合是对双方非常合适的互补，这些孩子不仅能自食其力，还能为学校创利，因为旅游者们非常喜欢看他们的民族舞，这些聋哑孩童跳舞是世界上绝无仅有的。

那天我们共同做出了出版展览及销售计划，当他提出要先扣除我洗印照片的费用和稿酬时，我说我根本没想过这些，这是我应尽的义务，我把它看作是艺术家的社会责任。彼得也表示，我们全部工作都是义务的，除了印刷方面的费用他自己先垫付，将来扣除之外，都捐给他们的学校。这个法国人高兴极了，说在他那"理想主义傻瓜"的圈子里，又多了两位志愿者。

在我整理放大这些照片时，看到在那之前不久拍过的一个女人的很多照片。这是个漂亮女人，有几家首饰连锁店并在网上搞服饰销售之类的生意，当然每项生意她都雇用了具体主管的经理，她过着养尊处优的生活。她每天忙于出入各种美容院、

"孩子的面孔"

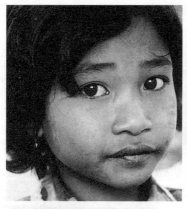

健身房,穿梭于社交场合,到处要引人注目,但并摆脱不了精神的贫血与空虚。她一心想做摄影模特或者演员。通过她的男友我认识了她,她男友希望我为她拍一些照片考演员用。碍于他的面子,我答应了她。在她那摩登的住宅里为她拍摄了不少照片。她那天穿着很性感的大花连衣裙,拍照时常有意无意地微翘着双唇做性感状,当时就让我觉得不那么舒服,但没好意思多说什么。当我在整理"孩子的面孔"时,无意中看到这些照片,这两组照片的对比一下子更使我觉得这面孔和这些照片毫无意思,浅薄浮华,空虚做作。我真后悔当初花了几小时时间去拍它们,与之相比,那孩子们吃不饱饭,一无所有,尚未成年就要为生存而承担重压的脸孔多么自然、纯朴,多么令人心动!这种反朴归真的东西不是我一直追求的吗?我决计不再拍那类没有内容的"美女照"了,这无疑是在浪费时间。

有次在一本杂志上看到文章说,麦当娜近两年迷上了东方的佛教,发现了"奉献"比"得到"更使人幸福。说她那么多年一直只想自己,只想得到、得到、得到,而现在试着为别人做些事,也做些慈善事业,发现这样更能实现自我价值,也感到其中的无比快乐,甚至快乐大于为自己,从这个角度来看,也是在为自己。幸福感是种纯粹的自我感觉,每个人的幸福观不同,我们常说"爱就是奉献",爱的感觉比仅仅被爱令人激动得多,也值得去投入激情。在奉献过程中你自己就为自己创造了快乐,而你得到的快乐可能比你付出的多得多。

这次柬埔寨的旅行和策划这本书的前前后后让我常想到贫贱富贵的问题。有些人虽然贫穷也可以保持自己的高尚品格;另一些人并不贫穷却贪得无厌。我去过许多并不富裕的国家,人们非常淳朴,没有因为贫穷而变得愁苦或焦躁,这似乎在亚洲更多见,可能是因为佛教的影响吧。而另外一些国家,也许那里未必那么贫困,却贫富悬殊,产生很多弊端,如犯罪率高,人与人之间相互有敌意等等。我喜欢一切善良的人,无论他是贫穷或是富有。

我总觉得内心世界的富有比外界的物质条件更重要得多,我以为艺术家很重要的素质是要耐得住贫穷,耐得住寂寞,不要跟在名利后面做奴隶。一个真正的艺术家应当对艺术的热爱高于一切，梵高一直在不停地画，没有吃的也要画下去，因为他无法不画。

我碰到过挣更多钱的机会，也受过很诱人的高薪聘用，但我如果没兴趣做那件事，特别是一些单纯的"生意"，我会婉言谢绝，因为这种事他们也可能找到别的人，人家也许做得更好，别人能做的事我不一定要去做，我宁愿做我的"自由艺术家"，哪怕生活过得清贫一些。

我不是那种把金钱当作粪土的极端的人，我甚至觉得一个在美国成功了的奥地利人说的话不无道理。他说美国人都在谈钱，而欧洲人则貌似清高不去谈钱，虽然未必心里不想。他认为钱是一种实实在在的"能量"，能量是可以有力量而且能改变很多事物的。假如我当初没拿到政府电影剧本奖金，那我的电影不仍然是一纸空文？而且钱也往往代表了社会对你工作的承认，是一种价值的认可。我也很高兴在展览上卖出作品，愿意德国大众汽车城购买我许多幅作品，这是别人对你的劳动的珍视，但人仍然不能追求钱，更不能为了追求钱放弃其他更重要的追求。

有人说看一个人如何花钱比如何挣钱更能看出他的品味高下。我不喜欢奢侈浪费，因为奢侈而没文化的生活不是高尚的生活。有些人一有钱就放纵自己，穷奢极欲，或者以富贵骄人。我认为人品的高低不应用外在的东西衡量，如果一个人的价值只用名牌汽车这样的物质来抬高和炫耀，不仅没有意思，也证明他自己的不自信。

有次和一个在美国学习又被公司派到欧洲短期工作的老同学碰到一起聊天，他说在美国他算进入了主流社会。我问他进入主流社会的衡量标准是什么？他说通常在中国留学生眼里是"买了好车、大房子并在外国公司里做管理层的白领"。我笑着说照这说法这三样我都没达到，但我被德国主流社会的承认并不比有车有房子的人少。虽然现在条件好了，在德国我仍没"买车买房"，这在德国许多人眼里也好像是"成功"人士必不可少的程序，我甚至没有搬家。有人不解，也有好心人劝我，这似乎与我现在的身份不相适宜。当然我主要是没有时间，因为搬家整理要很长的时间，我连找房子的时间也没有，但我也并不

在德国，母亲帮助了我的一些朋友，因此也交了一些朋友。
钢琴家莫尼卡与母亲打算合作将中国一些旋律优美的民歌
改编成钢琴独奏曲，由她在音乐会上演奏，她们一见如故。

认为住房的好坏和我的身份有多直接的关系。

我虽不自视清高认为"富贵于我为浮云"，但我生活到现在，从贫穷到富有，从富有到贫穷几经浮沉，并未感到"由俭入奢易，由奢返俭难"。因为贫穷时也过得挺快乐，富有时也常常挺节俭，比如现在我并不买昂贵的金银珠宝，却喜欢一些设计别致的小东西；宁愿穿有特点而适合我的衣服而绝不盲目追求"名牌"。对待人也从不问贫富而看品行。

我也很能享受我自己的空间，我把它布置得很高雅，有许许多多的书和我喜欢的音乐，安静的院子里有棵很大的树对着我的窗子，我可以看着那一年四季的变化，这空间虽然不大，但我内心的空间是很大的。

《联合时报》的女记者看了我展览中"关于自己孩子的梦"一组照片后很有感触，她在叫做《生命的意义》的文章结尾写道："'六一'，当这个孩子们的节日到来时，那些父亲与母亲应该告诉他们王小慧阿姨的故事……让我们一起来祝福她快

每天早上一睁开双眼我就能看到院子里的树，随时感受四季的变化，我很喜欢这个属于我自己的空间。

乐！"是的，我不是有过关于自己孩子的梦吗？孩子们的祝福令我感到欣慰，我也高兴能为那么多的孩子做一点事，在某种意义上我也有了许许多多可爱的无家可归的孩子。我欣赏齐格丽特那种宽大而博爱的心怀，她曾对我说过，她绝不孤独，因为她觉得自己是在拥抱整个世界。

抓住感觉

Capturing feelings

In December 2000 I was asked in a press interview what was the main influence on my work. I responded: feelings and taoistic thoughts, meaning the perceptual and the rational. My sentiment is the assumption for being in the position to take photos. The taoistic stream is the basic line for my way of life. The important decisions I have to make are strongly influenced by feelings, even if people regard this as irrational. Later on, I have always thought that my feelings have definitely led me in the right direction.

A person who is insensitive to feelings is missing a lot, but someone who is oversensitive may end up feeling too much pain, as happened with Ansgar, the German actor.

In 1999, an international photo festival in Herten invited me to a women's workshop under the headline feelings. As feelings change, I often ask myself the question what feelings will remain?

Because of the speed of change in our time, human relationships have become more superficial, and after the pressure of work, we look forward more to easy enjoyment. Modern society makes people richer and their souls poorer. We are more aware of the pollution of our world than the crisis of our souls. The media go in the same direction, offering better technical quality but less emotional content. The participarts in the workshop came from various backgrounds, including both students and professional photographers. It was a very intensive week and we all made a good contribution to the subject of feelings. We expressed loneliness, unhappiness, sadness, jealousy, fear or joy by taking photos of each other in different situations. These were discussed and related to our personal situations. The results of the workshop were presented to the public at the end of the restival. We received great applause and some people could not believe that the participants had achieved such high quality in their work and performance. All the women wrote to me afterwards and reported that the workshop had had a positive infiuence on their view of life. One lady, who was fifty years old, and worked as a tax consultant, informed me that she had listened to my speech in Herten two years before. She was very impressed by it, letting me know that her friend had committed suicide the year before. During the workshop she took wonderful photos in a series entitled breaking down and getting up again. Nobody believed that a non-professional made this work. She informed me that she had started to travel intensively, and she was considering selling her office in order to concentrate on photography. She expressed her thanks that I had given her the courage to contemplate such a dramatic change.

In my opinion, being an artist, life is art and art is life.

题图：感觉常常稍纵即逝，也许摄影是一种可能的方式，把这瞬息万变的情绪固定在方寸之中。在"工作场"上我试图用象征性的手法表现"窒息"的感觉。

我向来是个很重感觉的人。纵观我这些年大的走向，我人生的重大决定和选择，基本是"跟着感觉走"。大部分这样的决定虽然在许多外人眼里"不明智"，可我自己却觉得它顺乎自然，合乎本性。后来，我发现感觉在我的艺术创作中与生活中同样重要。

1999. 8. 15.

2000 年 12 月，汉堡一家杂志发表了一篇人物专访并发了大约十幅我的抽象花卉新作，题目是《韵味、感性、抽象和美感——用眼睛写作的女诗人》。作为附录，他们照例向被采访的人物提十个问题，这是德国媒体喜欢的形式之一，问题与回答都不长，可以使读者一目了然地看到一些很关键性的、说明一个人基本特征的问题。

他们提的第一个问题是"什么最影响你的工作？"我回答"情绪和道家学说"。虽然看上去二者毫不相干，而且似乎不太合乎逻辑。一般来说情绪是不值一提的微小的东西，而道家学说又是那么高深；一个感性，一个理性，怎么可以将它们相提并论，甚至把情绪放到第一位。可我想我这样说是很真实的。我情绪好的时候，可以连续几天睡很少的觉而仍然精神饱满地去工作；而情绪不好时，可能连续几个月打不起精神没心思做事，当然这是很影响我工作的一个因素。我的"兴趣原则"也是一个情绪的问题。可是从大的方面，无论有意识或无意识，我对许多事情的观念和我的为人处事的方法都属于道家的，是顺其自然"随遇而安、随缘生活、随心自在、随喜而行"。

有些采访我的德国记者不能想象我是个那么随缘的而且"被动"的人，我很少自己主动去争取什么机会，但常常运气不错，机会自己找上门来，我只要决定做或不做。果真是这样一个"被动"的人怎么可能做出比一般人多几倍的事来？单单是几乎

抓住感觉

一年一本的出书速度就已经令行内人惊奇了。做每本书和同时办每个展览的工作量都很大，而我又没有助手和"经纪人"。

这篇杂志的记者还问，"你刚刚完成了《七位中国女性》一书，最近着手哪本新书？"，我想了想又是同时做好几件事：写这本《我的视觉日记》，准备画册《从眼睛到眼睛》、《孩子的脸孔》、

A+W
fotografie

A+W Dez./Janu 2000/2001

Augen-Poetin

Mit der Kamera erzählt die in München lebende Chinesin Xiao Hui Wang von der erotischen Ausstrahlung zarter Blüten.

Stiefmütterchen im Stadtpark ihrer Heimatstadt Tianjin gehörten zu den wenigen Blumen, die Xiao Hui Wang während ihrer Kindheit in China zu sehen bekam. Die Gesichter erinnerten sie an die Masken der Pekingoper und beflügelten ihre Phantasie. Es war die Zeit der Kulturrevolution, und in der Schule war sie gezwungen, täglich stundenlang in der Mao-Bibel zu lesen. Die Eltern durften ihre Berufe als Ingenieur und Dozentin an der Musikhochschule nicht ausüben, und auch die Berufswahl Xiao Huis ("Kleine Weisheit") wurde von der politischen Situation beeinflusst: Statt ►

Die Blumenfotos von Xiao Hui Wang sind entweder 30 x 45 cm oder 50 x 75 cm groß, jeweils auf 50 Stück limitiert und kosten DM 1500, bzw. DM 1800.

人物专访："用眼睛写作的女诗人"，"A＋W"杂志2000年12月号。第一次在杂志上公开标出我限量作品的价格。

《本质的光》(是我一些纯抽象的新的彩色作品)，还有《花之灵》。与每本画册相关都有一系列的展览，有些已经定下日程，必须赶着完成，另一些还在组织之中……我觉得自己像是那杂技演员，手里三个甚至五个小球轮番向上抛，还都不能让球掉到地上。

我对这些记者解释我的"被动"是在大的方面，宏观地看我很随缘，我不硬性强迫自己做达不到的事也不刻意追求机遇。有些事如果我试了而没达到，也就算尽了人力而该听天由命了，我不会抱怨。但微观地看，具体到我决定要做的每一件事上，我又变得十分"主动"和"积极"，因为我是个"完美主义者"，希望每件事都尽可能地做好。当然这样就要投入十分的热情和百分的努力，需要付出许多辛勤和汗水，但我却乐在其中。因为我有兴趣，也就是说有情绪去做它们，它就不是件苦事了。

我向来是个很重感觉的人，纵观我这些年大的走向，我人生的重大决定和选择，基本是"跟着感觉走"。大部分这样的决定虽然在许多外人眼里"不明智"，可我自己却觉得它顺乎自然，合乎本性。世上太多的事是没有人能真正说出正确与否的。

记得金斯基主演的一部电影《一夜情》里那个病入膏肓的人讲的一个故事：小时候他父亲就对孩子们说过一句俗话："生命是一只桔子"，他们问父亲这个听上去很玄妙的说法是什么意思，父亲从未回答，直至父亲生命垂危时，他忍不住又问了一次，父亲回答说："其实我也不知道。"现在当他自己将要临终时终于悟出来："没人能说出你的生命是什么，你要像吃桔子那样自己剥皮，一瓣一瓣地去品尝，吃完了你才真的知道它是什么味道。而当你知道它的味道时，它已经被吃光了。"在思考人生时，我常会想到这个故事。

我也许多少继承了些父亲的秉性，他绝对是个有血有肉的典型山东人，也非常重情。

感觉迟钝的人往往错过生活中许多美好的东西，但过于敏感的人又可能会被伤害，像安斯佳、还有历史上不少作家艺术家的自杀都属这类情况。因为感觉是靠心灵，思维是靠大脑，而太敏感的心灵是赤裸的，没有被呵护和包裹过，自然也容易受伤，我不愿心灵蒙上厚厚的痂皮，这样外界是接触不到你了，但你也感知不到外界。没有心灵的躯体岂不是行尸走肉？而装上盔甲的心灵则是把自己封锁囚禁起来。心灵没有自由，便不能呼吸。

当然，跟着感觉走的前提是我对是非善恶长期积累的价值取向，而道家的潇洒自然与我的天性本来就相接近。

德国赫尔腾国际摄影节有个常驻机构，他们负责组织策划每两年一次的摄影节，常常是一届刚刚过完，稍事休整便马上又投入了下一届的准备工作。这个机构的主任是曾经多年在柏林摄影学院任过教的威伯尔（Karin Weber-Andrias）女士。她很欣赏我上一届摄影节开幕演讲和我表现人的情绪、感觉和人际关系的作品，她想请我在下一届摄影节上以这个范畴为题讲学，他们称之为"Workshop"，直译为"工作场"。这是一个由老师和学生一起工作，既有理论又有实践的共同创作的学习班。当年歌德学院请我来中国做的也是这样一个"工作场"，我觉得这种形式非常好。威伯尔女士请我去柏林与她见面共同商讨与策划这个"工作场"，我欣然同意，传授自己经验给人是件美好的事情。

作为女性教育工作者，她提出是否能搞一个只有女学员参加的"工作场"，因为凭她的教学经验，女生单独在一起时会毫无顾虑地放开工作，男女生混合时女生不是害羞就是缩到后面而发挥不出来。

我一点也不反对与女学员一道工作并探讨女性视野中的感情和感觉世界，女人和女性题材一直也是我特别关注的。就我们的世界而言，无论东方或西方基本仍是男权规范统治，我作为女人自然关心女性的"边缘文化"在"主流文化"中的地位和作用，我自己也是这文化中的活跃分子。

女人情感世界特别丰富，触角敏锐，细腻柔美，常常带有诗性。女性的感觉常常大大超过男性所能达到的广度和深度，她们的思维也常可能在"男人性别停止的地方"开始延伸。我甚至非常有兴趣在共同的创作过程中去挖掘去发现这个世界。

当威伯尔女士问我用什么题目好时，我脱口说出"抓住感觉"。

我在 1999 年德国赫尔滕国际摄影节上主持的工作场——抓住感觉选用了这张照片作为宣传品的标题照片，照片题为"孤独"。这个面容忧郁的女人怀抱着一个无生命的躯体，但她仍无法摆脱孤独的感觉。

　　她认为很好，既扣题又上口而且新颖。几个月后我看到一些摄影杂志上登的介绍文章也用了这个题目，并且用了我拍的那张一个忧伤的女人抱住一个橱窗模特光光的躯体的照片，这照片的题目是《孤独》。

　　每年摄影节上总有一些不同题目的"工作场"，由不同的摄影家来做主持。一般学员人数不多，这样便于学员们共同拍摄和每天一起逐个讲评。因为除了食宿差旅，还要交摄影节组织

著名的纪录片导演克里斯多夫（Christoph Huebner）正准备拍摄一个关于康定斯基的片子，这是他到康定斯基生活与工作多年的地方采访一位年迈的老古董商的妻子。

费用，学员还要请假前来，所以一旦讲得不好学员觉得不值得时，他们会提意见到组委会，那对这位主持者的声誉就有影响。来报名的人中很多是专业人士，他们可能不比你懂得少，会很挑剔，所以不少摄影家都比较谨慎地接受这种邀请，准备工作也要特别认真。准备工作相当多，为了几个人你也得做讲座，要收集并翻拍有关资料，包括对拍摄场地、灯光器材、模特选用等等都要花不少时间。可我是个喜欢挑战的人，越是没做过的东西往往越吸引我去试。

我一直在思考如何做好这个"工作场"。有天我与那个导演朋友克里斯多夫通电话时聊起这个话题。他说感觉总是在变的，能抓住吗？也许你曾经热恋过一个人，但多年以后时过境迁，你甚至可能会奇怪为什么会爱上这样一个人。就连你一直在爱的人，与她结婚生子，那感觉也会一天天变化，也许由爱情慢慢变为亲情，也许又变为陌路。与他讨论的结果，我决定在那题目上加个问号：《抓住感觉？》这样人们有思考的余地，也许摄影是一种可能的方式，把这稍纵即逝、瞬息万变的情绪用一种象征性的图像固定在方寸之中，无论以纪实的或艺术表现的方式。这个问题是我后来讲课与学员们讨论的第一个话题。

本来德国人就是感情不外露的。在越来越发达的现代社会里，似乎人的情感反被压抑，人际关系日趋功利和实际，或者越来越表面化，人们工作之余忙于健身、消闲、看电视，翻些轻松的书籍等。现在的人会为一个摇滚歌手倾倒，而不大会为莎士比亚悲剧所感动。工作越累,越想在工作之余找平衡,不愿去动真感情,所以常常人际之间更多的是轻松而不负责任的浅薄的调情或更为原始而本能的肉体关系,而不是用真心换取真的爱情。当然也不会使心灵受伤,不会触及灵魂,也不会使心灵颤栗,所以有位美国作家说"真正伟大的激情在如今被嗤之以鼻"。在德国也流传这样一个爱情的新定义:"爱情就是你有时间给你的邻近的人"——因为现在人们已经没有时间做爱情游戏了,那太辛苦,哪有吃喝玩乐来得轻松?人变得越来越利己主义,越来越玩世不恭,也越来越不重视自己的心灵家园。这也许是现代人物质生活丰富而精神生活空虚的结果,而这物质生活的丰富更刺激了追求更多物质的欲望,因为这种欲望是没有止境的。在德国人们说如今两性关系也慢慢变成消费文化了。这是多么可悲和可怕的事!可惜很多人没有意识到这一点。

我曾经看过一个广告片,是呼吁大家提高环境意识的,给我印象很深:如果你把青蛙放到一盆沸水中,它会立刻跳出来;而如果你把它放到水中慢慢加温,它会一动不动地坐以待毙,最后不会再有力量跳出来。广告想说的是我们就像这水盆里的青蛙,自然环境在一天天变糟,变得无可忍受,但因为它是渐变的,我们没有足够的认识,也没有足够的力量去改变这种存在现状。难道我们的精神世界也面临这样的危机吗?

我想用摄影这种艺术媒介来"加工"人的情感这个主题,也是希望引起大家对这个题目的关心,因为当今的媒体里,无论是东方还是西方,表面化的、娱乐和消费性的照片铺天盖地,充斥大大小小的报刊杂志,技术上是日趋精美但很少能看到真的立意独特、感觉细腻、视觉语言有说服力和真正有深度的作品了。在"工作场"里我想部分地将在演员学习班对感觉的训练演绎过来让她们有意识地去感知视觉环境,并将她们的感觉有意识地用视觉画面再现出来。

摄影与文学、音乐不同,文学能无限制地表现人的内心世界,有极大的自由度,并可以极其细微,极其深入和深刻;音乐能将人的各种情绪宣泄并发展到极为深远的境界,而且有很强的流动性和感染力,它是纯感觉的东西,但也因此最容易打动人。这两者都是表现人的情绪感觉的最佳艺术媒介,但它们的

抓住感觉

343

画面性没有摄影所表现的那么清晰,那么直观,那么强烈。德语里有句俗话:"一千句话表达不清楚一个画面的内涵。"就是这个意思。我想我们的"工作场"就应当让这些搞摄影创作的学员发挥出摄影的特点,去抓住人的情感并将艺术形态表现出来。女性的长处恰恰在于她们的直觉和灵性以及在其中偶然迸发出的思想火花,这些长处我要充分利用。

下一步的考虑是如何将这想法具体化。用摄影抓住感觉可能有两大类的拍法,一种是纪录性的拍摄,一种是表现性的拍摄,就像我曾拿纪录片和故事片两种方式拍电影作为类比所解释的那样。摄影史上有过非常著名的纪录性抓拍的杰作,它抓住了激动人心的或令人过目难忘的感情瞬间,像人们熟知的美国《生活》周刊记者阿·艾森斯塔特那庆祝二次大战结束在纽约大街上士兵抱住陌生女郎亲吻的照片,或是一些柏林墙拆除时人们欢呼流泪的场面等等。那常常是在非常时期的非常时刻,但在日常生活中能让人碰到的感情色彩强烈的事件并不那么多,而且那也是可遇而不可求的。显然,在我们"工作场"仅有的四天中,很难设想大家一道去找题材拍,或分头找那可以记录下的感情瞬间,拍不好容易流于表面,所以我决定采取"故事片"的拍摄方式。

这种拍摄方式意味着要有立意、有选题、有"编导"、有"演

我基本上不打算用模特,但为了保险起见,我还是找来这个年轻的女模特玛丽亚(Maria)备用。结果与我所担心的正相反,学员们相互拍摄已经忙得不亦乐乎,为了让玛丽亚不太受冷落,倒是我忙中偷闲给她拍过几张。

员"。学员可以将她个人化的情感经历及对人生的思考浓缩到一个较为抽象的概念之中，再考虑用什么形式（包括服装、化妆、道具）去表现它。

下面一步是找"演员"的问题，我不倾向用模特。许多摄影"工作场"是有模特的，特别是给那些业余摄影爱好者做的"工作场"常常由讲课人将全部灯光道具布置好，模特站到中间摆姿势让大家拍。因为这些业余爱好者没条件或没能力雇模特与场地及器材去拍照，这样一举多得，各得其所：主持人组织一次赚一回钱，也不用太费心思讲什么高深理论，只要他尽可能地把画面设计得好，灯光布置得精，模特选得美就行了；那些参加者拍了看似"非常专业"的人体或时装或美人头像照，被亲朋好友赞赏一番，他们的虚荣心得到满足，也觉得花点学费"值"。这类学习班很受欢迎，不但满足了这些人的虚荣心，也满足了某些人以艺术为名的窥私欲。

我不想把自己的"工作场"与这类学习班混淆，这既违背我的基本艺术态度也影响我的声誉。假如我找来模特好好引导并非不能拍出好的作品，但参加者可能都拍出同样的或类似的东西，会太受局限。碰到不自然的故做姿态的模特就会使情形更糟。但如果让学员相互拍摄我又有些担心，从报名表上看年龄参差不齐，有些已五十多岁，有的才二十出头，她们中一定也胖瘦美丑不同，假如碰到一个年老不那么"上相"的女人，大家都不愿与她搭档去拍她，那会是很头痛的事。尽管我不认为年轻漂亮就一定更有表现力，有时可能刚好相反。年轻学员的生活阅历少，感情经历可能也不那么丰富，让她们表现特定的情感状态也未必那么容易，思前想后我还是决定让她们轮流着互相拍。为了保险我找了一个年轻的女模特备用，但学员们在我的班上首先应当学习表现艺术中的"真"、"善"和"美"，而不是学习拍"美人照"。

招生简章里我也强调了这一点，她们应当同时拍与被拍，既做"导演"又做"演员"，她们应知道她们期待的是什么，是一种灵魂的交锋而不是技术上的练习；她们要全身心投入而不是一切现成的"拿来主义"；她们应当学会通过摄影挖掘自己的内心世界和人性的深一层含义而不仅是注重表面化的形式；而且

我拍的玛丽亚

她们要在报了名的那一天起便开始构思要表现什么情感以及如何表现，这样积极地参与才可能学到更多东西。实际上我以为这种"工作场"更是一个自我潜能开发的机会，是教与学、被动与主动、理论与实践的有机结合。

在准备幻灯讲座时我尽量找那些例子，被拍摄者既不年轻又不漂亮，但如果瞬间抓得好，感染力非常之强。我闭上眼睛还能清楚地记得有那么一张画面，那猎人的妻子在猎人死后的绝望神情，她白发苍苍的脸上布满皱纹，眼睛似乎在对着镜头，但她绝对什么也没看见。那是种无法言说的苍凉与悲哀，看后你会感到灵魂的颤栗。

然后是许多技术性的准备工作，我不想要传统的摄影棚，那太单调太人工化太无戏剧性和场面感。我希望找一个没有干扰的而且没有装饰的大空间，让学员们有更多的创作余地。其他的"工作场"是教些比较实用的或传统的题目，像广告、肖像、建筑、静物摄影，也有人体和时装摄影。每个"工作场"都被安排在摄影节主会场里。那是一个老的王宫城堡，环境很好但来访参观者络绎不绝，窗外内庭有烤肉香味和乐队演奏声传来，我想很难保证我们静心创作。所以我只是在讲评和放幻灯讲座时

在我的工作室里
准备为幻灯讲座
要翻拍的资料。
每次讲座我总要
花许多时间找资
料，从大量图书
中找到有说服力
和有特点的实例。

用那里的地方，然后大家开车去我找到的近郊一个被废弃的煤矿建筑。那里虽然很破旧，有些玻璃窗已经打碎，但反成为我们可以利用的布景。我让学员们也尽量多带些可能用上的服装道具，摄影节组织者提供了各种灯光、反光板、挑照片用的灯箱和讲座用的幻灯机等等，他们服务工作细致周到，甚至拿来了烧咖啡的电壶，装照片的纸袋和笔。照相材料是爱克发公司赞助的。所有"工作场"都用彩色幻灯片，而我提出由于题材的表现力，要用黑白片拍摄，但摄影节要在结束后马上公众观摩，需要放出幻灯，所以只能用极为罕见的黑白幻灯片。这么特别的胶片当地冲洗不了，必须送到 200 公里外的杜塞尔多夫去冲，为此那里的专业冲印店每夜加班为我们冲洗以便我们第二天早上讲评时能看到前一天拍的照片。摄影节又派专人每天晚上来收拍好的胶卷火速送去，我非常感谢他们的配合与支持。

摄影节上总共有十个"工作场"，都是在正式开幕晚会的第二天开始，时间为四天。来我班上的几乎全是专业人员，除了一个学建筑的学生和一个税务顾问外。有一个是学过摄影专科又上过艺术学院的资深摄影师，她开了一个照相馆，生意还不错，她只用中型机器"哈苏"拍照（120 卷），非常专业，也在《哈苏》杂志上发表过她拍的人像照片。她和那个税务律师都已经五十多了，也不漂亮。有个从柏林来的女孩子刚刚从摄影学院毕业，还没找到工作，她没钱来这个班学习，但听威伯尔主任的介绍又非常想来听课，她是威伯尔以前的学生。于是她毛遂自荐，说愿意为我做助手，帮我做各种事务性的工作。我很高兴地答应了她，她是用劳动换这学习机会，后来她拍出了非常好的作品。

第一天，我们相互认识后，我讲了我的担心，没想到是杞人忧天，她们非常自然而然地分成了小组，并说好每天换一次。我给她们看了许多实例的幻灯，但我不想让她们看我拍的照片，因为我不想局限她们。

我将她们的时间安排得非常紧凑，早上讲评，白天拍摄，晚上还有交流和"家庭作业"，即自拍摄影。有人提出大家一起吃午饭，可以相互熟悉，我建议不要吃午饭，我怕耽误时间，更怕中午一休息人变得懒散，工作应当有连贯性，一气呵成才好。谁饿了可以去吃点饼干喝咖啡，真累了也可以去办公室休息一下。我不强加给她们我的工作方法，一切是自愿的，但我相信这样工作会更有成效——她们是来学习而不是消闲的。共同工作中相互熟悉要比吃饭中相互熟悉更机会难得。结果大家很赞同我的观点而且每天干得非常带劲儿。

第一天工作结果出来时，我发现不少人还停留在形式美的层面上，我说我不反对她们拍形式美的东西，但在这类题材的摄影里形式永远应当处于从属地位，内容应决定形式，形式服从内容。并非形式本身不重要，但不能追随形式，二者应当是有机的结合。最好的视觉艺术作品应当是内容与形式两方面都不

我的助手是个刚刚从摄影学院毕业的柏林女孩子安可(Anke)，她毛遂自荐，不取报酬，只希望以此换来在"工作场"学习的机会。

甘落后，有双重新意。一个技术娴熟精到的摄影师可能把一个对象拍得在形式上非常完美，包括构图、用光、色彩等等，而一个艺术家则不能满足于此。与内容相比，形式常常要退到第二位，但如果在创作中形式与内容自然而然地相辅相成，则是最理想的创作状态，也应抓住它并发展它。

　　后来几天里学员们拍摄了许多关于感情方面的题材，像痛苦、忧伤、孤独、欢乐、喜悦、迷茫、失落乃至恐惧、压抑、嫉妒，甚至愤怒等等。我觉得她们把这些题材都很好地用摄影表现出来了。我曾对她们说过，构思一个拍摄题目的过程是由感性到理性，又从理性到感性的过程，既要先用直觉去感知它，又要用头脑思考分析如何实现并做拍摄的计划，然后实拍过程又是一个很感性的过程……

　　在偌大的一个两层的空间里，中间是那贯通两层的巨大的采矿机，还有许多小空间：管道层、地下室等。她们各取所需分头行动，我跑东跑西去照看她们，指点并回答一些临时提出的问题。工作气氛从陌生拘谨到热烈活泼，常常会听到叫声、喊声、欢笑声，最后一天气氛达到白热化的地步。所以最后那天我

（ⓒ Sibylle Oster-mann）这种情形很难见到：作为模特的我是着衣的，而摄影师是裸体的。我把这张有意思的照片放在我们自己印刷的小册子的第一张，题目叫做"我的工作场"。

素不相识的学员们第一天还很拘束,最后一天她们像多年的老朋友,创作达到白热化的地步。她们是(按拼音顺序):Swantje Grasmann、Hilda Groll、Anke Jacob、Karmen Kunc Schulze、Sibylle Ostermann、Maria Utarashvili、Simone Weyand,Andrea Emrzlak。以下几幅摄影作品是她们在工作场四天里创作出来的,不光是评论家,连她们自己都不能相信,非专业的人可以拍得那么"专业",那么有表现力和个性。

拍下了她们在一起的工作照。她们手舞足蹈,欢笑跳跃,有些只是下身穿了裙子,完全没有了相互的隔阂和陌生感,好像是姐妹或是多年好友。她们工作极为投入,希望取胶卷的人能晚些再来,这样她们可以在最后一天还尽可能多的拍些作品出来。

在我住的那个酒店,也是所有请来讲学和办展览的摄影家聚集之地,那里还住了些记者和出版商,所以每天早晨和夜晚是个"人碰人"的机会,早上我没时间,晚上我会尽量去凑凑热闹,在酒吧里和来自世界各地的同行们相互认识和交流,常常说至深夜。夜深人静时,我还得备课,找出第二天要讲的幻灯片。有个学员因为是学生没钱住旅店,与许多来参加摄影节的年轻人去住一个中学上体育课的大厅,每晚只收五个马克,据说很冷也不安静,没有洗澡的地方,我让她到我这里洗澡。看她们这么节省,而为了学习却花很多听课费,我觉得自己的责任更重。

四天很快便过去了,我们挑出大会规定的每人最好的六张照片,交给组委会去参加公众观摩会用。学员们很少有这样与公众用作品交流的机会,也没有办过展览,心情非常激动。每个主持人要到前面去解释自己"工作场"的主题、意图和过程等等。我报告时,我的助手还拍下了录像。结束时大家热烈鼓掌,

这就是那个听过我讲座后决定
来参加工作场的建筑系学生。
这张照片很符合她和她这年纪
的女孩子，充满对未来的幻想，
但并不明确自己真想要什么。

这张作品，不仅眼神抓得准确，用光
精致，而且动感处理恰到好处（这是
最难把握的），由于大面积黑色阴影
使一只眼睛得以强调，人物的性格与
状态跃然而出。

几个女人高兴得抱作一团，我的助手悄悄说："我注意过了，我
们的掌声最长也最热烈。"她把掌声也全录下来了。

我记得安斯佳曾说过，当你在舞台上全心投入表演时，会
把一切都忘记了，好像是真的活在那舞台的小小空间，直到结
束时观众鼓掌才把你从梦中惊醒。我们班上的学员似乎也这样
投入，白天晚上一心只想着创作，直到这一分钟大家好像才又
回到了现实世界来。她们都那么惋惜四天时间太短，希望再能

抓住感觉

351

抓住感觉

有这样的机会，我们还相约经常碰面。

几个月后，我在齐格丽特新书发布的展览上碰到一位陌生的人，朋友介绍他是摄影节的发起人兼总策划之一，他告诉我，我那个"工作场"就像上一届摄影节上我的报告那样，"又给他们的水潭里投入了一块石头"，引起了不小的反响，说那些日子整个赫尔腾都在说"抓住感觉"的话题，没人能想到这个别出心裁的题目能拍得那么好，而普普通通的学员拍出了不普通的作品；还说那"涟漪至今未散"，他们正想问我是否以后每一届摄影节都帮他们搞一个女性"工作场"？

几个月后，我在北德的城市汉诺威办摄影展时，这些学员相约借机再聚一次，她们从各地开车来参加我的开幕式并带来了鲜花，这是对我辛苦工作的最好报答，因为我知道她们是真的喜欢我。

在我举办"工作场"那几天，有个记者全程"跟踪"了我们，并采访了参加者。他是在上一届摄影节上听过我的报告而留下印象，这次特地来了解我们拍摄过程和工作方法的。他说他也

这两张图表达的是恐惧的两种不同形式：向内的和向外的，畏缩或者呼喊。在她们拍这组照片时，我听到有人在尖叫的声音，急忙赶过去，看到她们那么投入地"进入角色"，我的担心便消失了。

"窒息"

曾出车祸把眼睛撞伤，一度失明，非常痛苦，所以很理解我在那天报告中讲到的种种心情，而且感叹能用摄影画面把这些感悟表达得那么好。后来他那篇报导的题目叫做《用艺术医治心灵》。他把我比做心理医生，但我与病人谈话的方式"不是用语言，而是用摄影"。每个人都有这样或那样的问题，有些积压心底，就像大海表面上看似风平浪静，但下面有许多激流暗礁，他说我用艺术扫清许多人心底隐藏的心理障碍而走上更好的人生之路。在那之前许多评论家说我的作品是"作家摄影"，即用摄影来讲述故事描写人生，他说我更是位"灵魂的医生"。

小时候总听说"教师是人类灵魂的工程师"这句话，没想到这次讲学我真做了点"灵魂工程师"的工作。

那个学建筑的学生是我有次在她大学里讲学时碰到的，她告诉我她的犹豫，她更喜欢的是摄影而非建筑学，但学了那么多年眼看要毕业又不愿放弃，她问我该怎么办？我说我不能判断她对摄影的喜欢程度和对建筑学不喜欢的程度，假定她真的那么喜欢摄影，那就不该仅仅因为白学了几年建筑学而感到可惜，那学习并非白学，因为学习过程中她形象思维和逻辑思维的锻炼对摄影一定有好处，而继续那职业却等于使自己越来

抓住感觉

抓住感觉

好的人像并不一定要用"大美人"做模特来拍成。

越远地走上违背自己意愿和基本感觉的道路，那无疑是在给自己"穿套鞋"。

"穿套鞋"是这样一个寓言：兄弟俩合伙买一双套鞋，弟弟每天穿着它下地劳作，哥哥觉得很不合算，为了对得起他的投资，他每天晚上穿上套鞋绕着房子跑上几圈，这样他心理平衡地做了毫无用处又辛辛苦苦的蠢事。在生活中我常会碰到类似她的那种"两难"境地，这种时候，我总会告诫自己别又给自己穿上套鞋。

她后来给我的信里写道，我那天在她们学校里的讲座所含的"热情和能量"那么吸引她，使她有勇气来找我。现在她常常感到在害怕和失落时需要我的鼓励。她报名参加了我的"工作场"，常常开始拍摄一个题目，而对这题目的概念"还不能清楚地加以定义"，但内心却有种感觉，那个题目"在撞击着心灵"。她说那拍摄过程对她并不容易，"你不仅要让感觉自然流露，还要积攒足够的力量将各种感觉在很短的时间里释放出来，把自己敞开，跨越羞怯和恐惧感，——无论是作为模特还是作为摄影师，你同时在观察并且去感受它……那些拍出的成果真美妙，就像我创作时所感受的那样。"

我希望这能是她摄影生活的第一课，这第一课或许能使她跨出那艰难的第一步。

　　每个学员都给我写了非常热情洋溢的信，告诉我那个"工作场"与她们以往参加过的只是在摄影技术上有所提高的学习班不同，她们感受到了前所未有的精神方面的触动，也或多或少地改变了她们的日常生活，她们的想法和做法。

　　那位开照相店的摄影师说，她从来都是用大机器在摄影室为顾客拍人像的，拍了二十多年，已经感到自己有些麻木，来的人老老少少，胖的瘦的，俊的丑的，从报名照到金婚留念她都得拍。她把它只是当作工作，一种可以养家的职业。下班后她是绝不愿再摸一下照相机的，也不喜欢用小相机。她刚刚与男友分手，心情沮丧，自己还带了两个女儿，她以为自己不会再有热情去搞艺术创作了，但我的"创造力"与"工作热情"那么感染她，她将这全部感觉："离别的疼痛、心灵的创伤、失落的情绪等等都用摄影表现出来"，而且与当今媒体所展示的那些"永远年轻美丽的身体"对抗，她很勇敢地脱下了衣服拍摄了人体照片，自

"疑惑"

抓住感觉

355

"喜悦"

拍并让别的学员拍摄，因为她要表达的东西并非年轻美丽的身体……她很欣赏我把技术的东西放到第二位而将艺术表达放在那么重要的位置，她还说在这"工作场"上，她拍了一张很少见的照片：一个全裸的学员站在三脚架后拍摄主持人的镜头，她说这个做"模特"的我却是着衣的！最后她告诉我她已经买了一个135小相机并开始也拍摄我这样的"视觉日记"，"用相机

"迷乱"

来画速写，收集印象和感觉"，这让我真高兴，因为我在使一些人改变她们的生活。

最让我感动的是那个五十岁的税务顾问希尔达。她在信中这样写道：她刚刚学着释放自己的感情，并且不再掩饰它——她的丈夫两年前自杀了。事情的突然发生不但使她难过，更让她困惑，因为她发现自己居然对在她身边的人的精神世界了解得那么微乎其微，所以当她看到我"工作场"的题目时，立刻被吸引住。她两年前曾听过我在上届摄影节关于死亡题目的讲座，当时她有过冲动想与我交谈，但太多人围住我，而且她也没那么大勇气。她觉得我的作品那么"与众不同，有着不可替代的表现力"。

我隐约记起她的脸，她那天确实等了很久，一直没找到机会，后来我与大会主席他们几个一起去吃晚饭，好像她还一个人站在那里。

她说那次讲座给她的震动那么大，回去后她马上买了个莱卡相机并开始常常外出旅行。我记起她第一天来时给我看那些旅游纪录性的照片，像个业余摄影爱好者，有不少人物是较远距离偷偷拍摄的，在这次学习班上她的主题是"瘫倒在地——又重新站立"，许多专家看到这一组七张的照片都不相信会是

抓住感觉

357

一个业余摄影爱好者拍出来的,她自己也不相信。

她说那么喜欢我们工作场自然而和谐的氛围,有了这样的氛围她才能把内心深处的沉痛重新体验并表达出来,她也体验了许多同伴们的痛苦,她不能想象居然她可以那么有创造性地工作而且结果那么令人吃惊地好。通常在德国人们认为税务顾问的工作是挣钱不少但最枯燥乏味的工作。她感谢我奇妙魔术般的方式,给她那么多勇气和支持——无论从艺术上还是人生上。

我想,其实艺术即人生,人生也就是艺术。至少在我眼里二者不应该分开。如果把生活当作艺术,那就不会是"为艺术而艺术",那艺术也会变得自然、自由、自发和自在,而"自在"之境其实在中国文化里是很高的一个境界,既是对人生,也可以是对艺术的。

当我再次碰到她时,她告诉我一个重要消息:她准备将她的税务顾问事务所卖掉,开始像我这样到处旅行摄影了,她热爱旅行和摄影,许多年来因为事务所的工作无法实现,这真不是一个轻易的决定,因为放弃多年经营的产业不容易,也似乎太早,而重新开始新的职业更不容易而且似乎又太晚。但玛丽曾说过,没有"太晚了"的事情。我由衷地为她感到高兴,为了一个终于明白要跟着感觉走的人。

她的故事使我想到一位古罗马时期的哲人说的话:"倘若你懂得如何利用生命,那么一生的时间是够长的。"莎士比亚也

"瘫倒在地——又重新站起"一组,共七张照片,这里只是一部分,这是希尔达(Hilda)两年生活经历象征性的写照。

这个很有艺术气质的女人希尔达(Hilda)，这时才发现自己选择了一个不合本性的职业，这是她的自拍像。

曾说，错误常常并不在我们的命运，而在我们自己。"性格是命运的真正主宰"。

我喜欢中国人将"命"和"运"分开的说法：命是注定的，但运是可以改变的，承认命而不"认命"，可以使你的运改变。回想我的过去，我如果顺着命走下去的话也很可能消沉、堕落、变得悲观封闭起来，外界的某个契机可能起作用，但它是主客观结合的结果。如果自己不想改变，那更多的机会也帮不了你。

我总想能为朋友做点什么。当年我自己在痛苦中沉沦时，我多感激有朋友关心、开导我，帮助我重新站立起来。虽然站立和学步要用自己的双脚，但有人拉你一把或给你一根拐杖总会使你有所依托，不致完全孤立无援。

有一次一位年轻女摄影师搞了一个"同行聚会"，请了我和齐格丽特，以及她的三个搞摄影的朋友，大家准备相互观摩作品，齐格丽特也很愿意与年轻朋友交流，但那天我们等了两个小时，一位叫克劳蒂亚的女摄影师一直没来，她住在相距几百米的地方。克劳蒂亚三十多岁，曾经因为几个展览挺成功，她拍摄的东西有点怪，但非常独特，比如一条蜈蚣爬在女人的嘴上，或一枝长长的带刺的玫瑰穿过人的头颅等等。成功过后有两三年她没有任何"合同"，她负债累累，银行已经拒绝再贷款给她，她若再不交房租，主人要到法庭上告，而她自己患了一种心理原因诱发的疾病，不能走出家门。她一出门双腿就会发软，可能会倒在地上，所以心情不好时她甚至无法到隔壁——买面包或牛奶。那天她本打算来的，而且很想与我和齐格丽特结识，但不料又走不出家门。

我与她通了电话，然后我决定和那个女摄影师在聚会结束后去看望她。她在家帮一个公司的秘书往成堆的公务信上贴邮票，她说她不得不为了生计做点这类手工性的工作，因为她没办法外出工作。我问她为什么不登个广告为人拍照片，顾客可以到她家来拍的。她说从未想到过，而且已经好久没碰照相机了，因为没有兴趣，每天只是有各种怪想法，夜里是不间断的恶梦。

我说那至少可以把它们写出来，对心理也是种缓解与消化，我痛苦时也这样做的。她答应试试。

那天我们聊了很久，也看了她许多过去的作品，我觉得她很有天分，有些想法虽然过于古怪，但都是绝无仅有的，我还没有在什么地方见过。我一直认为不成熟但独特的东西比那些"成熟"的但千篇一律地重复已有的东西在艺术探索上更有价值。回到家里我寄给她一本我的画册，写了几个字给她。那是1999年5月的事情。

半年以后我意外地收到了一封克劳蒂亚的信和一张她拍

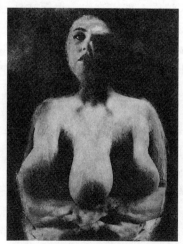

ⓒ（Claudia Boehm），克劳蒂亚与信一起寄来的照片，题为"兴趣之源"。

的怪照片，一个黑白又着了色的女人体照片，由于多次曝光好像这女人有好几个乳房，我当时不知她想要表现什么，我想她也许要说人格的多重性和复杂性？后来她告诉我那照片题为"兴趣之源"，并没有我想象的那么高深莫测。

她写了一封长信给我，在信中说她偶然听说我又在德国，半年来她一直想与我联系，想谢谢我送她的画册，"特别是画册扉页上的话！"

360

我已经忘记自己写了些什么，想必是开导鼓励的话吧。

她说"她相信是由于我的影响而重新开始了摄影！谢谢！"她总是在句子后加上惊叹号。她的新创作的系列是从"提高被摧毁的活性"为题的，这题目虽然有点晦涩，但我能想象她是在用艺术加工她自己的情感与心理过程。她说自己"又能出门了！甚至在夏天有一次到湖里游泳，感受那室外的空气、阳光和温暖，可惜夏天已经过去……"这对别人也许不难，但我真高兴她的变化。她说受我影响开始写东西，"过去我一旦累了就怀疑自己，也就什么也做不了，现在我记下我的思索，虽然我写得像个小学生，但这真是个好方法，能舒解我的压抑。我想假如十年后我再念到现在写的东西一定很有意思。"最后她说过去她总是对人失望，对自己失望，现在开始建立信心，她感谢我并希望能再见到我。看了她的信我真高兴，我也愿再见到她，看她的新作品和新人生。

人说"快乐犹如香水，向人洒得多自己必沾上几滴"。我无形中帮助了别人，而自己也得到了很多快乐。

我在2000年5月参加过"世界摄影家聚焦北京"活动后返回德国时，在飞机上看到中排座位上有一对青年男女，吃饭时那男青年在劝她多吃点，她说她吃不下。在她温柔的声音吸引下我无意识地看过她两眼，没觉她出众地漂亮，但非常温文尔雅。我暗想她身边的男人有这样一位太太真有福气。

在卫生间门外排队等候时我们刚巧站在一起攀谈起来。她说是出国旅游的。我告诉她我的想法，她说那不是她的丈夫，而她刚刚还对那位同事说起我，也有同样的印象。她问我家在哪里，有没有孩子，我回答了她，但她似乎不太甘心，想知道更多些。通常我不愿对陌生人多谈关于我的私事，但看到她那双关

在克劳蒂亚家，她给我看她以前创作过的非常怪诞而独特的摄影作品。

抓住感觉

361

抓住感觉

切的善解人意的眼睛，我告诉她丈夫已经去世的事。我看到她眼睛一闪，欲言又止的样子，我想她真富有同情心。过了一会儿，她对我说，从上飞机前她就有种预感，好像我俩有缘分，没想到坐在邻座。现在发现我俩的命运那么相象：她结婚七年的丈夫十几天前在国外出车祸去世，她是来料理后事的，所以吃不下饭。

她讲给我她的故事：他们是大学同班同学，一起分到北京。丈夫出类拔萃，28岁便提升为某国企的主管并派出国办公司。本来单位也要派她出去，很快就要相聚。她给我看了丈夫的最后一封情意绵绵的信，说白天工作太忙，但"每当夜幕降临时便思上心头，默默忍受别离之苦……""你我心心相印，时刻能听到对方的遥远呼唤……"最后他高兴马上能重逢，祝她和孩子一路顺利，还祝"老婆靓丽"！

她还告诉我丈夫把她半年来的上百封信装订成册，还写上序，说这半年的别离更让他们相互感到无法分离，马上要团聚的喜悦被突然的噩耗冲得烟消云散。当她听说丈夫还在医院抢救的消息时，她把自己关到一间办公室里默念"老公挺住"、"老公挺住"……她希望她的爱能产生奇迹。当她念到六百多句时，领导又来通知她"没希望了"。那晚她一口气写了二十几页的长信，准备带来火化。儿子至今还不知道这件事，只是奇怪爸爸为什么不来电话了。不满五岁的孩子似乎很有灵性，这些天一点也不闹不烦人，但她不知怎么才能告诉他。这些天她一直戴着浅色大墨镜，怕孩子看到她哭红的双眼。

夜深了，我看她在深蓝色的毯子下那楚楚动人的样子，心里升出一种无法言说的爱怜之情。那晚我虽然很累了，但仍一直与她交谈，我想也许我的人生经验对她会有帮助。

我俩都没戴上耳机看飞机上的电视，偶然看到那电视节目快结束时中文字幕上的一句话，像是替我对她说的，我指给她看屏幕，她看到了："打起精神，擦干眼泪。记住，永远都有明天。"

后来我寄了本书给她，上面有我写的关于死亡的一些人生感悟，我希望她能收到，也希望她明白我想要告诉她的一切。

我遥祝她能继续她的路，祝她能重新找到人生的幸福。

再生繁花

More flowers bloom

In a game I was having with some friends, they wanted to hear from me which were the three animals I most admired. I decided on gold fish (free and beautiful), rabbits (lovely, soft and gentle) and the Labrador dog (strong and faithful).

The first animal is the one that most people compare me to, and the second is the way I consider myself. However, the last one is my real character.

People who want to see me as a soft, exotic female are bound to end up disappointed. In fact, my character is much more like the Labrador-always strong and hard-working. A woman should find a balance between independence and dependency.

I once read an article based on an opinion poll, conducted by an American science agency, about the question of happiness. A happy man sets goals for himself, but remains alive to the here and now. He considers the future according to his ability and needs. He is confident and well-balanced. He is aware enough to master the potential difficulties of life. He is an integrated part of society and enjoys community life. He loves to help but is open to support. He has the capability to enjoy the little things of life. Reading this, I thought myself very close to the person it described. I have to admit that I feel happier today than ever before. Perhaps, despite what is usually thought, the luckiest ones are not those with unlimited time. Perhaps the most satisfied people are those with clear targets. I regard the pressure of my work as positive stress.

At the moment, I am very engaged in taking abstract pictures, a new direction after shooting cities and landscapes, nude and portrait subjects, journalistic subjects and a period of only black and white pictures. Over more than a year, with great enthusiasm, I have been taking pictures of flowers and plants, while experimenting a lot with colour. Sometimes I am so fascinated by the flowers that I wake up at midnight and take my camera to shoot those night-time ideas. For a moment, I get the feeling of touching the soul of the flowers, communicating with them in my own special language. I tried to visualize the form and sensuality of the flowers in an abstract way. These pictures have excited the interest of Ted Scapa and Till Schaap of Benteli, s Swiss publishing house.

It is important for me as an artist not to repeat myself or imitate the ideas of others. This is not as easy as repeating successful work, but I prefer an unsuccessful experiment to a successful standstill. All the text and pictures in this book are reiated to the diary which has accompanied me over the last 15 years. It contains my feelings and thoughts. Without it I would not be able to remember all the details of my life.

The diary was meant as my private salvation and now it has become a book for the public. It is the most honest and valuable asset I possess in life.

题图: 这是我近期做的色彩实验之一, 将黑白胶片拍出的花用不同的肌理与色彩处理后使花有种另类的质感, 更像是加了彩的碳笔素描或油画的效果。

"幸福的人是一个有远大目标同时不忘记自己是生活在现在的人；一个选择对自己的才能和可能性有挑战性的人；一个对自己的成绩和社会承认感到骄傲的人；一个自尊、自爱、自由和自信的人；一个有社会交往也能享受人际关系的人；一个乐于助人并接受帮助的人；一个知道自己能承受痛苦和挫折的人；一个能从日常生活小事上感到乐趣的人；一个有爱的能力的人。"看到这些，我真觉得我很接近于一个幸福的人了。

1999. 12. 31.

　　好多年以前，当时的慕尼黑音乐学院院长弗兰克曾在我的生日上做过一个心理游戏。

　　那晚，我请了几个朋友一起吃饭，饭后大家围着桌子每人拿了纸和笔开始回答他的五个问题："你最最喜欢的动物——你第二最喜欢的动物——你第三最喜欢的动物……"

　　问到这儿时大家都笑了，以为他五个问题都要问动物，而且我们当中许多人，包括我并不是那种爱动物的狂热分子，所以可能前两个还能脱口说出，想到第三个便要绞尽脑汁了。可他不让我们想太久，说要凭直觉说出口的更加准确。第四个问题是"你最喜欢的运动方式"，不是指体育运动，而是空间距离方面的，比如走路、骑车、开车、乘飞机等，第五个是你最喜欢的饮料。完全自由发挥，但都一定要说出"为什么"。

　　我的第一个动物是"金鱼，因为它美丽逍遥、悠然自得、自由自在、姿态优雅……"第二个小动物是"小白兔：温顺可爱、柔软安静，有一身洁白的绒毛……"第三个动物是"大黄狗：忠诚、勇敢、智商高、通人情、有灵性，可以跑得很快……"

　　最喜欢的行为方式我最初想到了飞机，因为它速度很快，但转念一想，其实我只是喜欢它的速度，并不喜欢那种长久捆

再生繁花

绑在一个固定座位上不能动弹的滋味，空气、景观都不好。我并不爱乘飞机，只是因为距离远没办法而已。于是我想到"快艇：速度快，有风的感觉，同时能看到很美的景观，还能翻起身后一片浪花"——我常会很着迷地看那游艇驶过后很长的呈弧形的白色泡沫划出的轨迹，虽然它看似单调，但有那么强的吸引力，我会拿着相机一而再、再而三地试着抓拍一些局部，它可能会是很美的抽象构图。我早年拍的一张彩色照片"巴伐利亚国王湖"实际上就是这样一个水波的细部，看上去像荒凉的风景，巴伐利亚人奇怪说怎么在阿尔卑斯山上拍出了挪威的湖光山色？黄奇帆先生为这幅照片题词曰："一滴水里看见大海，一片影中映出人生。"同游的朋友会笑我总趴在船尾拍波浪，甚至没看看风景，这岂不是白来此地一游？我想这就像我的整个生活态度，宁愿执著地去做我喜欢做的、在我眼中有无限魅力而在许多人眼里可能是可笑的事情。

最喜欢的饮料是"鲜草莓奶昔：纯天然，有甜味，有好看的色彩和丰富的泡沫，而且味道不单调，因为不能常常得到，所以更加珍惜。"奶昔是一种用鲜奶调制的混合饮料，常常是加上新鲜水果或者巧克力、草莓之类的香精放到机器里搅拌出很多泡

"巴伐利亚国王湖"这张照片看去像一个辽阔的湖，其实，它只是一个小小水波，这令熟悉巴伐利亚风景的德国朋友百思不解，我怎么可能拍出了挪威那样的湖光山色？

这些水波的倒影在我眼中有无限的魅力，我拍过无数各式各样的水波。

沫来，既好看又有营养，味道又是很混合的，有糯糯稠稠的口感，其实是很稀的冰激凌。现在像麦当劳一类的快餐馆里卖的草莓奶昔是用化学调料制成的，味道中有太多人工味而且没那种新鲜与纯正，因为草莓收获的季节是很短的，所以如果真想吃新鲜而不是冰冻的草莓奶昔，只有每年春天才能偶然吃到。

　　每个人写完后交给坐在旁边的朋友大声念出来，因为怕大家知道谜底后自己不好意思全部公开。因为在座的朋友相互都很熟悉，所以当我们念出之后大家先是哄堂大笑，继而惊叹这个游戏居然那么准确地"出卖"了每个人的个性。

　　作为主持人的弗兰克声明，那动物本身不重要，可以略去不念出来，主要的是那些"为什么"，因为这些理由最能说出本质性的问题。谜底：(1)别人眼中的你；(2)你自己眼中的自己；(3)真正的你；(4)你的生命方式与发展过程；(5)你的爱情生活。我想想我的回答真像自己的写照。我喜欢的这三种动物之

再生繁花

间反差很大，而别的人都是喜欢性格特征比较一致的三个动物，这也许与我双子星座的矛盾性格有关吧。而我的人生道路也是那样，既快又能经历很多，"翻起浪花"也很有象征意义。我的爱情理想不也是要"自然、美好、有甜味而不单调"，可惜它"并不容易得到"。

经常在我与欧洲人合作之初，一些人误以为我是听话的柔弱的亚洲女子，没什么主见，而一起工作时才发现我是很有个人想法的"强女人"。他们常会说"没想到……"，我也会开玩笑说："没想到在你们眼里那条小金鱼实际上是条挺吓唬人的大黄狗。"因为他们最初并没认识真正的我。有个朋友对我说：狗也可以非常温柔，他宁愿喜欢温柔的狗也不喜欢小白兔，因为小白兔太弱，没有个性，而狗常常很通人性，对主人"依恋而不依赖"，它完全可以独立，自己到处跑，为自己觅食甚至帮助主人，但它绝不会忘记主人，十分忠诚。

其实我一直认为一个女人真正的魅力正是在独立与依赖之间：在人格上独立，在情感上依赖。太独立的女强人当然不可爱而且令人望而生畏；而过于依赖没有自我的女人天长日久可能会使人觉得乏味，甚至生出一种累赘感。

我后来又曾与不少朋友玩过这个游戏，有些答案令人吃惊地准确，某些动物我绝对不会想到，而那种个性在他们身上又是自然而然、甚至是理所当然地体现了。

比如那晚客人中的那个很单纯而柔弱、刚来留学的女学生，就是后来常做了饺子悄悄放到我门口而不打扰我的那个女孩，她喜欢的动物是甲壳虫、小蚂蚁之类，我干女儿的妈妈喜欢的是长颈鹿，她也是个别人看去很高傲的女人。有个政治家朋友说到的动物是大鹏，可以展翅九万里，俯瞰天下，叱咤风云；而一个年轻有为的企业家朋友最喜欢的运动方式是骑马——因为"你可以驾驭它，让它替你走路"。最让我感到好笑的是一个有家室又有情人的有妇之夫，他最喜欢的饮料是可乐，但他有糖尿病，医生不让他喝含糖分多的饮料，他补写了一句"不许喝，但忍不住还得偷偷喝"。可见这些"为什么"真的能道破天机，这也正是这种心理游戏的妙处所在。

　　我在慕尼黑住在那个类似巴黎蒙马特区的艺术家区里,我住的房子坐落在有名的依丽莎白林阴道上,树木非常高大,整个夏季郁郁葱葱,有时会有穿着传统服装的人驾着马车走过,听到马蹄声我喜欢跑到窗口看看,让人感到回到了上两个世纪。

　　成排的树下有不很宽的草坪,上面设了一些长椅,离我家门口不远的那个长椅上总坐了一个酗酒的乞丐。她常年坐在那里喝酒,身旁还摆满她的全部家当:几大塑料袋的东西和一辆不知从哪个超级市场推来的购物车。与别的乞丐不同的是她很和善,总和来来往往的行人主动打招呼。住在我们这个区的人常会送她些东西,所以冬天她可能会穿一件很暖和的裘皮大衣,不知是哪位阔太太因为动物保护不再穿了才送给她的,我们也会把家里吃不了的食物给她,她总会连声道谢。让我奇怪的是,她不像一般无家可归的酒鬼,直接在铁听里或瓶里喝啤酒,她喝的是葡萄酒,还拿着一只专喝葡萄酒的高脚杯——这通常是认为比喝啤酒高雅的事。看着她坐在树阴下笑嘻嘻地与行人招呼着,优哉游哉地品尝葡萄酒的样子,使我想到许多人对享乐的理解不就是这样休闲的吗?

　　她总和我打招呼,所以我也自然地回答她,我以为她认识我,但从未交谈过。有次我骑车匆匆往家里赶,经过她面前,还

再生繁花

没等我与她打招呼，她忽然大骂了一声"神经病工作机器"！我奇怪地停下来，发现她并没表示认识我，不断地念叨同样这句话。我回家取了相机给她拍照片，她毫无反应，当我给她小费时，她又像以往那样大声地说"谢谢"，倒吓了我一跳。

我把这讲给与我住同一层楼的邻居阿特海听，她说这乞丐说的没错，在许多人眼中我们这些人都是"工作机器"。

阿特海是个园林建筑师，搬来不过两年。因为她是"德意志工艺联盟"慕尼黑分会的主席，所以我们有不少共同的建筑师、摄影师和设计师的朋友。恰巧齐格丽特也是她的好友，所以齐格丽特两年来总说可以来一次同时拜访两个朋友了。可惜我们三个人都很忙，至今没有凑成一次三人聚会。阿特海常主持很大的设计工程，像最近正在搞的柏林新的议会大厦的整个园林规划。为这工程她每周至少要去一次柏林，为了省时间她乘夜车去，她买的这种比飞机要贵得多的火车月票可以享受单间的带浴室的包厢，通常晚间 11 点上车，第二天早上 7 点多就到了，一点也不耽误日常工作。服务员会把早餐咖啡送到你的车厢，你还可以把汽车随车捎上，到柏林也非常方便，她自己开车跑来跑去，因为她总得带太多图纸和模型，这样她可节省去机场及等候时间，效率很高地"出差"。她的住房有二百平米，同时就是办公室，总有几个设计师在，所以我去旅行时她帮我收邮件，不至于邮包没人取会退回去。

阿特海还是个女伯爵，家里有很大的庄园，大得连我散步都没走到庄园的边界。那里有她改建过的现代化房子和自己设计的花园；还有一座有一千年历史的古堡，她九十岁的母亲、八十多岁的叔叔从出生到现在一直住在那古堡里，这样长久地呆一个地方对我是不可思议的。复活节我和另外几个客人去她家小住了几天，不仅看到中世纪的那些兵器、盔甲以及浮雕壁画，也体验了她们那种田园式的亲近自然的生活方式。

她们的庄园里有许多动物，从马、驴到鸡鸭，老太太很健康，她很喜欢这些动物，给每个动物，甚至每头猪，每只鸡都起了名字，居然还不会搞混。所有的菜都是自己园子里种的，蛋是自己家鸡下的，鱼也是自己的小河里养的。复活节我们一起画彩蛋，一起做饭，一起听一位女友弹钢琴——她弹得那么好，

阿特海庄园大得连我散步也没能走到头，中间是这个有上千年历史的古堡式建筑，她90岁的母亲从出生至今住在这同一所房子里，房子里甚至能嗅到中世纪贵族生活的气味。

从客厅里传到我们坐的厨房里，大家开始甚至以为是谁放了唱片。

伯爵在欧洲是相当高的一级爵位，通常这些贵族们都只与"自己人"交往而且很傲慢，阿特海这样的人是很少见的，她嘲笑这些人只与有爵位的人联姻是近亲繁殖，人会退化变傻。她看上去甚至都有点像个乡村里的人，因为她的脸总是晒得黑红，周末总要带着两个快成年的女儿回家，自己摆弄园子里的花草蔬果，这也许是因为她的工作性质的缘故吧。她说她选择这个职业是因为她很喜欢设计，又非常热爱大自然，她的最大业余爱好是园艺，为什么不把它结合起来？现在她是德国最好的园林设计师之一，常常要我给她讲中国传统园林那富有哲理的空间设计理念，像"以小见大、步移景异"，"虚中有实、实中有虚"等等。特别是私家园林中那种精致，那种巧妙构思，那种赋予景物以象征意义的做法以及建筑物与花草树木的有机结合等等，这都使她很受启发。

有家大出版社想要我为他们写书稿介绍中国皇家和私家园林，我实在没时间又碍于出版商几次亲自打电话的盛情，我考虑是否与她合写，因为这样我在语言上有个帮手，她也感兴趣并且懂行，只是怕她也没有时间。结果她说"如果你有时间的话我就有时间"，因为她虽然也惜时间如命，但喜欢的事她总还是会挤得出时间的。

我不喜欢有些人在我说"没时间"时以教训的口吻说那句德国俗语："上帝是公平的，给我们每人每天都是二十四小时"，我想当然都是同样二十四小时，但不是每个人都有那么多事可做。有很多人无所事事，有些人甚至不知如何打发他们的时间，当然对于他们，时间总显得格外地长。而我们却发愁如何分配这些时间，因为想做的事太多了。我们可能的确像有些人眼中的"工作机器"，但我不是挣钱的"工作机器"，是做自己喜爱的事的"工作机器"，这有很大区别。我不拒绝挣钱，特别是高薪聘请或高价卖出作品，这意味着别人对你的承认，对你劳动价值的评估，虽然这样可能对你工作质量要求更高，有更多压力，但我有时多少需要些外界压力，包括像交稿时间这类定死的时间压力，因为人总有惰性。受到社会承认的自我感觉当然好。

时间虽然有限，但我也像阿特海一样，总还是会把它分配给自己特别喜欢的事情，比如我会少吃一顿而去看一场电影或晚睡一点觉读完一本好书。我也许没时间与朋友开车到郊外"啤酒园"晒太阳，因为我没觉得喝啤酒晒太阳像对德国人那样是种很大的乐趣。对我来说，能把生命能量释放到最有价值的地方是我最大的幸福，能创造性地工作是我最大的享受。这大概属于幸福观的问题了。

与阿特海（Adelheid Schoenborn）和她的侄子复活节时在她庄园里，她种了很多花草，脸总晒得黑里透红，非常健康。

　　什么是幸福对每个人是完全不同的概念，德国人夏天最喜欢的休闲项目之一是去"啤酒园"，特别是在慕尼黑。他们不能理解我"为什么这么好的大太阳天能够关在屋里工作"，在德国阳光是挺希罕的，所以在这种天气电影院无人问津。阿特海在太阳特别好的日子会请大家一起去啤酒园喝酒放松，而晚上太阳落山后又加班画图。如果他们叫我一道同去时，我会告诉他们晒太阳对我不是那么大的享受，我在屋里工作时更能自得其乐，比如那些日子里我听着音乐拍那些美丽的花卉，并做各种奇妙的色彩实验使这些花变得更加抽象，不再像现实中的花而有另外的美感效应时，对我才是种极大的享受。能用艺术去抒发自己的情感，对我来说是比喝啤酒晒太阳高上一百倍的"雅兴"和消磨时间的方式，也是我可以称之为"幸福"的事。

　　在西方流传着一句据说是来自古老中国的谚语，只是我在中国从未听说过："如果你想要几小时的幸福，就去喝醉酒；如果你想要三年的幸福，就去结婚；如果你想要一辈子的幸福，就去做个园丁。"她们对园丁能一辈子幸福的解释是："做有用的事，与自然融合，对身体的锻炼和每天都会有新的喜悦。"我曾把这张报纸拿给阿特海看，我说她选择了一件"差不多一辈子可以幸福的职业，"她的确也感到幸福，说我们都是那种"自我陶醉的幸福的工作机器"。

　　我谈到过一份美国某大学对"幸福"的研究课题报告，题目上写着"每个人虽有不同的得到幸福的天分，但每个人的幸福都掌握在自己手中"，那报告调查的对象不光有男人也有女人，有东方人还有西方人，有穷人和富人以及不同年龄段的人，让我感到很有意思。

　　这份报告对幸福下的定义是："主观的感到适意的程度"，具体地说是"对自己生活感到有意义、满意和舒适的一种积极的状态"。这种感觉应当是有持续性的，举例来说，仅仅是"性高潮中几秒钟的'幸福'不能与一种人生的幸福相提并论，就像去妓院的人无法与一个有爱情的人相比一样，他从那暂短的满足感后得到的可能是更大的空虚与不满"。

　　享受幸福要求人自己参与得到这幸福的过程。有些意外之财可能使人短暂地高兴一番，但不能实质地改变人自己感觉幸

再生繁花

373

福的程度。在对许多中了彩票的人的调查中显示，他们大部分人在几周后至多一年之内又回到以前的"自我满足的程度"。大部分人认为金钱虽使人有安定感，但不能使人"自动地"得到幸福。46%的东方人和33%的西方人以为金钱可以使人幸福，但更多的人说他们无法看到"银行里存款的多少与他的幸福有直接的关联"。67%的女人和56%的男人认为金钱甚至可以使人品和性格变糟。

通常人们以为智慧的人或美丽的人会得到更多幸福，研究表明这可以给生活带来优点，但这样的人并不比"一般的人"更幸福。相反有过不幸的人常常又会赢得幸福，甚至更大的幸福。

许多人以为休闲是很大的幸福，但调查显示大部分感到幸福的人是在工作中，是那些因工作而特别忙碌的人而不是有太多休闲时间的人，幸福的人是积极工作的人，他们做那么多事以至达到"忘我境界"。一个没有"被充分利用"的人常会感到无聊和失意，对自己失去信心，甚至会产生惧怕心理。

幸福不意味着"得到我们想要的东西"，而是"想要我们得到的东西"。人有时不珍惜自己已经有的却总去想那些得不到的东西，到头来一无所获。就像有些男人宁愿想象出五十个梦中情人而不和他身边那一个女人实实在在地好好地生活。

幸福是一种使二者平衡的游戏：我们已有的和我们想要的，即愿望和可能性之间的。如果愿望太高而没有可能达到它会使你感到不幸福，相反一切愿望都满足了的人，没有再想要的事，一切都有了，都达到了，可能感到更不幸福。最后他们得出结论："幸福的人是一个有远大目标同时不忘记自己是生活在现在的人；一个选择对自己的才能和可能性有挑战性的人；一个对自己的成绩和社会承认感到骄傲的人；一个自尊、自爱、自由和自信的人；一个有社会交往也能享受人际关系的人；一个乐于助人并接受帮助的人；一个知道自己能承受痛苦和挫折的人；一个能从日常生活小事上感到乐趣的人；一个有爱的能力的人。"

读到这些，我真觉得我很接近于一个幸福的人了。

生活质量当然意味着一种物质与精神方面的综合指数，但对我来说，精神方面的生活质量比物质方面重要得多，我是个在物质上非常容易满足而精神上不太容易满足的人，我赞成"物质上可以是平民而精神上要做贵族"的主张。有人断言"玩物风流的人必然会感到创造力的衰退"，我想至少这样的人没有那么多时间与精力用在创造上了。

有朋友说我像芭蕾舞剧《红菱艳》中的女主人公，而我觉得自己更像穿上魔鞋的"小木克"，有时想停下却由不得自己了。

《小木克奇遇记》是我儿时看的一个动画片，讲那个特别喜欢跑的小男孩得到了一双仙女送给他的"魔鞋"，他很高兴能跑得很快很远，他好奇地张大眼睛看着那些沿途美丽的风景，他跑啊跑啊，实在跑不动了，想停下来休息，但那"魔鞋"不让他停，就这样他虽然精疲力竭但仍然不断地奔跑，一直跑到大海边，他感到害怕，因为他可能淹死在大海里，幸运的是他被一堆晾着的渔网挂住脱不开身，但他摔倒在地时，双脚仍在空中蹬着……

几十年了这画面我记忆犹新。有时我觉得自己就是这个可怜的小木克，每次朋友们劝我应该度度假，什么也不做好好休息调整一下，我也总下决心等这个项目忙完了一定去休息几天；但当这个项目结束之前又会有什么项目在等着我，或者总有几个项目同时进行。有时我会在一个项目结束后大病一场，我会联想到这是老天绊住我脚的渔网，让我得以停下来，可在病床上我常常也会想东想西，我觉得我有太多太多的想法和构思，可惜没时间全部实现，我即使生病脑子也永远歇不下来。

但也有朋友鼓励我这样"跑下去"，比如齐格丽特，她会说"你是为艺术而生的，不是为了一个家庭一个男人，那太可惜了"。还有那个沃特夫人，她也是当年鼓励我改行搞摄影的，她会说你现在是创作力最旺盛的时候，就像涌出的泉水，你为什么要硬去堵那水？堵是堵不住的，而浪费了岂不可惜？她的丈夫沃特先生更主张我做下去，说四十多岁是最重要的创作期，也积累了一些经验，"此时不搏，更待何时"？他已经六十岁了，仍然耕耘不已，他认为不能把自己的艺术构想在有生之年全都实现是人生最大的憾事。

沃特夫妇是我非常尊崇的艺术家，也是我所见过的最好的搭档，无论在生活中还是创作上。我说他们是艺术家，因为很难说他们具体的行业分类，沃特先生既是画家又是建筑师、雕塑家、行为艺术家；沃特夫人是摄影家和编辑，帮沃特先生把所有大的艺术创作项目记录下来，编辑成精美的画册出版。他们总做出一些令人瞠目结舌之举。

比如说十几年前在摩洛哥的大沙漠里盖了一座叫"天梯"的建筑，那地方荒无人烟，建造现代材料的有高精确度的建筑物绝非易事，那里没有什么现代化施工设备，几乎全靠人工，当地人住中国陕北那种土窑似的泥土建筑。当他这座世界上绝无仅有的建筑落成之后，真像一尊在大沙漠中的巨型抽象雕塑，庄严而神圣：扁平的一个三角形阶梯形体直指天空。我当年在法兰克福的建筑博物馆里看到这个展览，为那些照片所显示出的超乎寻常的气势所震撼，他说他所寻求的是与大自然、与天的对话，他们会整个冬天住在那里搞创作，画大量的画和设计草图，也写书。他们是那种真正能耐得住寂寞的人，可以几个月像原始人那样与外界隔离、不受干扰地融入他们自己创造的"气场"和氛围之中，融入大自然和艺术之中。

后来我还看过他的一个很轰动的行为艺术"到大海的旅行"，一个巨型的船里放着一具巨型木乃伊。他让这船沿着德国最大的河流莱茵河从上游漂到下游，并让这木乃伊燃烧。我看到那木乃伊在熊熊大火之中燃烧的壮丽景象，真令人感慨万千，发思古之幽情。虽然一路上有无数记者在拍照片，但沃特夫人拍出的永远是最能体现他创作意图和艺术理念，最充分表达他作品灵魂的不朽之作。他的这种行为艺术也只能在这种摄影作品中得到永生。

两年前，他们又花了很多心血盖了他们在沙漠中的第二个居所"涡纹屋"。我姑且把它译为这个词，因为我不知中文应如何确切地表达。这是与"天梯"相反的、极其平缓的、几乎是"趴"在沙漠上的很大的单层房屋，平面形状像古代化石中海底壳体动物的剖面，由小到大的放射状的弧线，外形也是十分有机

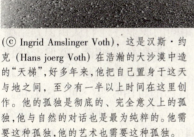

(© Ingrid Amslinger Voth)，这是汉斯·约克 (Hans joerg Voth) 在浩瀚的大沙漠中造的"天梯"，好多年来，他把自己置身于这天与地之间，至少有一半以上时间在这里创作。他的孤独是彻底的、完全意义上的孤独，他与自然的对话也是最为纯粹的。他需要这种孤独，他的艺术也需要这种孤独。

(© Ingrid Amslinger Voth) 这两年来很多时候汉斯·约克是完全一个人住在这里的，他妻子常会去看望他。他放弃了发电机，因为那声音会打扰他创作所需的绝对的寂静。夜晚他会点上汽油灯，像中世纪的画家那样绘画或者看书。

的。"天梯"是绝对的几何体，是人工性非常强的形态；而"涡纹屋"是完全自然有机体那样的形态。一个指向苍天，另一个匍匐大地，在这天地之间是他们不息的创造性的灵魂的居所。这工程也很难精确地施工，但他们终于还是造出来了，沃特说如果有了想法，他再难也得想法让它实现，否则他会睡不着觉，静不下心来。

不久前我又见到他们，他们给我看在帕莱斯特出版社出版的关于"涡纹屋"的新画册，并邀请我去"涡纹屋"玩。他告诉我走的日期在 11 月初，我那时计划中有事不能去。而我又对摩洛哥特别好奇，非洲是我唯一没去过的洲，我也非常向往亲身体验他那独特建筑。于是我说，如果我有时间会在冬天给他们打

再生繁花

电话联系，他们在那里要呆到明年春天，我想总可以抽几天时间去的，也许在圣诞节或新年假期。他笑了，说你除非跟我们的车去，因为他那里哪来的电话？我想想当然没人为一座房子装电话线路，而移动电话的发射台也很难达到大沙漠深处。我更加钦佩他们这种对艺术的投入，并自叹不如。与他们相比我无法想象可以这样单独过几个月原始的生活，我还需要包括物质生活在内的现代社会，也许我还是个"六根未净"的俗人，太喜欢世俗化的生活和人群了。

沃特先生之所以可以这样生活和创作，与他有那样一个好伴侣绝对分不开，所有的朋友都这样说。我不知道没有她的话他是不是可以忍受那"绝对的孤独"，一个人在那里呆上半年。而她不但是他生活上的好伴侣，又是他艺术创作的好搭档、好助手、好批评家和鉴赏家。我想艺术家大概需要这样的人相伴左右，使心灵得以安静而没有焦虑和恐惧，有人分担快乐与忧愁，他们有共同的追求和事业，这样的婚姻是令人羡慕的。

我那位女友玉慧的婚姻生活也值得称赞。她是个很好的记者和作家，她的德国丈夫也有相同的职业。他们从相识到结婚好像时间很短，但几年在一起生活非常幸福和谐。就像安斯佳说他父母的婚姻那样，也是靠"直觉"决定的。他们属于那种很"宽松"的婚姻关系，每个人有自己的自由呼吸空间，这也包括心灵上的，可以自己各自关起门来写作，各自有自己的电话，各自有自己的朋友，当然也有共同的朋友。相互不束缚，有相当的自由感和彼此的尊重，但又有充分的理解。他们结婚那么久了，仍可以饶有兴致地倾听对方的诉说，甚至他们的日常生活也十分随意，经常大家都忙，也就不常自己做饭，很多时间在餐馆里吃，不是为了那里味道更好，而是因为可以继续在那美好的气氛里倾心相谈，像初恋者那样。

但愿我也有一天能碰到那样的家庭幸福，这种幸福与艺术创作不矛盾，不像齐格丽特所警告的那样，好像艺术与家庭非此即彼，为什么不可以既此亦彼？

我仍然是那个一意孤行，欲罢不能，永无休止地跑着的"小木克"，我跑得仍然很欢畅，很带劲，总在寻找新的刺激点，新的

这几年我又重新钟情于色彩，钟情于抽象摄影，钟情于大尺幅。当然这种作品观赏者需要与作品有一定的空间距离。这是我在工作室加工一幅近三米长的彩色抽象作品。

目标，新的路途，总有那么多东西在吸引着我。我又像一个小蜘蛛似地编着一只一只新的网，编得专心投入，对周围环境发生的一切浑然不觉。我有次观察过整整两个小时，窗外风雨交加，电闪雷鸣，窗子里面那个小蜘蛛一心一意地织着它的网。德语里 spinnen 这个动词是"编织"，也是蜘蛛吐丝结网的意思，名词是"蜘蛛"、"织工"，也可引伸为胡思乱想的、编织梦想的人。我想我的视野并不广，对大千世界许多事情不闻不问，知道的太少。但整天会编织那幻想的网，就像这小蜘蛛，捕捉可能飞舞过来的一簇蒲公英的绒毛，也许是一片深红色的秋叶？

这几年我又专注于抽象摄影，这题材我在十几年前彩色摄影阶段曾经很感兴趣，后来又被黑白摄影的热衷所冲淡。当我发现摄影创作不应局限于某种物质媒介的限制，对每种题材都应找到与之相应的最佳表现手段时，我又重新钟情于色彩，钟情于抽象摄影。那些色块的大小、面积，色彩的对比与协调，线与面的运动感、层次感以及整个画面的平衡，这些纯形式的视觉语言重新引起我的兴趣，每每看到日常生活中的没人会注意

再生繁花

再生繁花

的细节使我眼前一亮，通过镜头变成没人可以再辨认识别出的景象，那喜悦是无法言喻的。比如那像金秋森林景色是被车轮碾过的柏油马路，那乌云翻滚的海景是我在用洗涤剂刷洗玻璃瓶时偶然发现的光影效果，被人划伤的汽车表皮变为荒芜旷野的雪景，擦窗子的泡沫被评论家说成是"抽象的书法"。

有人说二十一世纪艺术所共有的特征就是形象的抽象和思想的具体。摄影作为一种艺术近来受到越来越多的承认，这就是说它已经不仅仅是一种纪录性的、再现外部世界的手段，它应当像绘画、雕塑等其他造型艺术门类那样，寻找自己独特的语言和表现方法。抽象摄影至今比起具象摄影还很少有人问津，有人评论我的这类抽象作品是"是将材料加以浓缩（诗化），使其超出自身的含义。它不仅表现了材料构成美感和形态塑造，而给予单纯的表象以更多理解的可能性，更多的想象空间，更广范围的表达……"。"这是不同的力与能量的表达，而且拍摄者将内心和力与能量也挤压到其中。它又可以变成有不可消失性的东西。日常生活中最不被注意的东西由此与最有美感和震撼力的东西联系到一起……"

实际上，抽象的过程就是这样一个寻找、简化、精炼、浓缩

最近我拍了许多动感的抽象照片，好像将相机当作画笔。

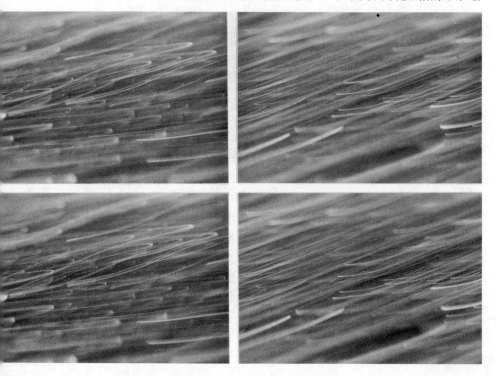

这是我拍的纽约
现代艺术博物馆
的透明纱窗帘

的过程，好像一系列的化学反应程序。在德语里"诗"这个词是由"浓缩"这个词而来，诗就是浓缩了的文学，评论家说我将材料"诗化"也是这个意思。抽象的意义不仅仅在于画面视觉形式的赏心悦目，而在于抽象的形态往往能表达最为本质的东西。抽象是将复杂变为单纯与简洁，而这单纯与简洁并不意味着枯燥，它虽然将各种物体简化到一些基本的视觉要素，诸如形、色、肌理等等最低限度的视觉符号，但往往最简单的符号表达的含义也最为明确，最为一目了然；同时，经抽象了的形象因为失去了具体性反使画面又有了一种理解上的多义性可能，这种理解又紧紧与观赏者的各种人文背景相关联。每一种艺术创作者会经过由简到繁又由繁到简的反复，而每一次反复又可能使其达到新的一层境界。

　　我倾向抽象摄影作品不用题目，即使用题目也用比较抽象的、理念性或让人有想象余地的题目而不把人限制住。比如我曾用"金、木、水、火、土"五大元素将拍过的抽象题材分类命名，也用过像"混乱的理智"、"有机的诱惑"、"变形的风景"等概念来冠名。有些作品的生命力在其色彩，瑞士出版家特别喜欢我的蓝色系列作品，建议用格什温交响音诗《蓝色狂想曲》做书名，可惜我还有其他色彩的作品。曾经改名为《色彩的能量》，最后还是定为《本质的光》。这题目也是一个文字游戏式的组合：

再生繁花

381

德语"eigentlich"是原本的、本质的意思,"licht"是光的意思,将其变为名词既点明了我所拍的对象的原始性,又让人联想到是摄影,"eigen"作为前缀词又有独特的、个性化的含义。最后出版这画册的海德堡出版商 Klaus Kehrer 也为此叫绝。

另外一个让我着迷的题材是拍摄花卉。从小我就非常喜欢花,但生在北方城市的我小时很少见到鲜花。夏天在公园里看到那鬼脸似的三色堇,我会把它们想象成戏剧人物的脸谱。那时对花的认识更多是较抽象的概念。文化大革命时,每天在学校里要"天天读"毛泽东的"红宝书",我最爱读的是他写"咏梅"词的附录陆游原词:

> 无意苦争春,
> 一任群芳妒。
> 零落成泥碾作尘,
> 只有香如故。

这句子我读了不知多少遍,让人感到回味无穷。

在我的印象里,中国咏花的诗词大都带些感伤情调,像"流水落花春去也",或是"花自飘零水自流"……

这些年频繁的旅行,使我很难再在家里种花养草了,自俞

我拍的花中有一类是使之"陌生化",比如这张普通的花朵有些中国水墨画的飘逸或重彩的水粉画的味道。(原作为彩色,品红底色上的黑色花瓣上有粉绿的斑点。)

再生繁花

霖那大盆水竹死去之后，我只还有两盆常青藤。但每次回到家我总喜欢买些新花"送给自己"。看着阳光下透明玻璃瓶中的花，就像听喜欢的音乐一样，心情会变得十分美好。买昂贵的花时我会想起一位喜欢的女演员说过的话：人应为自己的精神比自己的身体多花些钱才对。

我开始拍花并不很久，而且很偶然，是在 1999 年 7 月那个临时补过的生日开始的。那天许多朋友带了鲜花来，那花的色与香溢满了我的居所，让这些美丽的生命默默消逝太可惜，于是我便拿起了相机。出版商让我为将要出版的画册写自序，写花对我的特殊意义以及为什么会开始拍摄花卉，我说那其实是很简单而且偶然的事情，就像我生命中有许许多多偶然开始的事一样，它们后来成为我的珍爱，已然开始了便一发不可收。

此后几个月里，我拍花拍得如痴如狂，为了拍这些花真没少牺牲吃饭睡眠的时间，几乎快到夜不成寐的地步，因为有时忙累了一天已经躺下，从另外的光线和视角看到那花就忍不住爬起身又拍摄起来，一拍又是几个小时忘记睡觉。所以我都怕朋友们再送我鲜花了，因为唯恐看到花又没法克制自己的拍摄欲望。但愿我不要像小说《假大理石》的主人公，把所有的东西都画成假大理石而备受赞扬，最后痴迷到把自己也画成大理石人的地步。

常常白天没有时间，拍的花大都是它们夜里的样子。夜深人静时拍花我常感觉到这些花似乎有灵魂。花用它自己独特的视觉语言讲述它们的故事，展示它们的存在。就像人一样各有自己的姿态、神情、性格与特征。与花这种无声的交流也许就属

选自"花非花"系列，在这个系列里，我拍的有些人体看上去像花，而花看上去倒像人体。

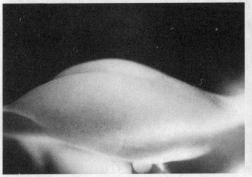
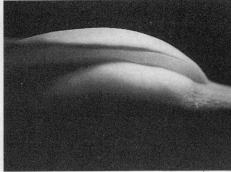

再
生
繁
花

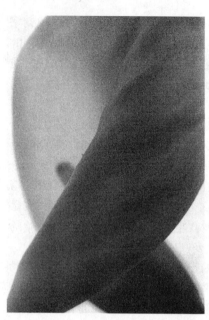

这张马蹄莲的照
片被称作"行走的
人",常被媒体所
刊登。

于"神交"一类吧。后来我为这本画册想出了一个名字,叫做《花
之灵》。

我在序中写道:"我愿拍出的花有它的生命:不光有形有
色,还要有声有韵、有灵有性——这便是我想送给所有看到这
本书的朋友的花。"

瑞士有名的本特利出版社(Benteli Verlag)准备出版这本关
于花的画册,为此我去了那个"世界上最安静的首都"伯尔尼。
在那如画的老城里散步,我又想起1987年与俞霖到那里游玩
的情景,那次他没带速写簿,将速写画在我的日记本里,上面写
着"给小慧",这次又翻看到。我住的旅馆刚好对着他画的那个
教堂,我想起许许多多的往事,而往事已如梦如烟。

在我考虑为这本画册取一个什么名字时,有好友寄来两句
席慕蓉的诗:"繁花之中如何再生繁花,梦境之上如何再现梦
境"我觉得非常有意境。请他为我将这两句诗写成书法,准备印
到书的扉页上。

纵观这些年我的艺术道路,我现在不也面临着这"如何再
生繁花"的境地吗?"再生繁花"对我是象征性的,是境界上更高

为准备慕尼黑、汉堡和台北有关《花之灵》的展览，我放大了几百张花的作品，用了六个大袋才运回来，堆在我的门口楼梯边，要花很多时间去整理挑选。

一层的追求。

　　我欣赏沃特这样的艺术家，他既不重复别人，也不重复自己。不重复别人很难，而不重复自己更难。不重复自己意味着对自己的永远的挑战。

　　我见过太多艺术家，包括已经成名的"大师"，他们有些因为江郎才尽，没有了新的灵感，更多的是为名利所累，不再创新，不能超越而只重复自己成功的作品。其中有些人因为一种风格的作品受到社会承认，不敢再试新的风格。因为有商业价值，于是像工业化生产那样大量复制这种类型的产品，使艺术品的意义少于"商品"的意义，自由创作的意义少于经济效益的意义，这都不足为训。我钦佩像毕加索、柯布西耶(法国建筑师)那样真正意义上的大艺术家，他们可以用无穷的创造力一生创造出许多完全不同风格的作品，他们一生都在创新，他们是真正的成功者。以至于在他们死后有大批人效法他们的风格；也有不成功的，默默无闻的无名之辈，但也一生试着用多种风格去创造，这样的人也比那些只"生产商品"的人更值得敬重。

　　当然我也不是欣赏那种到处浅尝即止、蜻蜓点水式的人物，既要能铺得开，又要能深得下去才好。有次一位评论家用这样的标题写过我："她不是一口井，而是一片深水湖。"我希望当我老了的时候能够达到这一点。

一个"不成功的追求者"比一个"不再追求的成功者"更令人赞赏，我也一直在寻找，在求索。艺术评论家托马斯(Thomas Schirmboeck)曾说我"将寻找者和发现者集于一身"。1995 年初那个著名的星相学家说我会尝试许多不同的艺术表达形式，我会找到一个完全不同的、全新的、属于我个人的形式。当年我将信将疑，现在我不再怀疑这种过程和结果，只是我至今还没有找到。

在柏林将要举办的 2001 年"亚太周"将邀请我在国家美术馆里办展览，他们在因特网上的报导中称"王小慧是中国文化、艺术精神、创造表现力的完美体现"。这些赞誉使我常常感到"盛名之下其实难符"，我如果不能不断地"再生繁花"，如何能对得起人们的期待？这不光是外界于我的压力，也是我自己给自己的压力，我需要有压力让我能一步步地往前走，不断创造新的"梦境与繁花"。只是人常常到这种时候，像一个长跑运动员一样，开始几千米可以跑得自如，但会越跑越吃力，越跑越艰难。面对这种内、外界的压力，我有时也感到一种困惑，一种无奈，一种无能为力。没想到又一件偶然的事情给了我哲理性的启示。

举世瞩目的汉诺威世界博览会于 2000 年 6 月 1 日拉开帷幕。与此同时，在汉诺威附近的沃夫斯堡也举行了重大的"大众汽车城"的开幕典礼。几年的加紧施工终于使这个有好多展览大楼和极现代的多媒体展览的汽车城建起来了。在这个巨大的展览城中有一个新盖的豪华酒店 Ritz—Carlton，这是一个遍布全世界最重要城市的一流酒店，是五星级酒店中的佼佼者。比如在上海的波特曼酒店就是属于他们的。汽车城的艺术顾问小组决定全部用摄影作品将这个酒店作为一个永久的展览会和收藏处所，他们购买了许多世界上非常著名的摄影家的作品，像纽曼(Arnold Newman)、吉布森(Ralph Gibson)还有梅普尔索普(Robert Mapplethorpe)或是布洛斯菲特(Karl Blossfeldt)等。这些人有些已经故去，学过摄影史的人都会知道他们在世界摄影史上的地位和影响。幸运的是他们也选了我非常多的作品，开幕式时由于大部分摄影家年事已高没能到场，我应邀赶去参加那个盛会，也为了第二天能去"世博会"参观游览。

在大众汽车城 Rih Carlton 酒店的开幕式上与德国总理施罗德(Gerhard Schroeder)夫妇和西门子公司总裁冯·皮尔(Von Pier)先生。

开幕式的时间是下午四点,这与"世博会"德国馆的开幕式刚好冲突,而且双方都无法改变早已安排好的日程计划,双方都邀请了施罗德总理来参加开幕式。还好他决定到汽车城来,我也有幸认识了他。他演讲说他两年前听人讲 Ritz—Carlton 要在这里盖酒店时,他根本不信,说绝对不可能。因为如果在柏林或法兰克福那样的大都会开这样的酒店他还会相信,这么世界一流的大酒店怎么会在这中型工业城市(不是旅游城市)开店?可是今天,他站在这酒店的大门前,明白了一个道理,这世界上一切都是可能的,你永远不要说"不可能"。

施罗德总理演讲的题目是:

"Never Say Never! "

"永远不要说不可能! "

我也对自己说:"永远不要说不可能! "

上一个世纪将过去的时候,我收到了一个来自纽约的邀请,题目是"时间·空间"。全世界 144 位摄影家都同时收到此邀请。144 这个数是由 12×12 得来,两个"12"代表着白天和黑夜各 12 小时的"时间",而"12×12"又是一个坐标的象征,代表着全世界不同经纬度的不同位置,是一个"空间"概念。被邀请的每个摄影家都在世界不同的地方(空间)拍摄新旧世纪交替的场景(时间)。具体要求是拍四张照片:你旧世纪最后的晚餐;

再生繁花

387

再生繁花

你在旧世纪扔掉的最后一样东西；你在新世纪看到的第一个场景和你在那个瞬间的一张自拍像，同时还有一篇文字讲述你拍这些照片的所感所思。

我是在巴黎度过这世纪之夜的，那天晚上与朋友吃着聊着，一高兴忘记拍这几张照片的事了，当主人把饭后甜食端上桌时，我忽然想起应当拍"最后的晚餐"。于是拍下了有着"2000"字样的冰激凌图案。晚上一时兴起与朋友们一起去一个所谓的"黑白晚会"，晚会上的人全穿着黑白的衣服，狂欢跳舞，喝着香槟，那里灯光昏暗，乐声很响，我眼前似乎有许多女人吊带晚装下裸露的背。午夜十二点钟声响时大家相互拥抱贺新年，从窗子看出去可以看到埃菲尔铁塔的焰火与灯光。

在较静的走廊处偶然认识了一个挺有意思的人，个子高高的，有一对有魅力的眼睛，他要凑到我耳边用很大声音说话我才能听清楚，我试用高感光度的胶卷拍他的脸，我想那是那天最好的照片，也许还可以用到《从眼睛到眼睛》画册里。结果到家不小心把胶卷拉了出来，胶卷跑了光成为要扔掉的东西，但这段要扔掉的东西是与一段愉快的节日联系在一起的，它只能留在记忆中了，其他的画面像过眼云烟，而这张面孔和那微笑是唯一有印象的。

虽然很累了，但仍夜不成寐。我没开灯，看那没有关严的长

这张照片像我在睡梦中想象的未来生活道路：虽有主杆清晰可辨，但仍然在一片迷茫之中。我喜欢自己的未来像这样有明有暗，有光亮有阴影，有清楚有模糊，已知中包含了未知。

这张照片也像我这个人和我所经历的一切，复杂而有很多层次，很多侧面，这些层次与侧面恰恰构成一个完整的我这个人。

长的落地窗帘，我在想这一个除夕与别的有哪些不同？下一个世纪我的生活会是什么样子？

到五点钟爬起来拍自拍象，然后将闹钟拨到八点，想起来去香榭丽舍大街看那上百万人残留的一夜狂欢景象。

早晨被闹钟惊醒，曚昽之中睁开眼，看那窗上热气蒙蒙，就像我在睡梦中迷迷糊糊想象的今后的生活道路，虽然有主干明晰可辨，但仍在一片迷茫之中。我不喜欢可以看到老看到底的生活，喜欢永远的新，永远的变化，永远的已知中的未知，就像这画面，我立刻把它拍摄下来。如果真的像这照片那样，将是一种有明有暗，有光亮有阴影，有清楚也有模糊的景象，这是我想要的新的一个世纪的生活吗？

回顾我这十几年的生活，命运沉沉浮浮，就像那首中国歌曲所唱的"痛并快乐着……"，而我的经历，无论是痛苦或是快乐，都是我最大的财富，也是我创作的源泉。人说钻石最硬，但在它加工成形之前是要经过无数道工序去打磨的。我对所有的苦难与挫折无怨无悔，因为这一切都在证明我存在过、生活过。

再生繁花

再生繁花

德国摄影大师罗伯特（Robert Haeusser)在我的展览上后面是我大尺寸的花卉及抽象作品

我把这一切都记录下来，用我的日记，摄影的和文字的，我在拍时写时并没有想到要去发表，它既记录了我的情感，又记录了我的思想，有了它们我可以在多年之后还清晰地回首往事，总结自己的一生，这是我最真实的也是最珍贵的东西。

我要讲的故事还没有完，时间就像那静静穿过慕尼黑的伊莎河，它从巴伐利亚雪山之巅慢慢地流淌下来，又慢慢地流走，无声无息。日子在一天天走过，日记也一天天写下去，每一天都在接近着未来，同时又时时刻刻把"昨天的未来"变为现在，又变为过去……每一天都在我们身边悄然逝去，我仍然很难具体说清明年、后年、十年、二十年后的情形，但我又知道它应该是什么样的，是的，我想我知道。它就像一棵树，年年会花开花落、有枯有荣，但它的枝会伸得更长、更舒展，根会扎得更深、更扎实；它吸取着各种养料，从土壤里，从空气和阳光中，它自己也会融入大自然。

我愿生命每年都再生繁花，成为这样一棵长青之树。

2000 年 10 月—2001 年 1 月
天津—慕尼黑

附录
艺术活动年表

教育背景及工作现状:

1983 年	上海同济大学建筑学学士
1986 年	上海同济大学研究院建筑学硕士
1986 年	上海同济大学助教
1987 年	获德国卡尔·杜伊斯堡政府奖学金,作为访问学者赴德国进修,并考察欧洲诸国建筑
1987—1991 年	在慕尼黑工业大学建筑学系攻读博士学位,同时任慕尼黑工业大学建筑学系助教
1988—1991 年	慕尼黑建筑学院讲师,讲授中国古典建筑及园林艺术
1990—1992 年	在慕尼黑电影学院导演系进修导演专业
1991 年—至今	成为德国国家职业艺术家协会(BBK)正式会员,作为自由职业艺术家从事摄影、写作、展览及讲学活动(出版 27 部个人书籍及画册,其中有些已再版多次并译为多种语言,有些在畅销书榜名列前茅,并在亚马逊网上等级五星)
2001 年—至今	上海同济大学艺术中心兼职教授
2003 年—至今	在同济大学建立"王小慧艺术工作场",任上海国际汽车城安亭新镇(德国城)艺术总监

| 2004 年—至今 | 天津南开大学文学院客座教授 |
| 2006 年 | 创立"同济新媒体艺术国际中心" |

摄影、电影、影像等创作活动：

1992 年	为德国巴伐利亚电视台专题系列片《世界古代文化》中国部分撰写电视脚本《西安与唐代文化》、《峨嵋山与佛教文化》，任德中合拍影片《北京四合院里的人家》顾问
1994 年	担任编剧、导演，拍摄记录片《世纪末的京剧人》和艺术片《破碎的月亮》
1995 年	完成电影剧本《燃尽的蓝蜡烛》，任中国、香港、日本合拍故事片《椅子》艺术总监
1996 年	完成记录片《世纪末的京剧人》制作
1997 年	在德国赫尔滕国际摄影节做开幕式演讲，同时举办个展
1999 年	在德国第五届国际摄影节上主持题为"抓住感觉"的创作活动（Workshop），应上海市政府之邀到上海参加"世界摄影家看上海"创作活动，拍摄《上海印象》摄影集
2000 年	应北京市政府之邀参加"中外摄影家聚焦北京"创作活动，为北京"申奥"拍摄《北京》摄影集
2002 年	为德国柏林亚太周中国艺术创作多媒体摄像作品《花之灵》
2003 年	在同济大学"王小慧艺

术工作场"与德国摄影家托马斯·吕特格（Thomas Luettge）共同主持短期互动创作活动"创造性地看"，作为策展人为同济大学"王小慧艺术工作场"成立而举办"想与看"（Looking and Thinking）十位德国摄影家联展，此展览还在上海新天地一号会所、上海图书馆藏书楼以及平遥国际摄影节上展出；邀请德国慕尼黑市长 Christian Ude、Stefan Moses 等德国著名摄影家、瞿小松等艺术家以及 Josef Westfalen 等德国著名作家来参加艺术工作场举办的活动。

2004 年　　　创作影像及多媒体装置"九生"，为慕尼黑宝马集团中心个展"无边界"而做的多媒体摄像装置"无边界的自由"、"天涯若比邻"以及录象作品：《两个世界之间》、《又见梨花》、《时光之痕》以及《逝者如斯》

2005 年　　　与巴斯夫公司联合主办了"全国创意摄影大奖赛"，并出版了画册，在南京博物院举办了展览。并与德国摄影家 Kanjo Take 共同主持大型工作场"和谐的魅力"创作活动。

2006 年　　　创作新媒体影像作品"前世今生"；为 2010 年上海世博会世界博览馆做创意方案

奖项：

1982—1985 年　　全国大学生建筑设计竞
　　　　　　　　赛二项三等奖，上海青
　　　　　　　　年摄影大赛优秀奖

1986 年　　　　　同济大学优秀论文奖
　　　　　　　　（硕士论文《建筑视觉信
　　　　　　　　息及其传播》）

1987 年　　　　　获德国大学生摄影竞赛
　　　　　　　　三等奖

1990 年　　　　　德国巴伐利亚州艺术家
　　　　　　　　促进奖（名列第二）

1991 年　　　　　由慕尼黑文化部推荐为
　　　　　　　　"文化论坛"艺术家

1993 年　　　　　电影《破碎的月亮》获巴
　　　　　　　　伐利亚州政府电影剧本
　　　　　　　　创作奖

1994 年　　　　　电影《破碎的月亮》获德
　　　　　　　　国电影"影评人"奖，被
　　　　　　　　评为最高级别："特别有
　　　　　　　　价值的"

1995 年　　　　　电影《破碎的月亮》获奥
　　　　　　　　地利布鲁登兹国际艺术
　　　　　　　　电影节特别奖

1997 年　　　　　伯劳斯（Braus）出版社出
　　　　　　　　版的摄影集《女人》入闱
　　　　　　　　"欧洲年度最佳摄影集"
　　　　　　　　大奖（共选出六本画
　　　　　　　　册），获"柯达杯"优秀摄
　　　　　　　　影作品奖

2002 年　　　　　作为全世界十位女摄影
　　　　　　　　家之一出版的作品合集
　　　　　　　　获科隆世界摄影博览会
　　　　　　　　年度"艾瑞克·莎乐美"
　　　　　　　　（Erich – Salomon）摄影
　　　　　　　　大奖，《我的视觉日记》
　　　　　　　　获上海优秀图书奖

2003 年　　　　　《我的视觉日记》获"全
　　　　　　　　国女性文学奖"（传记文
　　　　　　　　学类）和"冰心奖"（摄
　　　　　　　　影文学类）

2005 年　　　　　被中国和新加坡妇女联

合会与时尚杂志评选为25位"最有影响力的亚洲女性"之一，获德国职业摄影设计家协会（BFF）荣誉会员奖

2006 年　被香港浸会大学推荐为名誉博士候选人

个人出版物（摘要）：

1991 年　《观察与体验——慕尼黑》（摄影），南德意志（Sueddeutscher）出版社，慕尼黑；《龙的故乡》（摄影及文学），哈恩伯格（Hamenberg）出版社，多特蒙特；《中国古典建筑与园林艺术》（文学），慕尼黑建筑学院出版社，慕尼黑

1992 年　《观察与体验——萨克森》（摄影），南德意志（Sueddeutscher）出版社，慕尼黑；《观察与体验—布拉格》（摄影），南德意志（Sueddeutscher）出版社，慕尼黑

1993 年　《曼谷》（摄影及文学），GU 出版社，慕尼黑；《德国成功女性》（摄影），坎普斯（Campus）出版社，法兰克福/纽约

1994 年　《燃尽的蓝蜡烛》（文学），电影电视文学，上海/台北

1997 年　《女人》（摄影及文学），伯劳斯（Braus）出版社，海德堡；《王小慧摄影回顾》（摄影），大地出版社，香港

2000 年　《建筑文化艺术及其传播》（文学），百花文艺出版社，天津；《七位中国女性》（摄影及文学），费舍尔（Fisher）出版社，法兰

附录

	克福;《抽象摄影》(摄影),凯尔(Kehrer)出版社,海德堡
2001 年	《从眼睛到眼睛》(摄影及文学),帕莱斯特(Prestel)出版社,慕尼黑/柏林/伦敦/纽约;《我的视觉日记》(摄影及文学),学林出版社,上海;《花之灵》(摄影及文学),上海古籍出版社,上海;《抽象的花》(展览目录),意大利爱罗画廊,伊斯吉亚
2002 年	《我的视觉日记》(摄影及文学),正中书局,台北;《本质的光》(摄影),上海人民美术出版社,上海
2003 年	《花之惑》(摄影),上海文化出版社,上海
2004 年	《花卉摄影电话卡珍藏册》中国电信,上海;《花之灵》(摄影),帕莱斯特(Prestel)出版社,慕尼黑/柏林/伦敦/纽约;《九生》,中州古籍出版社,郑州
2005 年	《双子座》(摄影及文学),文汇出版社,上海;《创意摄影大奖赛/中国》(创意/主编)文汇出版社,上海

艺术展览(摘要):
个展

1990 年	"光与反光",西柏林德意志工艺联盟画廊
1992 年	"王小慧摄影展",慕尼黑爱克公司总部展馆
1993 年	"中国前卫艺术展"中

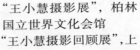

"王小慧摄影展"，柏林国立世界文化会馆

1997 年　"王小慧摄影回顾展"，上海美术馆；"王小慧摄影及电影展"，北京德国驻华使馆；"我的视觉日记及关于死亡之联想"，德国赫尔腾国际摄影节；"我的视觉日记及其他"，慕尼黑帕拉特美术馆

1998 年　"当代中国摄影与王小慧"，达姆施塔特市立美术馆

1999 年　"女人"，瑞士巴塞尔 No Name 摄影画廊；"王小慧摄影电影作品展"，香港艺术中心

2001 年　"王小慧抽象摄影制作及电影作品"，汉诺威摄影美术馆；"从眼睛到眼睛"，达卡第一届亚洲摄影节；"本质之光"，曼海姆市立摄影美术馆

2002 年　"感性的花和抽象人体"，柏林亚太周中国艺术节（大型电子屏幕影像及电影展示）；"从眼睛到眼睛"，慕尼黑巴伐利亚联合保险业集团美术馆；"女人及自拍系列"，台北德国文化中心；"异色情——王小慧抽象及花卉摄影"，台湾国际视觉艺术中心；"花之抽象"，意大利伊斯奇亚 Elo 艺术画廊；"本质之光——王小慧观念摄影"，平遥国际摄影节（同时举办露天录像及电影专场）；"爱神与死神"，慕尼黑 Walter Storms 画廊；"王

小慧抽象摄影——速度"系列,大众汽车北京展览中心;"花之灵",北京中华世纪坛美术馆(同时举办超大屏幕多媒体音乐影像作品展示)

2003 年　　　"红孩儿—王小慧观念摄影"系列,上海黄浦美术馆;"花之灵·性——王小慧摄影艺术展",上海美术馆

2004 年　　　"红孩儿"系列,慕尼黑,Art Thiess 画廊;"花之灵"系列,格莱弗英艺术家协会及市政厅;"Art in Bloom", 纽约东西画廊;"在世界之间"(摄影及摄像),莫斯科双年展;"无边界——王小慧影像新作展"(摄影及大屏幕多媒体影像/录象装置作品),慕尼黑,宝马集团展示中心;"花之性",苏黎世,Scalo 画廊;"九生", 杭州中国美院美术馆

2005 年　　　"花之性",德国联邦花卉博览会;"无边界——王小慧影像展",柏林,宝马集团展示中心;"花之性",Camera Work,汉堡

2006 年　　　"花之性", Camera Work,柏林

联展

1998 年　　　"艺术家促进奖大展",慕尼黑市立美术馆"艺术家工作场"

1998 年　　　"世纪、女性",北京中国美术馆;"格卢布摄影联展", 科隆 Lichtblick 摄影画廊(邀请全世界 90

位摄影家为纪念著名摄影教育家及收藏家格卢布 90 寿辰而举办）

1999 年　　"世界摄影家看上海"，多国巡回展

2001 年　　"女人"，瑞士 Flims "黄房子"国立美术馆

2002 年　　"泰国夜晚的风景"（纪实摄影作品），科隆世界摄影博览会

2003 年　　"花之性"，杜塞尔多夫欧洲艺术博览会（与美国摄影家 Jock Sturges 双人展）；"大家——从当代艺术看设计艺术展"，上海复旦大学

2004 年　　"花之性"，科隆艺术博览会（Storms 画廊）；"花之性"，纽约摄影博览会（Scalo 画廊）

2005 年　　"花之性"，伦敦红楼基金会；"花之性"，巴塞尔艺术博览会（Scalo 画廊）；"第三届亚洲女性艺术节"，首尔美术馆；巴黎艺术博览会（Scalo 画廊）

2006 年　　"我的前世今生"，釜山双年展

个人主页：www.xiaohuiwang.com.cn

图书在版编目（CIP）数据

我的视觉日记：旅德生活十五年 ／ 王小慧著. —上海：学林出版社，2001.6（2007.3 重印）
（新视觉书坊 ／ 肖关鸿，曹维劲主编）
ISBN 978 - 7 - 80668 - 067 - 4

Ⅰ. 我... Ⅱ. 王... Ⅲ. 王小慧—生平事迹
Ⅳ. K825.72

中国版本图书馆 CIP 数据核字（2007）第 015200 号

新视觉书坊
主编 肖关鸿 曹维劲

我的视觉日记——旅德生活十五年

作 者——	王小慧
责任编辑——	许钧伟
装帧设计——	周剑峰
出 版——	上海世纪出版集团
	学林出版社（上海钦州南路 81 号 3 楼）
	电话：64515005 传真：64515005
发 行——	新华书店上海发行所
	学林图书发行部（钦州南路 81 号 1 楼）
	电话：64515012 传真：64844088
照 排——	南京展望文化发展有限公司
印 刷——	常熟市华通印刷有限公司
开 本——	640×965 1/16
印 张——	26
字 数——	38 万
插 页——	8
版 次——	2001 年 9 月第 1 版
	2006 年 4 月第 2 版
	2007 年 2 月第 17 次印刷
印 数——	79 001 - 82 300 册
书 号——	ISBN 978 - 7 - 80668 - 067 - 4／Ⅰ·19
定 价——	38.00 元